LA ISLA INAUDITA

EDUARDO MENDOZA

LA ISLA INAUDITA

Seix Barral ✦ Biblioteca Breve

Cubierta: «Venetian doorway»,
acuarela de John Singer Sargent

Primera edición: abril 1989
Segunda edición: abril 1989
Tercera edición: mayo 1989
Cuarta edición: junio 1989
Quinta edición: julio 1989
Sexta edición: septiembre 1989
Séptima edición: septiembre 1989
Octava edición: noviembre 1989

Derechos exclusivos de edición en castellano
reservados para todo el mundo:
© 1989: Editorial Seix Barral, S. A.
Córcega, 270 - 08008 Barcelona

ISBN: 84-322-0603-2

Depósito legal: B. 39.196 - 1989

Impreso en España

Com, passant de l'illa inaudita,
qui s'exalta al somni volgut
en la perla ardent que l'imita.

CARLES RIBA,
Salvatge cor

CAPÍTULO PRIMERO

I

Quizá lo que me ocurre es que toda mi vida he sido un soñador, pensó Fábregas una mañana de primavera mientras se afeitaba, mirando fijamente en el espejo sus propias facciones embotadas por el sueño, aparentemente disociadas de la lucidez con que la idea había sido formulada en su interior. Luego siguió arreglándose, pero aquella rutina placentera no logró disipar el desasosiego que le venía invadiendo desde hacía varias horas. En otras ocasiones una idea semejante no lo habría perturbado: siempre se había tenido por un hombre práctico y consideraba que el conocer las facetas más inestables de su propia personalidad formaba parte de aquel pragmatismo; pero no esta vez. ¿Y si cometiera un disparate?, se dijo. Y sin hacerse más consideraciones al respecto, acudió como todos los días a su despacho y recibió en él al asesor jurídico de la empresa.

—Riverola, me voy de viaje —le anunció.

El abogado hizo un movimiento con la cabeza sin levantar la vista de los papeles que sostenía en la mano. Con aquel gesto quería decir que tal cosa era imposible, que los asuntos de la empresa no permitían que Fábregas se ausentara. Pero éste no estaba dispuesto a renunciar a su proyecto.

—No te he preguntado nada —dijo—. Me voy y basta.

Al diablo la empresa, pensó. Salvo esta empresa heredada de su padre, a la que había dedicado toda su vida hasta el presente y por la que nunca había sentido ningún interés, nada le ataba a Barcelona. Unos años antes se había casado llevado de un impulso repentino que seguramente tenía poco que ver con el amor verdadero; poco después su mujer y él se habían separado en los términos más amigables. De aquel matrimonio tenía un hijo al que ahora veía ocasionalmente. La intimidad corta e insustancial con su ex mujer apenas había dejado huella en su memoria, sobre todo a raíz de otros episodios amorosos posteriores, más breves, pero más intensos. Hacia sus amigos sentía un desapego creciente; nada le producía entusiasmo. Desde hacía unos meses andaba envuelto, casi a su pesar, en una relación más tormentosa que pasional con la esposa de un financiero muy conocido en los círculos mercantiles de la ciudad, el cual, recientemente, de modo imprevisto y por razones ajenas a los enredos de su esposa, de los que no sabía nada, se había convertido en uno de los principales acreedores de la empresa de Fábregas, precisamente cuando ésta empezaba a hacer agua. Ahora la posibilidad de que una fuga le permitiera liquidar aquel asunto erizado de reproches, sustos y sospechas pesaba favorablemente en el ánimo de Fábregas.

Aquella misma tarde se fue a París con poco equipaje. Desde allí escribió una carta escueta a su amante, en la que exponía confusamente los motivos de su marcha y que, sin que de una cosa se derivara necesariamente la otra, concluía diciendo: «No creo que debamos hacernos muchas ilusiones respecto del futuro de nuestra relación.» Una vez enviada la carta sintió un alivio no exento de remordimiento. Pensaba cuánto más caballeroso por su parte no habría sido asestar aquel golpe de viva voz y cara a cara, arrostrando las consecuencias de su decisión, si las había. A la mañana siguiente Riverola, que había dado con su paradero sabe Dios cómo, le hizo llegar un télex en el que le conminaba a regresar de inmediato. Su ausencia repentina y sin justificación había creado un clima de desconfianza hacia la empresa que amenazaba con precipitar la crisis a la que aquélla parecía abocada de no mediar soluciones drásticas a ciertos problemas, le decía en el télex. Fábregas arrojó el télex a la papelera y, viéndose descubierto, se fue de París. Durante una semana vagó por varias ciudades sin encontrar en ninguna de ellas lo que creía estar buscando. Finalmente llegó a Venecia una noche de mediados de abril. El cielo estaba estrellado y la ciudad parecía extrañamente vacía. Fábregas tuvo una corazonada: si algo importante está por ocurrirme, ha de ser aquí, pensó.

El *hall* del Gran Hotel del Moro, donde planeaba hospedarse, también estaba desierto: en la bóveda resonaban sus pasos sobre el mármol escaqueado; los trámites de inscripción fueron despachados rápidamente, casi sin mediar palabra; al entrar en la habitación encontró que su equipaje ya había sido deshecho: ahora los trajes colgaban de las perchas y las camisas y la ropa interior habían sido colocadas ordenadamente en los anaqueles del armario. Antes de acostarse abrió los postigos y las persianas y se acodó en el alféizar de la ventana. Fuera la noche era húmeda y fría; reinaba una quietud absoluta; sólo el agua producía un murmullo suave al lamer la piedra; las cúpulas y las torres proyectaban una masa compacta contra el cielo. Un reloj dio una sola campanada. Fábregas se metió en la cama presa de gran agitación y no pudo conciliar el sueño hasta el alba.

Sin embargo la mañana le tenía reservada una desilusión. Le despertó un griterío persistente y al salir del hotel encontró las calles abarrotadas de turistas. De todas las visitas que hizo aquella jornada sólo recordaba luego las colas y las aglomeraciones. Era absurdo quejarse, puesto que en definitiva él era un turista más, se decía, pero esta reflexión no impedía que su irritación fuera en aumento a medida que transcurrían los días sin cambio. Esto es un escarnio, pensaba. Sólo por las noches, cuando se retiraban los últimos trasnochadores y reinaba nuevamente la quietud, recobraba aquella vaga sensación de inminencia que había experimentado a su llegada. También le pesaba la soledad: ahora se sorprendía a sí mismo recordando con simpatía el trabajo y la vida social que tanto habían llegado a hastiarle y añorando el abandono y la ternura que le había proporcionado aquella mujer a cuyo cariño acababa de renunciar irreversiblemente. El tiempo, que al principio se había mantenido estable, se volvió desapacible: el cielo amanecía cubierto de nubarrones y era raro el día en que no caía un aguacero; soplaba un viento racheado y salobre y el barómetro experimentaba unos cambios bruscos que no auguraban mejoría.

II

Fábregas llevaba una semana en Venecia cuando se tropezó en plena calle con un hombre de negocios catalán, de apellido Marcet, a quien conocía superficialmente y a

7

quien en otras circunstancias se habría limitado a saludar con un gesto. Ahora, sin embargo, su situación, el hecho de hallarse ambos lejos de Barcelona y lo casual del encuentro, hicieron que Fábregas extremara las muestras de cordialidad e incluso que propusiera a Marcet comer juntos, salvo que Marcet ya tuviera otros compromisos. Marcet, que, según dijo sin que viniera a cuento, acababa de llegar de Milán, a donde había ido con la intención de pasar un par de días y donde había sido retenido por complicaciones inesperadas, se mostró reacio a la idea. Aunque pasaba en su medio por ser hombre extrovertido y sandunguero, aquel encuentro lo había dejado cariacontecido: respondía a las preguntas de Fábregas con evasivas y miraba dubitativamente en todas direcciones. No veo razón para que me trate como si yo fuera un apestado, se dijo Fábregas al advertir finalmente la actitud desabrida del otro. Pero en aquel momento preciso, como si el azar hubiera querido aclarar su duda, se abrió una puerta muy pequeña, de madera oscura, en la que Fábregas no había reparado hasta entonces porque la ocultaban las sombras de un soportal, y de ella salió con paso ligero una mujer alta y delgada, cubierta por un chubasquero negro. Al verla, Marcet sonrió forzadamente. Ella se le colgó familiarmente del brazo y él hizo unas presentaciones apresuradas y confusas. Fábregas masculló una excusa y se fue.

De modo que por eso estaba tan huraño conmigo, iba pensando camino del hotel; sin duda una acompañante de alquiler, ¿y a mí qué más me da? ¡Bah!, ¡qué recato innecesario! ¡Como si yo no tuviera otras cosas en qué pensar!, se dijo. Y ciertamente las tenía, porque la vida era tan cara en Venecia que el dinero de que se había provisto al iniciar el viaje empezaba a escasear. Comió solo en el restaurante del hotel y a los postres se hizo traer un teléfono a la mesa, llamó a Riverola y le ordenó que le girase fondos a la mayor brevedad. Al oír su voz, Riverola se puso a gritar como un desaforado.

—¿Qué mosca te ha picado?, ¿por qué no contestaste al télex que te cursé a París?

Ahora llovía torrencialmente. Por la ventana veía una estatua ecuestre sobre un pedestal; la lluvia había oscurecido la estatua; la cabeza, la cola y los flancos del caballo chorreaban agua. Esta lluvia, que habitualmente le habría exasperado, parecía protegerle ahora de las reconvenciones que le llegaban a través de la línea telefónica. Entendía, sin embargo, que su presencia en Barcelona era necesaria, no sólo para llevar a cabo ciertas operaciones que la requerían, sino para disipar los rumores que había despertado su desaparición. Es preciso recobrar la confianza de clientes y acreedores, oyó decir a Riverola. Aquel tono conminatorio surtía en él un efecto contraproducente.

—No regresaré si no me envías el dinero —dijo tras un silencio cargado de reticencia—, porque no puedo saldar la cuenta del hotel con lo que me queda.

Riverola le preguntó en qué hotel se hospedaba, pero Fábregas se negó a revelar este dato.

—Gírame el dinero a la *poste restante*. Yo iré a retirarlo pasado mañana. Entonces regresaré.

—No lo arrojes todo por la borda —le dijo Riverola con más pesadumbre que severidad en la voz—. Tú puedes hacer lo que te apetezca con tu dinero, pero no olvides que la supervivencia de muchas familias depende de la empresa.

La lluvia siguió cayendo a raudales todo ese día y toda la noche. Fábregas la oía repicar en las persianas y no podía dormir. No sé qué me ocurre, pensaba; antes dormía como un bendito y ahora me desvela cualquier cosa. Mientras se revolvía en la cama no dejaba de reflexionar sobre lo que le había dicho Riverola. No había duda de que Riverola tenía toda la razón, pensaba.

III

Al día siguiente había escampado, pero la ciudad apareció cubierta de agua casi por completo. En el hotel le proporcionaron unas katiuscas muy anchas que le permitían vadear las calles, pero con las que andaba como un pato. Los turistas brincaban en fila india por unos tablones que se sostenían inestablemente sobre ladrillos; algunos acababan metiendo uno o los dos pies en el agua, entre gritos y risas. El suelo reflejaba los edificios y las personas y también un cielo lechoso que irradiaba una claridad homogénea y deslumbrante. Fábregas deambuló un par de horas con grandes dificultades. A mediodía se sentó en un café y al levantarse olvidó introducir de nuevo en la caña de las katiuscas el borde de los pantalones, que quedaron empapados apenas pisó la calle. Pero no por eso regresó al hotel: la perspectiva de pasar un día más privado de compañía se le hacía insoportable e inconscientemente recorría los lugares más frecuentados con la esperanza de reencontrar a Marcet. Sin embargo, en todo el día no dio con él ni con ninguna otra persona conocida. Si hubiese dispuesto de dinero en efectivo se habría ido de Venecia sin dilación. Pasó otra noche de insomnio y dio unas cabezadas ligeras al amanecer. Como en los últimos años se había vuelto algo aprensivo, estaba convencido de que iba a enfermar de resultas del remojón, pero aparte de un leve escozor en la garganta, no percibió síntoma alguno de resfriado. El recepcionista del hotel le preguntó si se sentía indispuesto.

—Duermo mal —dijo—. Debe de ser el clima.

—El hotel dispone de servicio médico para los señores clientes —dijo el recepcionista—. Tal vez le puedan prescribir al señor un somnífero suave.

Antes de decidir si debía tomar el ofrecimiento del recepcionista al pie de la letra o si sus palabras ocultaban algo turbio, respondió que ya no valía la pena hacer nada, porque de todos modos tenía que dar por terminada su estancia en Venecia.

—En realidad he venido a pedirle que me vaya preparando la nota —dijo al recepcionista.

—El señor ha tenido mala suerte con el tiempo —dijo el recepcionista mientras recorría un fichero con los dedos.

—Así es —dijo Fábregas—. Volveré dentro de una hora.

—Si el señor lo desea, diré que le hagan el equipaje —dijo el recepcionista—. Y no olvide ponerse las katiuskas si va a salir a la calle.

—Está bien —dijo Fábregas.

Antes de ir a recoger el dinero que debía haberle girado Riverola y como la irritación de garganta que había notado al despertar no remitía, entró en una farmacia. Allí, mientras esperaba ser despachado, le saludó una mujer a la que reconoció por el chubasquero negro. Otra coincidencia, pensó; primero Marcet y ahora esta mujer. Dos días antes, cuando habían sido presentados torpemente, la sensación de estar siendo inoportuno le había impedido fijarse en su apariencia; luego, a solas, la memoria había reconstruido aquella apariencia de manera falaz:

la estatura aventajada le había hecho imaginarla de más edad; la prenda negra, de facciones más acusadas. En realidad era muy joven, de rasgos poco definidos, muy pálida de tez. Probablemente me equivoqué al juzgarla una profesional, pensó Fábregas mientras ambos intercambiaban frases triviales. O quizá no, se dijo; nunca se sabe.

Cuando salieron a la calle ninguno de los dos acertaba a despedirse. Por romper el silencio, Fábregas dijo que se dirigía a la estafeta, donde esperaba encontrar una remesa.

—¿Y conoce el camino? —preguntó la mujer mirándole a los ojos con una expresión que se le antojó enigmática.

Fábregas, a quien el portero del hotel había dado indicaciones detalladas para que pudiese llegar a su destino sin extraviarse, dijo que no. Ella se ofreció inmediatamente a acompañarle.

—No deseo desviarla de su camino ni hacerle perder tiempo —dijo él.

—No tengo nada que hacer —respondió ella.

—¿Verdaderamente nada? —preguntó Fábregas.

Ella le contó, como si la pregunta hubiera sido formulada sin asomo de malicia, que, aunque era veneciana de nacimiento, acababa de regresar a Venecia después de una larga ausencia: ahora estaba sin trabajo y apenas tenía amigos.

En la estafeta había cola y Fábregas temió que ella, considerando cumplido su deber de cortesía, lo abandonase allí. Por más que se devanaba los sesos no encontraba ningún pretexto para retenerla, pero ella permaneció a su lado con naturalidad. Si es una profesional, pensó Fábregas, le interesará saber cuánto dinero voy a retirar. Mientras guardaban cola siguieron charlando ajenos a la gente que los rodeaba. La estafeta era un local rectangular, pequeño y bajo de techo; las paredes estaban cubiertas de manchas oscuras. Fábregas se lamentó del clima de Venecia, de los precios astronómicos y del gentío que lo invadía todo. Ella defendía su ciudad natal sin enfadarse: le dijo que el turismo multitudinario no era algo exclusivo de Venecia; había estado recientemente en Londres e iba a Roma con cierta regularidad y en todos esos lugares había visto el mismo fenómeno repetido.

—Hoy todo el mundo viaja —dijo encogiéndose de hombros.

Reconoció que el tiempo había sido malo en los últimos días, pero todo parecía indicar que las nubes estaban por irse: pronto luciría el sol y él podría ver el cielo incomparable de Venecia, añadió.

—En cuanto a las inundaciones —agregó señalando las katiuscas de él y los chanclos negros que llevaba ella—, son cosa habitual. Pronto se acostumbrará usted a ellas.

Fábregas no pudo menos de estremecerse al oír esta frase. Quiso decir: dentro de unas horas me voy de Venecia; pero no tuvo valor. Al llegar su turno, ella se alejó discretamente de la ventanilla. Ella no sabe hasta qué punto la he ofendido con mis sospechas, pensó Fábregas. Una vez satisfechos todos los requisitos, lo que resultó un proceso largo y complicado, la buscó por el local y no la vio. Se ha ido, pensó. Pero ella le aguardaba en la calle, acodada en el parapeto de un puente. Parecía abstraída viendo discurrir el agua, pero apenas Fábregas se hubo aproximado, volvió la cara hacia él con una sonrisa.

—Creí que lo habían metido preso —dijo.

—Poco ha faltado —dijo Fábregas mostrándole un pagaré—. Y aún tengo que ir al banco para que me lo abonen.

Al salir del banco sintió el bulto que formaban los fajos de liras en los bolsillos del pantalón y pensó: hay algo obsceno en todo esto; pero ella no pareció advertirlo.

—Venga —le dijo ella cuando ambos se reunieron en el centro de la placita donde le había estado esperando—, ya que estamos aquí, quiero enseñarle una iglesia que tiene unas pinturas de cierto interés. No queda lejos y no figura en las guías normales, de modo que no nos encontraremos con esas muchedumbres que tanto le irritan.

Caminaron un trecho sin decir nada y llegaron ante una puerta cerrada a cal y canto. Rodearon el edificio y encontraron las demás puertas igualmente cerradas. Por fin una anciana, que les había venido observando desde un portal cercano, les dijo que la iglesia no abriría hasta la hora del rezo vespertino. Por la mañana sí estaba abierta al público, les dijo, entre las nueve y las doce aproximadamente. Fábregas le preguntó si acudían muchos turistas a visitar la iglesia a lo que la anciana respondió que sí.

—Sobre todo japoneses —añadió.

Vestía de luto riguroso, pero llevaba una botas de agua

de un color verde subido, casi fosforescente. Fábregas a duras penas podía contener la risa.

—No debería usted ser tan burlón —le reconvino ella cuando se hubieron alejado—. Los venecianos tienen mucho amor propio. Y las venecianas, más aún.

—Pero usted no se incluye en este grupo, por lo que veo —dijo Fábregas.

—Yo sólo soy medio veneciana —replicó ella con aquel encogimiento de hombros que Fábregas empezaba a reconocer, pero cuyo significado aún no había logrado desentrañar—. Algún día le contaré mi historia, pero ahora, ¿qué le apetece hacer?

—No lo sé. Sin embargo, aunque todavía es un poco pronto, creo que ya podríamos ir a comer, si no queremos encontrar todos los restaurantes de la ciudad abarrotados —dijo Fábregas.

—Bueno —dijo ella.

La clientela del figón al que le condujo ella, que se había adjudicado tácitamente el papel de guía, parecía compuesta exclusivamente por gente del barrio, lo que agradó mucho a Fábregas. También le satisfizo la calidad de la comida y su precio, muy inferior a lo habitual.

—Qué diferente se vuelve todo cuando se sale de los circuitos turísticos —comentó.

—Eso es bien verdad —dijo ella—, pero, si tanto le disgusta hacer turismo, ¿por qué vino a Venecia?

Fábregas empezó a enumerar someramente algunos de los motivos que a su juicio le habían inducido a emprender aquel viaje, pero a medida que hablaba se iba dando cuenta de que aquellos razonamientos eran pura palabrería. Poco a poco su relato fue adquiriendo un sesgo distinto y finalmente se sorprendió hablando con gran locuacidad de sí mismo, del fracaso de su vida sentimental y de la pérdida consiguiente de su hijo, un tema al que jamás hacía referencia y sobre el cual procuraba no pensar mucho. A decir verdad, se había consolado de aquella pérdida diciéndose que se trataba de una situación transitoria que el tiempo acabaría arreglando. De niño él mismo había tenido muy poco contacto con su padre. Recordaba haber estado continuamente pegado a las faldas de su madre durante la infancia. Luego, sin saber cómo y de un modo gradual, se había ido separando de su madre, de la que dependía cada vez menos, y estableciendo una relación más intensa con su padre, con quien empezaba a compartir algunos intereses y a quien finalmente había de quedar en cierto modo adscrito cuando entró a formar parte de la empresa familiar. Naturalmente, no se le escapaba el hecho de que entre ambas situaciones, la pasada y la presente, las similitudes eran sólo superficiales: no sólo las costumbres familiares vigentes en su infancia habían cambiado radicalmente en la actualidad, sino que, sin que se hubiera dado entre ellos una armonía perfecta, sus padres siempre habían permanecido unidos. No obstante, aquella referencia vaga le servía de consuelo.

—No puedo quejarme de cómo me han ido la cosas, francamente, y no me quejo —dijo a modo de conclusión—, pero tampoco puedo evitar que de un tiempo a esta parte me asalte de cuando en cuando una melancolía invencible. En estas ocasiones, la realidad me resulta mucho más irreal que los sueños.

Ella escuchaba con atención, como si compartiera plenamente aquella visión pesimista de la vida. Esto que estoy diciendo no puede ser más rimbombante, pensó Fábregas.

—Me temo que la estoy aburriendo con mis lamentaciones —dijo.

—No, de ningún modo —dijo ella. Y viendo que Fábregas guardaba un silencio pudoroso, añadió—: siga hablando.

—Ya he dicho todo lo que tenía que decir, y quizá más —dijo él finalmente recobrando el tono desenfadado que había tenido la conversación durante la comida.

—Pero aún no ha contestado a la pregunta —dijo ella.

—¿Qué pregunta?

—Por qué vino a Venecia.

—Ah, eso está contestado en seguida —dijo Fábregas—. Una mañana me vi en el espejo y mi propia mirada me sorprendió. Comprendí que la vida cotidiana se había vuelto insoportable para mí, hice las maletas y aquí estoy, dándole la lata a usted, que no tiene culpa de nada.

Cuando el camarero trajo la nota ella sacó del bolso una carterita de piel. Fábregas hizo un ademán autoritario.

—No faltaría más —dijo.

Al salir del figón vieron que había despejado; la luz sesgada del sol de media tarde doraba las piedras mojadas.

—¿Quiere que vayamos a ver si han abierto ya aquella iglesia que le quise enseñar antes? —dijo ella.

Tal como les había anunciado la vieja de las botas fosforescentes, de la que esta vez no vieron rastro, la puerta de la iglesia estaba abierta, pero ni en el vestíbulo ni en el interior de la nave había nadie ni nada denotaba que allí se fuera a celebrar ningún oficio. Al cabo de un rato acudió un capellán y les preguntó en qué podía serles de utilidad. La sotana del capellán se confundía con la oscuridad de la nave y su cabeza, redonda y canosa, con el pelo cortado a ras de cráneo, parecía flotar en el aire. Qué imagen más singular, pensó Fábregas.

—Vengan por aquí —dijo el capellán cuando ella le hubo explicado el motivo de su visita—, y procuren no tropezar con los reclinatorios.

—¿A dónde nos lleva? —preguntó Fábregas con un deje de sorna en la voz.

El capellán abrió una puertecita situada a la derecha del altar y pulsó un interruptor; luego les hizo entrar en una habitación cuadrada, ni muy amplia ni muy alta de techo. A la luz de una bombilla desnuda se podía ver que tres de las paredes de la habitación estaban cubiertas de frescos.

—Esta pieza —dijo el capellán, que les había seguido y había cerrado la puertecita a sus espaldas— pertenecía a la antigua basílica del siglo x, sobre cuyos restos fueron edificadas las iglesias posteriores, en número de tres, hasta llegar a la que acabamos de dejar. Por fortuna estas pinturas sobrevivieron a las demoliciones sucesivas y hoy podemos admirarlas tal y como fueron realizadas hace mil años. Los colores, que han resistido incólumes el paso de los siglos, son los originales.

Fábregas examinó con escepticismo los muros: en ellos aparecían pintadas diez figuras masculinas estilizadas y esquemáticas, de tamaño algo mayor que el natural; los diez hombres vestían túnicas de colores desvaídos. Los rostros de los diez hombres eran muy semejantes entre sí, como si un solo modelo hubiera servido para ejecutar la obra entera; todos tenían una expresión intensa y dura y parecían ir mal afeitados.

—Estos frescos, de estilo bizantino, datan de finales del siglo X o principios del XI —siguió diciendo el capellán— y versan sobre el patrocinio de San Marcos. Según quiere la tradición, San Marcos, enviado por San Pedro a predicar el Evangelio en Italia, llegó a estas islas, a la sazón semidesiertas y sumidas en el caos: el aire estaba impregnado de gases mefíticos procedentes de la putrefacción de los peces muertos que las olas iban depositando sin cesar en las orillas y la tierra estaba infestada de serpientes. Los escasos habitantes de la zona vivían aún en la Edad de Piedra: en lugar de herramientas de hierro u otros utensilios se valían de las uñas, comían crudos los animales que atrapaban y mataban sin excepción a quien no pertenecía a su tribu. En tan agreste paraje se detuvo San Marcos a descansar y en sueños se le apareció un ángel, que le dijo: «Marcos, en este lugar existirá una ciudad en la cual descansarán tus restos. Esta ciudad estará bajo tu protección y tú velarás por que sus habitantes sean sabios, justos y virtuosos.» El santo, sin embargo, olvidó pronto su sueño, pues tenía muchos de índole similar. Prosiguió su viaje, nunca volvió a pisar estas tierras y finalmente entregó el alma a Dios en Alejandría, donde fue enterrado. Esta primera figura representa al propio San Marcos, al que se distingue por el halo que le circunda la cabeza. En las manos sostiene una ciudad diminuta. Por supuesto, se trata de una ciudad ideal, imaginaria, que no guarda ninguna semejanza con la Venecia actual. El hecho de tomarla en sus manos simboliza que el santo pone la ciudad bajo su protección.

Fábregas dejó de prestar atención a las pinturas y miró de reojo a la mujer que le acompañaba. Ni siquiera sé su nombre, pensó. La luz débil de la bombilla acentuaba su palidez. La frente, la nariz, los labios, la barbilla y el cuello forman una línea suave, de gran dulzura, pensó. Al notarse observada ella ladeó ligeramente la cabeza y le dirigió una sonrisa más con los ojos que con los labios. Fábregas se sintió invadido por una paz inusitada y al mismo tiempo por una exaltación tan intensa que los ojos se le velaron y hubo de restañárselos con el canto de la mano antes de mirar de nuevo las pinturas. El capellán proseguía su exposición sin percatarse de lo que sucedía a sus espaldas.

—En el año 828 de nuestra era, dos fieles venecianos hurtaron el cuerpo del santo de su sepulcro original con ánimo de sacarlo de Alejandría, entonces bajo dominación musulmana. No queriendo trocear el cuerpo para eludir la vigilancia de los guardias fronterizos, como aconsejaba la prudencia, lo envolvieron en trapos sucios tras haberlo untado de grasa de cerdo, pues es bien sabido que los sarracenos, en su ceguera, creen que la carne de cerdo es pecaminosa para el alma, nociva para la salud y repugnante al paladar y al olfato. Así consiguieron traer sin percances el cuerpo del santo a Venecia. Esta figura central, quizá la mejor conservada del conjunto, representa al dux Giustiniano Particiaco en el momento de recibir el cuerpo de San Marcos. Es posible que estas dos figuras laterales representen los fieles comerciantes venecianos que llevaron a cabo la sustracción, Rustico da Torcello y Buono da Malamocco. Adviertan cómo el cuerpo del santo, que el dux sostiene en las manos como el propio San Marcos sostenía la ciudad en la figura que acabamos de ver hace un instante, tampoco se atiene a las proporciones reales, sino que es muy pequeño y se asemeja a un muñeco. El arte bizantino no trataba de reproducir fielmente la realidad, sino su significación para el creyente: por esta razón y no por falta de pericia varían tanto de tamaño las cosas y las personas.

Cuando el capellán hubo concluido la explicación y se disponía a abrir de nuevo la puertecita que daba a la nave de la iglesia, ella dijo al oído de Fábregas:

—Déle una propina.

Él así lo hizo y el capellán los dejó solos en la iglesia. Alguien había encendido unas lámparas macilentas que irradiaban un resplandor rojizo. Ella le cogió de nuevo del brazo.

—Vámonos de aquí —dijo Fábregas.

Al salir a la calle vieron que ya había caído la noche. Ella le indicó el modo de llegar hasta el Rialto; una vez allí no le sería difícil orientarse, le dijo. Fábregas se deshizo en expresiones de agradecimiento y le pidió varias veces disculpas por las molestias que sin duda alguna le había causado. En su azaramiento hilvanaba una frase con la siguiente sin acertar a poner término a la perorata. Por fin ella le tendió la mano y ambos echaron a andar en direcciones opuestas. Al llegar al hotel le sorprendió encontrar su equipaje hecho y alineado en el *hall*. Acudió de inmediato a la recepción y preguntó si seguía libre su habitación. Le respondieron que no, que precisamente había sido ocupada esa misma tarde, pero que si deseaba prorrogar su estancia en el hotel podían proporcionarle otra habitación casi idéntica a aquélla. Mientras subían el equipaje y colocaban nuevamente las cosas en su sitio, alquiló una caja de seguridad y guardó en ella la mayor parte del dinero que había retirado del banco.

V

En toda la noche no durmió ni un instante, pero esta vez las horas de vigilia transcurrieron en un vuelo y vio clarear casi con pena. En realidad, tampoco podía afirmarse que hubiera pasado la noche en vela, sino en un estado de suspensión durante el cual no había hecho otra cosa sino ver infinidad de veces los sucesos triviales del día anterior desarrollarse nítidamente ante sus ojos en forma fragmentaria y recurrente, no convocados por la memoria, sino de manera arbitraria, como movidos por el afán de preservar su propia vigencia, empeñados en seguir siendo sucesos vivos y no meros recuerdos. Luego gradualmente las imágenes habían ido perdiendo fuerza y frescura y se habían ido distorsionando y adquiriendo un carácter grotesco y confuso. Entonces se despertó y comprendió que había acabado por dormirse momentáneamente. Ahora el sol entraba oblicuamente a través de las persianas formando un abanico de luz y sombras en la pared lateral de la habitación. Se sentó en la cama y repasó las sensaciones que había estado experimentando aquella noche insólita. Ahora que había cesado el torbellino tenía el ánimo en calma y podía pensar con claridad. Pronto la curiosidad dejó paso al desasosiego. ¿Qué me está ocurriendo?, se decía; no soy yo, no me reconozco, algo me ha pasado o me está pasando en este mismo instante o me va a pasar dentro de poco, pero ¿qué? Debo admitir que esa chica me resulta atractiva, pero no es la primera vez que una mujer me resulta atractiva a primera vista; esto es algo corriente, que me ha pasado docenas de veces; y, sin embargo, en este caso todo parece desorbitado, pensó. Ahora, repasando fríamente su conducta, veía hasta qué punto había actuado con desatino. Hablé más de la cuenta, dije lo que no tenía que haber dicho y no dije lo que cabía esperar que dijera, pensó, ¿en qué estaría yo pensando? No hay duda de que ha de haber influido en mí esta ciudad extravagante. Bueno, se dijo, ¿qué más da? Ni yo sé su nombre ni ella sabe quizás el mío y no hay forma de que podamos localizarnos de nuevo el uno al otro; de no mediar otra casualidad, lo más probable es que no volvamos a vernos nunca más. Hoy pasearé por la ciudad, mañana regresaré a casa y dentro de una semana lo habré olvidado todo, se dijo.

Salió a la calle con el sol ya muy alto y se dirigió a la Plaza de San Marcos. El agua que la había cubierto en días anteriores se había retirado y ahora el pavimento estaba seco; soplaba un aire limpio y tibio y el cielo era de un azul brillante. Delante de la basílica, que Fábregas se había propuesto visitar de nuevo, estaba congregado un centenar de jóvenes. Comían, bebían o dormitaban con la cabeza recostada en las mochilas. Todos iban sucios y astrosos, como si hubieran realizado una larga peregrinación sin otro bagaje que sus radios y magnetófonos. Yo nunca fui así, pensó Fábregas.

—Después de todo, quizás el mal tiempo sea una bendición —le dijo señalando a los jóvenes el individuo cuyos servicios se había procurado a la puerta de la basílica. Fábregas no respondió. El individuo, sin dejarse amilanar por aquel silencio hosco, dijo llamarse Laurencio. Era un hombre enjuto y nervioso, de sonrisa servil y dientes amarillentos. Fábregas se habría desembarazado sumariamente de él si hubiera podido contraponer a la obsequiosidad porfiada del otro la energía que había dejado en la vorágine de la noche precedente. Ahora se veía atado por cansancio a un desaprensivo que se arrogaba las funciones de guía del modo más irregular—. Esto parece verdaderamente un supermercado —siguó diciendo una vez hubieron entrado en la basílica. En efecto, allí no se podía dar un paso; en la penumbra aquella turbamulta resultaba doblemente enojosa—. ¡Qué cáfila! —exclamó el guía.

Como la mayoría de los visitantes formaban agrupación, los guías respectivos procuraban hacer que todo el mundo siguiera el mismo trayecto y mantener un ritmo homogéneo en los desplazamientos. Así preservaban la fluidez del tránsito. Si alguien quería pasar por alto algún detalle o demorarse en otro por más tiempo del asignado a él, se producían choques y trastazos. Aquella mañana las cosas funcionaban particularmente mal porque un grupo de inválidos alteraba aquel orden rígido cada dos por tres. En varias ocasiones Fábregas y su guía, a cuyas explicaciones aquél no prestaba la menor atención, hubieron de hacerse a un lado para dejar paso a las angarillas. Más tarde y a consecuencia de un empellón fortuito, la llama de una candela encendió la mantilla de una mujer muy vieja, que fue presa del pánico y quizás habría perecido de no haber intervenido los que estaban a su lado. Contagiados por los chillidos de la pobre mujer, todos los que la rodeaban se pusieron a vociferar. Finalmente el fuego fue extinguido sin dificultad y se restableció la calma, pero la víctima sufrió un colapso. Fábregas, que se encontraba casualmente junto al lugar del suceso, alcanzó a ver cómo dos hombres llevaban en volandas a la mujer a un banco, donde la dejaron tendida. Su rostro exangüe y surcado de arrugas parecía hecho de celofán. Fábregas aprovechó la confusión para eludir al guía y abrirse paso a codazos hasta la salida. En el tumulto perdió un zapato y al agacharse a buscarlo estuvo a un tris de ser aplastado. Por último ganó la plaza de nuevo sin que el guía, que había cobrado sus honorarios por anticipado, le hubiera dado alcance.

Por alejarse de aquella barahúnda tomó el camino que había seguido el día anterior para ir a la estafeta. De este modo se encontró de nuevo en las calles y plazoletas por donde había deambulado en compañía de aquella mujer anónima cuyo recuerdo ahora le ofuscaba. Este alelamiento hacía que el barrio por donde ahora iba, pese a estar desprovisto de interés artístico o de pintoresquismo, se le antojase un lugar cargado de significación. Así fue paseando hasta que, a fuerza de doblar esquinas al azar, acabó perdiéndose; por más que andaba no conseguía dar de nuevo con la estafeta ni con la oficina bancaria donde le habían abonado el giro postal ni mucho menos con el restaurante donde habían comido o la iglesia que habían visitado juntos por sugerencia de ella. Sus pasos le llevaban una y otra vez al borde de un canal infranqueable que le obligaba a desandar lo andado y a describir un arco cuyo final eran de nuevo las aguas verdes del mismo canal o de otro idéntico. Acuciado por el hambre entró en un restaurante igual en apariencia a aquel que buscaba, pero en realidad malo y caro. No hay duda, dijo para sí levantándose malhumorado de la mesa, de que todo ha terminado.

Al salir del restaurante no encontró en las inmediaciones a nadie a quien pedir orientación para volver al hotel o simplemente al centro: las calles parecían muertas y las casas abandonadas. El sol caía verticalmente sobre su cabeza y hacía un calor húmedo muy molesto. Pronto le vencieron el cansancio y la desazón. Se quitó la americana, se aflojó el nudo de la corbata, se desabrochó el cuello de la camisa y se sentó en un poyo de piedra. ¿Qué haré aquí?, se preguntaba como si el destino le hubiera condenado a permanecer el resto de sus días sentado en aquel poyo.

Entonces vio tres personas doblar la esquina y venir hacia él. Estaba por ir a su encuentro y recabar de ellas la información que precisaba cuando le disuadió de hacerlo algo anómalo en la traza de aquel trío, formado por dos hombres y una mujer cuyas edades dificultaba precisar su aspecto estrafalario. Uno de los hombres, tan alto, que el otro, sin ser bajo, a duras penas le llegaba al hombro, llevaba el pelo teñido de color cobre, pero no las cejas, que eran negras y espesas y le conferían un aire tremebundo. Era muy fornido, parecía poseer una fuerza descomunal. El otro hombre era enjuto, de pelo ralo y tez enfermiza; vestía con atildamiento descomedido: traje cruzado de lino blanco, camisa de seda carmesí, corbata de lunares, pañuelo amarillo limón; su expresión era perspicaz y aviesa. La mujer, por contra, iba cubierta de una camiseta sin mangas y un pantalón corto, desflecado, zurcido y apedazado; sus facciones habrían podido ser de gran belleza, pero su sonrisa perenne y la mirada perdida exteriorizaban una mente desvariada; la cara, el cuello, las piernas y los brazos parecían cubiertos de moraduras y rasguños y de tiznones, churretones y lodo; llevaba el pelo apelmazado y trasquilado con tanta desmaña, que en unas partes era largo y desgreñado y en otras tan corto que dejaba al descubierto el cuero cabelludo cruzado de chirlos violáceos. Su andar era desmayado y con toda seguridad se habría desplomado repetidamente si no hubiera llevado anudado al cuello un ronzal del que tiraba sin miramientos el gigante de cuando en cuando. Era evidente que aquella mujer estaba necesitada de atención médica, pensó Fábregas, pero, ¿qué podía hacer él? Su instinto de conservación le impulsaba a adoptar una actitud despreocupada, como si aquel espectáculo morboso no fuera con él, pero sus principios y su propia estimación le forzaban a una intervención que sabía inútil de antemano y a buen seguro peligrosa. Con el ánimo dividido esperó a que los tres personajes llegaran a su altura; entonces saltó del poyo y se interpuso en su camino.

—Señorita —dijo con voz firme, aunque algo entrecortada por el miedo—, ¿se encuentra bien?

La mujer no dio muestras de haber oído su pregunta ni tan siquiera de haber reparado en su existencia. El gigante, en cambio, sin soltar el ronzal, sacó de la faltriquera de su zamarra de cuero tachonado una cadena corta y empezó a describir molinetes en el aire con ella; silbaba el aire ominosamente con cada giro de la cadena, en cuyo manejo se veía ducho al gigante: todo hacía pensar que aquella cadena podía ser un arma mortífera en sus manos. Fábregas se quedó inmóvil. ¿Qué me va a pasar?, pensó. El hombre atildado le dirigió una sonrisa en la que era fácil discernir la mofa. Al hacerlo dejó ver que le faltaban varios dientes. Luego se acercó a Fábregas, que no osaba esbozar el menor movimiento, y, sin decir nada, le arrebató la americana que llevaba al brazo; registró los bolsillos de la americana, traspasó a los suyos el dinero que encontró en ella y la dejó caer al suelo. Luego hizo una seña a sus compañeros y los tres prosiguieron la marcha con una parsimonia a todas luces burlona y afectada. Cuando hubieron desaparecido, Fábregas se agachó, recogió la americana, la sacudió y se la echó sobre los hombros. Le temblaban las rodillas, pero se sentía satisfecho: había cumplido con su deber y las consecuencias de ello no habían sido graves: un susto breve y una suma irrisoria de dinero. Durante un momento llegué a temer por mi propia vida, pensó, ¡qué azaroso es todo!

El incidente le había aligerado el ánimo. Volvió a caminar a paso vivo y pronto dio con una cabina telefónica. Como le habían sustraído el papel moneda, pero no la calderilla, y como siempre llevaba consigo una tarjeta del hotel, en previsión de emergencias como la presente, llamó a la recepción, describió al recepcionista el lugar en que se hallaba y dio orden de que enviaran a alguien en su busca. El recepcionista le dijo que tuviera la bondad de caminar unos cincuenta pasos a la izquierda, hasta encontrar un canal; allí debía aguardar a que le recogiera una góndola que zarpaba al punto. Fábregas hizo lo que le acababa de decir el recepcionista. Al borde del canal vio caer la noche; en algunas ventanas brillaban luces pálidas, que se reflejaban en el agua; en el firmamento aparecieron unas pocas estrellas; el aire se volvió frío y la humedad le fue calando los huesos. Cuando llegó la góndola estaba aterido y de pésimo humor. Ahora el encuentro con los rufianes ya no le parecía un hecho heroico, sino ridículo. Había incurrido en un riesgo grande por pura petulancia, puesto que, en definitiva, la suerte de aquella infeliz le traía sin cuidado. Ahora sentía sobre sí el peso de aquella jornada fatigosa y vacua.

—¿Quiere el señor que le cante una canción? —preguntó el gondolero. Y viendo que su cliente no respondía, añadió : Está incluido en el precio del servicio.

—Me da igual —dijo Fábregas—. Usted limítese a remar y lléveme al hotel tan aprisa como le sea posible.

VI

Aquella noche acompañó la cena con abundante vino y la remató con tres copas de coñac confiando en que una embriaguez moderada le ayudaría a dormir. Así ocurrió: apenas acostado cayó en un sueño profundo y tranquilo, del que le sacó bruscamente el ruido producido por la zambullida de un cuerpo en el agua. Saltó de la cama, corrió a la ventana y abrió de par en par los postigos y las persianas. A la luz de la luna escudriñó las aguas del canal: nada parecía haber perturbado su quietud recientemente. El aire estaba inmóvil y el cielo sereno. Sintió un escalofrío y cayó en la cuenta de que tenía el cuerpo entero bañado en sudor. He debido de soñar algo que ahora no acierto a precisar, pensó. Volvió a examinar con detenimiento el agua oscura y silenciosa y suspiró. Ah, ha sido aquello otra vez, se dijo. Cerró las persianas y los postigos y se tendió de nuevo en la cama a sabiendas de que ya no volvería a conciliar el sueño en varias horas. ¿Por qué esta noche precisamente, después de tanto tiempo?, pensó. Creía haber solucionado hacía mucho aquel episodio que ahora, sin justificación aparente y con la misma efectividad dolorosa de otros tiempos le devolvía a la luz de aquel atardecer remoto, junto al agua tranquila y turbia de lo que podía haber sido un río o un lago o incluso un estanque grande o una alberca, en cuya orilla se había sentado a jugar. Por más que forzaba los límites de la memoria, nunca lograba recuperar los instantes previos al inicio de aquel sueño reiterado. De su madre guardaba la imagen distinta y precisa de una mujer joven, delgada y nerviosa de gestos; del hombre, sólo lo que en aquel momento le habían permitido ver su estatura mínima y su posición: unos zapatos brillantes de dos colores, unos pantalones claros acampanados y el extremo inferior de un bastón fino o una caña de bambú. ¿Por qué he de pasar otra vez por esto?, se dijo. Le habría bastado encender la luz de la mesilla de noche para que aquellas figuras y aquel paisaje se volatilizaran. Qué más da, pensó sin moverse; después de todo, ya sé lo que va a ocurrir: ahora mamá tomará carrerilla y se tirará al agua; veré otra vez el destello de las medias de cristal cuando sus piernas pasen a la altura de mis ojos; la falda marrón, plisada; los zapatos levantarán polvo y guijarros; luego oiré el ruido de la zambullida. Como siempre, sintió que se le cortaba el resuello al ver las aguas cubrir del todo a su madre, inclusive el sombrero, que quizá llevaba sujeto a la barbilla con una goma o una cinta a modo de barboquejo o que quizá ella misma había agarrado con la mano instintivamente en el momento de ser cubierta por las aguas. Y de repente su madre estará otra vez allí, con la cara mojada, el pelo y la ropa chorreando, el sombrero en la mano, estremecida por la excitación y el frío. Él habrá roto a llorar con desconsuelo y su madre se habrá puesto en cuclillas a su lado y le habrá dicho riéndose: ¡Tonto, no llores!, ¡si era sólo un juego! Durante años había soñado esta misma escena centenares de veces, siempre con el mismo terror y con el mismo alivio, sin antecedentes ni continuación. Al principio aquel sueño le había producido una turbación y un desasosiego tan grandes que no se había atrevido a hablar con nadie del asunto. Le parecía estar en posesión de un gran secreto, sin que supiera explicar por qué, y aquella sensación le agobiaba. Al cabo de varios años, y como el mismo sueño seguía acosándole, decidió plantear a su madre la cuestión de forma más o menos directa. Pero si en alguna etapa de su vida su madre había sido aquella mujer impulsiva, excéntrica y desconcertante, capaz de arrojarse vestida a las aguas heladas de un río por impresionar a un hombre, aquella etapa había quedado atrás. Ahora ya no era una mujer esbelta y nerviosa, sino grave de porte y talante. Ahora la vida parecía consistir para ella en un concurso de padecimientos del cual procuraba salir siempre ganadora: ella era la persona que dormía menos, la que con más facilidad perdía el apetito, la más propensa a la fatiga y a la enfermedad. Si alguien decía o aparentaba sufrir en su presencia, se sulfuraba, como si aquel sufrimiento fuera una prerrogativa suya que alguien tratara de usurparle. Por esta razón o por otras, todos los intentos de Fábregas por tocar el tema dieron resultados negativos: su madre no quería oír hablar del pasado; acostumbraba a considerarse el ser más desventurado del universo, cualquier alusión a un pasado posiblemente dichoso desencadenaba un alud de lamentos y recriminaciones. Luego aquella etapa mala de su vida dejó paso a otra más serena, pero para entonces ya se había producido entre Fábregas y ella un distanciamiento difícil de salvar. Tuvieron que pasar varios años más para que, restablecida entre ambos una relación cordial, aunque no íntima, él decidiera poner de nuevo el tema sobre el tapete. Aquella vez su madre se había encogido de hombros; con un gesto había minimizado aquella anécdota que ahora estimaba trivial, aquel período entero de su vida que ahora, cuando empezaban a manifestarse los primeros síntomas de su enfermedad, ella ya daba por saldado globalmente. Para entonces él también había evolucionado: ya no le interesaba tanto como antes lo que aquel sueño pudiera tener de revelador ni sus posibles concomitancias con algún suceso real, sino otros aspectos menos concretos, para cuyo esclarecimiento la colaboración de su madre probablemente habría carecido de valor. Ahora le intrigaba sobre todas las cosas la personalidad del misterioso individuo que compartía el sueño con ellos. Este personaje era el que más había ido cambiando a medida que el sueño reaparecía en momentos distintos de su vida. Primero, de niño, aquel desconocido de los zapatos bicolores y el bastón le había producido una sensación de miedo que al despertar perduraba en su ánimo durante horas; luego la presencia del desconocido había dejado de ser terrible para ser solamente amenazadora: le parecía que aquel hombre tenía el poder de causarle a él o de causar a su madre, o a ambos, un gran mal, y aunque ese poder nunca llegase a ejercerse, la certeza de su existencia bastaba para desazonarle. Finalmente, y de un modo incongruente, el misterioso acompañante había empezado a producirle una sensación de tristeza absurda, pero innegable. En una ocasión creyó haber reconocido sus propias facciones de adulto en el rostro del acompañante misterioso y esta visión le produjo un malestar casi físico. En otra ocasión, en el estado de somnolencia que seguía al sueño, había tenido una revelación: la de que aquel hombre era únicamente una imagen del pasado, a la que sólo preservaba de la extinción definitiva la pervivencia en su sueño.

VII

Antes de acudir al comedor pasó por el mostrador de recepción y dijo al empleado que le preparara nuevamente la cuenta y dispusiera que le hicieran el equipaje. El empleado de la recepción era el mismo que le había atendido dos días antes y se interesó discretamente por su estado. Fábregas le dijo que persistía el insomnio que le había aquejado las noches precedentes, pero que confiaba en mejorar pronto.

—Está visto que nuestro clima no sienta bien al señor —comentó el recepcionista.

Desde la mesa donde le sirvieron el desayuno sólo veía el cielo y una franja estrecha de agua. Podría estar en un barco, pensó con nostalgia. Creía que en los barcos sólo había que dejarse llevar y por eso siempre que se encontraba ante una encrucijada pensaba en los barcos con nostalgia. Tan pronto haya liquidado la cuenta y esté listo el equipaje me iré al aeropuerto y allí esperaré a que salga el primer avión, pensó. No volveré a pisar las calles de Venecia, se dijo. Pero de vuelta a la recepción, el recepcionista le entregó un mensaje que consistía en un número garrapateado al dorso de un trozo de papel impreso.

—Una señorita ha llamado preguntando por el señor —dijo el recepcionista—. Como el señor no estaba en su habitación, la señorita ha dejado este número y el encargo de que el señor la llame lo antes posible.

—¿No ha dejado dicho su nombre? —preguntó Fábregas.

El recepcionista llamó por un teléfono interior a la telefonista que había atendido la llamada, habló con ella un rato vivamente y colgó.

—El nombre era María Clara —dijo el recepcionista dirigiéndose de nuevo a Fábregas—. También dio el apellido, pero la telefonista no lo anotó en su momento y ahora lamenta haberlo olvidado.

—Está bien —dijo Fábregas—, hablaré con ella.

El recepcionista llamó otra vez a la telefonista y, transcurridos unos instantes, indicó a Fábregas que podía utilizar una de las cabinas telefónicas que había en el *hall*. Fábregas entró en una cabina tapizada de velludo granate y cerró la puerta. En una repisita había un teléfono que empezó a emitir un timbrazo débil y entrecortado. Fábregas descolgó el teléfono y dijo:

—¿María Clara?

—Ah, es usted —dijo ella. Al oír su voz, que reconoció al punto y sin dificultad, Fábregas sintió un vacío en el estómago y al mismo tiempo la necesidad de golpear con los puños las paredes tapizadas de la cabina, como si fuera un demente en estado de agitación—. Me dijeron que había salido.

—Estaba desayunando —dijo él. Luego se quedó sin saber qué añadir y se produjo un silencio en la línea telefónica. En estas cabinas no se puede respirar, pensó; así deben de ser los ataúdes por dentro.

—En vista del buen tiempo que está haciendo... —dijo ella de repente. Fábregas carraspeó, pero no dijo nada. Le era factible notar la confusión de ella—. La verdad es que, después de las cosas terribles que dijo el otro día acerca de la ciudad, me he creído en el deber de rehabilitarla a sus ojos.

—Por Dios, no hablemos de eso; sé muy bien que me comporté de un modo impertinente —balbuceó.

—No, no, llevaba usted mucha razón. Por eso espero que no tenga un compromiso para hoy —dijo ella—. Había pensado llevarle a visitar un lugar que muy pocos turistas conocen; algo alejado, en una isla...

—Estoy seguro de que me gustará muchísimo, pero no quisiera que se molestara usted tanto por mí —dijo Fábregas.

—No, no; ¿le parece bien si le paso a buscar por el *hall* del hotel dentro de media hora?

—Me parece muy bien —dijo él—. Estaré esperándola.

Al salir de la cabina telefónica creyó que iba a sufrir un vahído por culpa del calor, pero se repuso en seguida; luego regresó al mostrador de recepción y allí dio aviso al encargado de que cancelaba nuevamente la partida y ordenó que deshicieran su equipaje si ya lo habían hecho como él había dispuesto con anterioridad. El recepcionista asintió a todo sin hacer ningún comentario, pero Fábregas creyó que le observaba con atención redoblada. ¡Y a mí qué!, pensó. Conteniendo a duras penas el nerviosismo, que le impulsaba a dar saltos y hacer cabriolas, mató más de una hora y media hojeando periódicos y revistas, consumiendo café y dando paseos cortos por el *hall*, cuyos límites no se atrevía a franquear. Finalmente apareció ella. Traía el cabello alborotado y jadeaba, como si acabara de recorrer una distancia considerable a la carrera, pero saltaba a la vista que su precipitación era ficticia y no tenía otro objeto que encubrir la tardanza.

—Venga, venga, démonos prisa o se nos echará el tiempo encima —le dijo en tono apremiante. Fábregas se dejó conducir sin replicar al embarcadero del hotel, donde les aguardaba una motora tripulada por un viejo lobo de mar. De sobra se veía que la motora no era usada habitualmente para el transporte de pasajeros; por carecer de todo, no tenía asientos, salvo una repisa estrecha que corría a ambos costados y en la que era difícil incluso mantener el equilibrio. Era una barca incómoda y algo desacoplada, pero pintada de colores alegres. El viejo lobo de mar vestía una cazadora marrón de corte moderno, muy descolorida y gastada, como si se hubiera servido de ella durante varias décadas. Ni les ayudó a embarcar ni hizo siquiera amago de saludar: mantenía la vista fija en el agua, el ceño fruncido y la expresión hosca. Era la imagen misma de la misantropía, pensó Fábregas.

Sin que mediaran órdenes, el viejo lobo de mar dirigió la motora hábilmente por los canales hasta salir a la laguna. Soplaba una brisa tibia y entre la bruma se veían los contornos de muchas islas.

—Ahora me doy cuenta por primera vez de que Venecia es realmente un archipiélago —comentó Fábregas.

Ella le explicó que Venecia debía su supervivencia a las aguas de aquella laguna, demasiado profundas para ser vadeadas por un ejército, pero no tanto que permitieran el paso de los barcos de guerra. Fábregas, que había leído esta explicación en varias guías y folletos, pensó que ella la recitaba de carrerilla, como si tuviera por costumbre pasear turistas. Sin embargo ella no volvió a decir nada más durante la media hora que duró la travesía, al término de la cual y tras haber rebasado un grupo de peñascos áridos que sobresalían del agua desordenadamente, atracaron en un embarcadero formado por troncos que el agua cubría en buena parte. Aquel embarcadero parecía tener varios siglos de antigüedad y Fábregas comentó que no comprendía cómo la madera resistía tan bien los efectos del agua. Ella le explicó que no era el agua lo que pudría la madera, sino el aire. Mientras decían estas cosas, iban subiendo una cuesta empinada hasta coronar un altozano desde el cual se podía divisar toda la isla. A los lados del camino crecían jaras y brezos y zumbaban enjambres de abejorros. Al volver la vista atrás, Fábregas advirtió que el viejo lobo de mar había puesto nuevamente en marcha la motora y se alejaba costeando hasta que una roca ocultó a sus ojos la barca y el tripulante. Los rayos del sol caían perpendicularmente sobre ellos.

—¿Dónde estamos? —preguntó.

Desde la loma que acababan de coronar, la isla parecía enteramente deshabitada; una vegetación tupida, oscura y baja lo cubría todo; aquí y allá sobresalía algún ciprés solitario.

—Estamos en la célebre isla de Ondi —dijo ella. Él hizo con la cabeza un gesto de reconocimiento, aunque nunca había oído mencionar aquel lugar—. Hasta hace poco aún la poblaban pescadores, pero hoy en día nadie pesca. Luego podrá ver en la vertiente opuesta el pueblo abandonado. También hay una antena de radio, que ya no se utiliza. Naturalmente —añadió con una sonrisa— no es esto lo que me propongo enseñarle. Pero antes de la visita, convendría que comiéramos algo, porque se ha hecho tarde.

—¿Y dónde comeremos? —dijo Fábregas—. La isla parece desierta.

—Lo parece, pero no lo está —dijo ella.

Caminaron largo rato por un sendero pedregoso. La

isla era más extensa de lo que Fábregas había calculado a partir del panorama divisado desde el altozano: a medida que avanzaban iba percibiendo zonas que hasta entonces habían ocultado a sus ojos las irregularidades del terreno. Tampoco ahora hablaban: ella abría la marcha y él la seguía sin apartar la mirada de ella. La ligereza con que ella se movía por aquel terreno accidentado le producía estupor; le costaba concebir que aquel cuerpo pudiera servir para trepar cuestas y salvar obstáculos. Finalmente, cuando ya empezaba a faltarles el resuello, el camino se volvió llano y al cabo de muy poco iniciaron el descenso: ahora veía la ribera opuesta de la isla y allí, tal como ella le había anunciado, una agrupación de casas blancas, algunas de las cuales carecían de techumbre. Pese a su abandono evidente, la blancura de los muros resultaba deslumbrante al sol del mediodía. Fábregas se puso la mano a modo de visera y se quedó inmóvil, contemplando aquella visión desolada.

—Venga —dijo ella.

Bajaron hacia el pueblo y antes de llegar a él tomaron una desviación que los condujo a una rada. Allí había una casa idéntica a las que acababan de ver, pero sin duda habitada, porque salía humo de la chimenea y unas sábanas se oreaban al sol en el patio. En el agua se balanceaba una lancha amarrada a una boya diminuta de color naranja. Cuando estaban muy cerca de la casa, vieron salir de ella a una mujer en bata y delantal, que llevaba un estropajo en una mano y un rollo de papel de cocina en la otra. La mujer se puso a gritar y a conminarles por gestos a que no siguieran avanzando. Fábregas se detuvo en seco, por instinto, como si hubiese salido a su encuentro un perro guardián, pero luego, viendo que María Clara no se dejaba intimidar por los aspavientos y amonestaciones de la mujer, apretó el paso y ambos entraron codo con codo en el patio. Para entonces la mujer ya debía de haber identificado a María Clara, porque había depuesto su actitud, aunque no variado la expresión huraña del semblante. Debía de frisar los cuarenta años y tenía el pelo negro, las facciones regulares y la dentadura blanquísima y algo protuberante. Cuando miraba de frente no se notaba nada inusual en sus ojos, pero cuando trataba de mirar de soslayo, una de las pupilas se quedaba quieta mientras la otra se desplazaba hacia la sien; entonces se advertía que era tuerta o estrábica. Antes de intercambiar saludos con los recién llegados les dijo que el restaurante todavía no estaba abierto, que precisamente en esos días lo estaban poniendo a punto para la temporada estival que se iniciaría en breve. Al decir esto levantaba las manos y mostraba el estropajo y el papel. Fuera de temporada, les dijo, el restaurante permanecía cerrado y ella, su marido, su madre y sus hijos, vivían en Mestre. Era evidente que estas explicaciones iban dirigidas a Fábregas, puesto que la mujer y María Clara parecían conocerse de antiguo. Sin duda ha traído aquí a otras personas, pensó él. La mujer siguió diciendo que, a pesar de lo que acababa de contarles y si estaban dispuestos a conformarse con algo sencillo, les servirían de comer. Fábregas y María Clara pasaron a otro patio, cubierto por un toldo de cañas, que daba a la rada. De la casa salió un hombre bajo y musculoso acarreando una mesa de madera, que colocó ruidosamente en el centro del patio. Luego saludó a María Clara con efusividad y ella le presentó a Fábregas, cuya mano estrujó y zarandeó. Dijo ser yugoslavo y llevar muchos años en Venecia, dedicado al negocio de la hostelería. En realidad el negocio consistía únicamente en aquel restaurante, que explotaba con su familia durante tres o cuatro meses al año.

—Los millonarios que vienen en sus yates se matan por comer lo que les sirvo —dijo con una mezcla de orgullo e ironía.

—Y lo que sirve, ¿lo pesca usted mismo? —preguntó Fábregas.

—No, qué va. Lo compro en el mercado —dijo el yugoslavo—, pero ellos no lo saben. Si lo preguntan, les digo la verdad; si no, les dejo que piensen lo que quieran. No sé qué se creen. Mire, ahora la rada está desierta, ¿ve? —añadió señalando el agua—; sólo aquella barquita, que es la nuestra. Bueno, pues si vuelven ustedes dentro de quince días verán los yates haciendo cola para entrar en la rada. Hasta cuarenta palos he llegado yo a contar en un solo día del mes de julio. Lo que le digo: para darles de comer a todos me haría falta una flota pesquera.

Mientras hablaban la mujer había servido la mesa. En lugar de mantel y servilletas les puso varias hojas del papel de cocina que llevaba en la mano poco antes, cuando salió a su encuentro. Los platos eran de una loza basta y desportillada. Fábregas insistió en sentarse de espaldas al

31

agua, a pesar de las protestas de María Clara, que quería cederle el lugar preferente, de cara al mar. Por último Fábregas ganó la batalla pretextando que le molestaba el centelleo del sol en el agua. Ahora el rostro de él quedaba a oscuras y su silueta, nimbada por la claridad de la rada; en cambio, el rostro de ella recibía los puntos y rayas de sol que dejaba filtrar el entramado de cañas. Como la vez anterior, en el curso de la comida sólo intercambiaron frases breves y triviales, pero al llegar al postre, Fábregas, viendo que María Clara parecía absorta y presa de la melancolía, le dijo:

—El otro día hablé más de la cuenta; es justo que hoy sea usted quien me cuente su vida. Le recuerdo que me prometió hacerlo.

—Ah —respondió ella—. Mi vida no tiene mucho interés.

—No le pido una historia pormenorizada. Dígame sólo lo que la tiene tan preocupada en este mismo instante —dijo él.

Ella le miró fijamente unos segundos, con desconfianza, pero luego, como si hubiera venido de repente en su ayuda una idea tranquilizadora, esbozó una sonrisa.

—Casi prefiero darle cuenta de mi vida —dijo; y acto seguido, tras una pausa destinada aparentemente a poner en orden los datos que se disponía a proporcionarle, empezó su relato confirmando lo que le había dicho en su encuentro anterior, esto es, que era veneciana sólo en parte, no obstante la idea que él parecía haberse formado al respecto.

—¿Y cómo sabe usted qué idea me he formado respecto de esto o de cualquier otra cosa? —dijo él.

—Ay, vaya, ¡pero si desde el primer momento me ha venido tratando como si yo fuera el símbolo viviente de esta ciudad! —replicó ella—. A veces pienso que incluso me considera responsable de todos los contratiempos que le han sucedido desde que llegó.

Fábregas buscó una respuesta ingeniosa a esta acusación, pero comprendió en seguida que tal cosa desviaría el diálogo hacia otros derroteros y prefirió aceptarla con afable humildad.

—Me confieso culpable, pero le prohíbo hablar de mí hasta que haya terminado de disipar este velo de misterio que la envuelve —dijo.

Ella se rió por primera vez en el transcurso de aquel día.

—¿Misterio?... ¡pobre de mí! —exclamó visiblemente halagada.

Mientras hablaban se habían ido acercando a la mesa tres gaviotas de gran tamaño; su falta de recelo ante la presencia humana rayaba en la altanería. María Clara les arrojó los restos del pescado que habían comido. Al instante acudieron unos mirlos, que se posaron a una distancia prudencial, a la espera de que las gaviotas sufrieran una distracción. Pero las gaviotas acabaron con todo parsimoniosamente y permanecieron luego a la expectativa.

—¿Ve lo que ha hecho? —dijo Fábregas—. Ahora ya no nos las quitaremos de encima en todo el día.

—¿De veras quiere que le cuente mi vida? —dijo ella.

—Si vuelvo a interrumpirla, le dejo que imponga el castigo que usted elija —dijo él.

VIII

María Clara empezó a relatar su historia diciendo que su apellido, por si él lo ignoraba todavía, era Dolabella. Este apellido, bastante común en aquella zona, la emparentaba, según había oído contar miles de veces a su familia, con Tommaso Dolabella, un pintor veneciano de principios del siglo XVII bastante reputado en su tiempo, pero casi olvidado en la actualidad, ensombrecida su fama por la de los grandes maestros venecianos: Tiziano, Tintoretto y Tiépolo. En el propio Palacio Ducal, sin ir más lejos, podía verse una obra de Tommaso Dolabella titulada *El Dux y los procuradores adorando la Hostia*. Todo esto, agregó de inmediato, no lo contaba para envanecerse tontamente de un antepasado célebre, sino porque de aquel pintor arrancaba precisamente la historia de su familia. En efecto, en un momento de su vida, Tommaso Dolabella, por razones que ella nunca llegó a conocer, emigró a Cracovia, a la sazón una ciudad floreciente. Allí murió el año 1650. Luego los avatares de la historia habían empujado a uno de sus descendientes a emigrar, como tantos polacos, a los Estados Unidos, donde sucesivas generaciones de Dolabellas habían de conseguir amasar una pequeña fortuna primero y perderla luego. Finalmente, el padre de María

Clara, Charles Dolabella, deseoso de investigar su genealogía, había viajado a Venecia, se había enamorado de una veneciana, se había casado con ella y se había quedado a vivir allí definitivamente. De esta forma la estirpe de los Dolabella concluía un periplo de tres siglos regresando al punto de partida.

—Una historia romántica con un final feliz —dijo Fábregas.

—Sólo en el enunciado —dijo ella—. En realidad el matrimonio de mis padres no tuvo suerte.

—¿Qué entiende usted por no tener suerte? —preguntó él.

—Mi padre nunca se ha adaptado a la vida europea y mi madre siempre ha tenido mala salud.

—Ah —dijo él.

Como el padre no había querido dar por definitiva su instalación en Venecia y después de tantos años aún seguía soñando en regresar a los Estados Unidos, y como la madre jamás había permitido que se hablara siquiera de tal cosa, la vida de la familia se había caracterizado siempre por la provisionalidad.

—De pequeña siempre pensé que cualquier tarde, al volver del colegio, encontraría la casa entera desmantelada, el equipaje hecho y un barco a la puerta dispuesto para zarpar. El hecho de que esto no sucediera nunca no alteraba en nada mi convencimiento. Vivía con la sensación de tener un pie puesto a todas horas en el estribo, como suele decirse. De este modo nunca me preocupé por mis estudios ni me tomé la molestia de entablar unas amistades que creía efímeras.

—Lo comprendo —dijo Fábregas—, pero supongo que esta sensación acabó por desvanecerse andando el tiempo.

—Sí, claro —respondió ella—, pero para entonces ya era demasiado tarde. Cuando me vi ante la necesidad de decidir lo que había de hacer con mi vida, no supe qué camino tomar.

Nada en particular le interesaba verdaderamente; casi todo despertaba en ella un interés pasajero y superficial. Por fin decidió hacer lo que en su día había hecho su padre, pero en sentido inverso, es decir, trasladarse a los Estados Unidos, con la esperanza de encontrar allí algo que diera sentido a su vida. Por desgracia, esta idea, fácilmente realizable sobre el papel, resultó inviable en la práctica. Tantos años de ausencia habían disuelto los vínculos de familia y amistad que su padre pudiera haber tenido tiempo atrás en su país de origen. Ahora no contaba con nadie a quien poder confiar la custodia de su hija ni disponía de medios para costear los gastos de manutención en una institución docente. Probablemente el asunto habría podido resolverse por otros cauces, pero la familia Dolabella carecía de todo sentido práctico. Por último, como solución intermedia, María Clara fue enviada a Inglaterra, donde vivía una hermana de su padre, a la que nadie, salvo él, había visto nunca, pero que se ofreció sin vacilación a hacerse cargo de María Clara tan pronto como el padre de ésta rompió un silencio de décadas para insinuarle la idea. Era una mujer madura, viuda, solitaria y bastante rica. Aunque distaba mucho del proyecto original, María Clara había acogido esta oportunidad inesperada con auténtica alegría, porque para entonces sólo pensaba en escapar del medio familiar, que se le había hecho progresivamente asfixiante.

—Me habría ido al último confín del mundo —dijo ella—. Por eso cuando el otro día trató usted de exponer las razones que le habían impulsado a dejar Barcelona, las comprendí de inmediato.

Esta afirmación irritó a Fábregas: ofendía su vanidad que le dijeran que su caso se asemejaba tanto a otro. ¿Será posible que el resultado de toda una vida sea solamente esto: un caso idéntico en todo a muchos otros, desprovisto de individualidad?, pensó. Sí, sin duda los seres humanos estamos predestinados a disolvernos en una sola masa homogénea, un verdadero magma del que sólo está llamado a destacar uno entre decenas de millones, se dijo; e involuntariamente recordó las imágenes de aquellos santos, cuya mera existencia era dudosa, pero cuyas proezas, fruto de la imaginación popular, figuraban ahora eternizadas en las iglesias y los museos. ¡Qué arbitrario es todo!, se dijo una vez más.

Mientras pensaba estas cosas iba escuchando distraídamente el relato de María Clara. Previsiblemente, la estancia de ésta en Inglaterra no había colmado ni de lejos sus expectativas. Aparte de mantenerse alejada de su familia durante un tiempo, poco provecho había sacado de aquellos dos años de permanencia allí: tampoco en esa ocasión había visto realizado su deseo de echar raíces en algún lugar o de encontrar un ambiente en el que, según sus propias palabras, pudiera sentirse integrada de veras. A conseguir esto último no había contribuido en nada su tía, una mujer excéntrica que, no obstante gozar de una posición desahogada, prefería vivir en una *roulotte*, en pleno campo y en medio de grandes incomodidades y estrecheces. Durante aquellos años María Clara y su tía habían mantenido contactos esporádicos. Ésta, que poseía en Londres unos apartamentos minúsculos y no muy confortables, cuyos alquileres acrecían sus rentas, había cedido a su sobrina uno de aquellos apartamentos, a la sazón vacante, le había asignado un subsidio semanal, que el banco hacía llegar a sus manos puntualmente, y se había desentendido de ella, salvo cuando se decidía a abandonar su refugio e ir a la ciudad, lo que sucedía raras veces. En estas ocasiones pernoctaba en un hotel de ínfima categoría e invitaba a María Clara a cenar en un restaurante chino apestoso, lúgubre e increíblemente barato. Ahora ella recordaba estas cenas con asco e irritación. En el curso de la cena era interrogada por su tía acerca de su salud y de sus progresos en el uso del idioma inglés. Luego, sin haber prestado la menor atención a las respuestas recibidas, la tía solía contarle de manera fragmentaria y confusa alguna anécdota remota en la que habían participado juntamente ella y el padre de María Clara. En estos relatos María Clara no había detectado nunca nostalgia ni afecto; más bien parecían historias desenterradas con desgana, hilvanadas toscamente y referidas sin otro objeto que el de salvar un silencio incómodo. Esto, la fragilidad de la memoria de su tía, que se quebraba de continuo, la insustancialidad de las propias historias y el hecho de que su tía se empeñase en hablar con María Clara en italiano, idioma del que apenas tenía nociones rudimentarias, hacían estas anécdotas sumamente aburridas y exasperantes. No obstante, María Clara no podía dejar de sentir por su tía una mezcla de respeto y piedad. Era una mujer diminuta, flaca y ridícula, con el rostro cubierto de una capa de pomada y colorete oscura y cuarteada que le daba al cutis aspecto de hojaldre viejo. Vestía desaliñadamente y desprendía un olor ofensivo, no tanto a suciedad como a decadencia. Esta falta de higiene y el poco cuidado que ponía en su salud y en su apariencia daban a entender que no sentía por sí misma ni interés ni ternura. La tía llevaba siempre consigo un perro, lo que no se desdecía, como a primera vista habría podido parecer, de su estoicismo ostensible. Este perro, ladrador y muy desabrido de carácter, era un pequinés de color gris, de pelo desigual, polvoriento y apelmazado, enjuto, desgarbado y asimétrico; a juzgar por su aspecto parecía que acababa de ser arrollado por un camión. Tampoco por él manifestaba la tía ningún cariño: cargaba con él como quien carga con un paquete liviano pero molesto; sin embargo nunca lo dejaba en el suelo ni se desprendía de él, ni siquiera para comer. En estas ocasiones, sostenía el perro con la mano y el antebrazo derechos y comía con una cuchara que manejaba con la mano izquierda, pues era zurda. Mientras su dueña comía, el perro miraba la comida con avidez y emitía un ronquido asmático. Una baba espesa y negra le colgaba del belfo. A veces la tía, aburrida de su propia perorata, parecía perderse en sus propias cábalas y dejaba vagar la vista por el aire viciado del restaurante. Entonces el perro estiraba el cuello como si fuera un avestruz y hundía las fauces en el plato. Si tenía ocasión, también daba lametazos a la cuchara. Cuando la tía salía de su ensimismamiento, el perro recobraba su habitual circunspección y ella, que no se había percatado de lo ocurrido, o se había percatado, pero no era persona remilgada, seguía comiendo del mismo plato y con la misma cuchara. María Clara tenía que hacer un esfuerzo arduo para no exteriorizar su repugnancia ante esta escena. Por lo demás, aquellos alimentos, devorados con tanta ansiedad, sentaban indefectiblemente mal al perro, el cual, a los pocos minutos de haberlos ingerido, expelía unos pedos repelentes, que invadían en un instante todo el local, a pesar de provenir de un animal tan pequeño, y en una velada particularmente aciaga había llegado incluso a escagarruciarse sobre el mantel, sin que su tía diese a entender que tal cosa le producía disgusto o preocupación. Ante los hechos consumados, se había limitado a sacar del bolsillo de la chaqueta un pañuelo, a todas luces veterano de varios resfriados sin que por ello hubieran pasado por él el agua ni el jabón, y a posarlo con gesto indiferente sobre la parte afectada del mantel, mientras seguía comiendo y hablando, como si lo sucedido fuera cosa de todos los días y lugares. En otras ocasiones, cuando el perro guardaba la compostura y no se producían percances como los descritos, María Clara trataba discretamente de romper la rutina establecida tácitamente para este tipo de encuentros y llevar la conversación a otros terrenos. Estos intentos, sin embargo, casi nunca daban resultado, porque su tía no escuchaba lo que ella le decía o porque lo escuchaba, pero lo entendía equivocadamente.

Al margen de estas cosas, la estancia de María Clara en Londres no había sido útil ni placentera. Londres le había parecido una ciudad poco acogedora, en general rica en promesas, pero poco dadivosa con el forastero carente de relaciones o fortuna. No había hecho amistades sólidas y los días allí se le habían hecho eternos; había buscado algún trabajo eventual, más por combatir la soledad y el tedio que por apremios de dinero, pero tampoco en eso había tenido suerte. El clima era riguroso y el apartamento en que vivía estaba tan mal acondicionado que a veces dejaba transcurrir el día entero sin salir de la cama, y hasta diez días seguidos sin darse un baño.

—Vamos, vamos —dijo Fábregas de pronto—, me cuesta creer que en dos años no consiguiera entablar ningún tipo de relación personalmente remuneradora.

La torpe formulación de este comentario, que en realidad pretendía ser gentil, el tono en que fue hecho o algo en la expresión de Fábregas, hizo que María Clara enrojeciera. Se hizo un silencio engorroso que solventó Fábregas pidiendo la cuenta a voces. Estaba irritado, pero no conseguía vislumbrar las causas de esta irritación, cuya injusticia, en cambio, se le hacía patente. Miró a María Clara de soslayo y se enterneció. Debo decirle algo tranquilizador, pensó; algo como: disculpe la indiscreción de mi comentario estúpido; o: por supuesto, no me debe ninguna explicación en lo que atañe a sus actos; pero no es esto lo que ella espera de mí, sino esta frase: haga usted lo que haga, a mí me parecerá siempre bien. Pero para decir tal cosa haría falta una magnanimidad que yo no poseo, se dijo. Acababa de pensar esto cuando ella levantó la mirada que hasta entonces había tenido clavada en el mantel y la dirigió hacia el horizonte. Entonces él vio que sus ojos eran grises y muy claros y que por esta causa cambiaban continuamente de color, según lo que se reflejara en ellos; ahora eran de un azul plomizo, como el agua de la laguna. Le sonrió y alargó la mano para coger la de ella, como si con este gesto y esta sonrisa quisiera decir: tenga paciencia, no soy tan riguroso ni tan inflexible como usted me juzga, pero por ahora no me es posible hacer más. Sin embargo, se detuvo sin concluir el gesto y su sonrisa se desvaneció sin que ella hubiera tenido tiempo de advertirla.

IX

Cuando ya se iban, el yugoslavo que regentaba el establecimiento les dijo que la próxima vez que fueran allí les prepararía una bullabesa.

—No hay otra igual en todo el Mediterráneo —fanfarroneó. El aliento le olía a vino, pero Fábregas dedujo de sus palabras que el yugoslavo daba por sentado que regresarían a aquel restaurante en breve y decidió tomar la baladronada por un buen augurio. El yugoslavo les acompañó a la puerta.

—¿Van a visitar la ermita? —les preguntó.

Fábregas, que no había oído siquiera hablar de una ermita no supo qué responder y miró a María Clara. Ella dijo que sí y acto seguido le explicó que en aquel islote se encontraban las ruinas de una ermita célebre donde había habido hasta pocos años atrás una reliquia de San Francisco de Asís, el cual había estado allí en vida, orando y predicando.

—Y también haciendo milagros —se apresuró a añadir el yugoslavo. Y a continuación pasó a referirles uno de aquellos milagros que, según dijo, había acaecido en el mismo lugar donde ahora se encontraba el restaurante o muy cerca de allí—. Una vez estaban San Francisco y otro monje paseando por este sendero a la caída de la tarde y hablando de asuntos acuciantes de la orden cuando acudió a posarse junto al sendero una bandada de pájaros piando y chillando de un modo escandaloso. El monje, enojado por aquella irrupción, que les impedía proseguir el diálogo, cogió una piedra del suelo e hizo ademán de arrojársela a los pájaros, pero San Francisco le detuvo diciéndole: Déjalos que píen, hermano, porque no nos hacen ningún mal; antes bien, nos dan ejemplo, pues alaban al Señor exaltando Su obra; vayamos donde ellos están y cantemos a su lado las horas canónicas. Y diciendo esto fue a donde estaban los pájaros, los cuales, viéndole venir, no huyeron, sino que permanecieron quietos y en silencio hasta que San Francisco, dirigiéndose a ellos, les dijo: Hermanos pájaros, acompañadme en el rezo de mi oficio en honor de Nuestro Señor. Dicho lo cual, se puso a cantar, pero no con su voz habitual, sino con el gorjeo de los pájaros, mientras éstos coreaban su canto balanceando la cabeza y agitando las alas. Cuando hubieron terminado, San Francisco se reunió de nuevo con el monje, que había asistido mudo de asombro a aquel milagro, y los pájaros levantaron el vuelo y no volvieron a importunarles más.

Al salir del restaurante el sol ya declinaba y los árboles proyectaban una sombra agradable en el camino, por el que anduvieron un rato en silencio hasta que Fábregas, sin poderse contener, dejó escapar una carcajada.

—¿De qué se ríe usted? —preguntó ella.

—De la majadería que acaba de contarnos el señor del restaurante —dijo él.

—Es una leyenda muy antigua —dijo ella—. Yo la he oído contar varias veces. En el fondo, no hace más que ilustrar el cariño proverbial de San Francisco hacia los animales y no veo qué tiene eso de irrisorio.

—Por favor —exclamó Fábregas—, no me diga que esa historia no le parece ridícula y sin sentido.

—Ridícula tal vez lo sea —dijo ella con una seriedad que desconcertó a Fábregas—, pero no sin sentido. Los milagros no tienen otro objeto que dar testimonio de la omnipotencia de Dios; lo que ocurre es que usted no ve sentido a lo que no produce un beneficio práctico directo e inmediato. Hoy en día los milagros son siempre así: la curación de una enfermedad irreversible o el salir indemne de un accidente aparatoso. Ya ve usted que la religión no puede ser algo tan mezquino.

—La veo muy impuesta en la materia —dijo Fábregas en un tono de extrañeza no exento de ironía.

—No es eso —replicó ella sin abandonar la seriedad con la que venía hablando—; es que usted lo ignora casi todo.

Sobre una loma había una construcción en ruinas que a Fábregas le pareció una fortaleza antigua, pero que era en realidad la ermita a la que se dirigían. Los muros eran altos y macizos y estaban cubiertos de hiedra. Los sillares que componían estos muros eran de tal grosor que Fábregas no podía dejar de preguntarse cómo era posible que se hubieran derrumbado en tantas partes: sólo un temblor de tierra o un cañón de gran calibre podían haber sido la causa de tantos boquetes, pensó. Unos matorrales enmarañados cegaban el acceso a la puerta de la ermita, de cuyas jambas paradójicamente aún colgaban las bisagras. Cuando entraron en la ermita por uno de los boquetes del muro, pudo ver que el techo había desaparecido, pero que aún permanecían en pie los dos arcos románicos que lo habían sustentado en su día: ahora por entre los arcos se veían pasar unas nubes largas, estrechas y deshilachadas por los bordes. En las paredes interiores se podían distinguir restos de pintura y entre la hierba que cubría el suelo asomaban losas rectangulares cubiertas de inscripciones en latín y de relieves borrosos. Fábregas iba sorteando los obstáculos en seguimiento de María Clara, de cuyos labios esperaba oír alguna explicación. Ella, sin embargo, parecía no advertir su presencia. Finalmente se detuvo en el centro de la nave, cogió un palo del suelo y con él empezó a remover y separar las hierbas hasta dejar al descubierto una lápida en cuyo centro un bajorrelieve que el tiempo había desgastado hasta dejarlo apenas reconocible representaba un yelmo rematado por un penacho. Fábregas se reunió con ella, examinó la lápida y aguardó a que ella dijese algo, pero cuando parecía disponerse a hacerlo un ratón de campo salió corriendo de las matas que ella había removido y pasó zigzagueando entre los pies de María Clara, que dio un brinco involuntariamente.

—Vaya —dijo de inmediato—, me parece que sin querer he perturbado la paz de este inquilino.

—Me temo que ha perturbado usted algo más que su paz —dijo Fábregas poniéndose en cuclillas y señalando el lugar de donde había salido precipitadamente el ratón—. Mire lo que hay aquí.

Ella se agachó y miró hacia donde él señalaba. Allí había cinco ratoncitos recién nacidos, a los que su madre, atemorizada, acababa de abandonar.

—Ni siquiera tienen los ojos abiertos —dijo él tomando uno de los ratoncitos con dos dedos y colocándoselo en la palma de la mano. El ratoncito no era mayor que el dedo pulgar de él y tenía la piel rosada, sin pelo y surcada de pliegues. Fábregas acercó la mano a los ojos de María Clara para que ella pudiera examinarlo mejor. El cuerpo del ratoncito se agitaba como si jadease o como si los latidos del corazón le repercutieran en todo el cuerpo—. Han nacido hace unas horas, posiblemente mientras nosotros comíamos. Vea cómo busca todavía el calor de la madre.

—¿Usted cree que ese ratón que acaba de salir huyendo era en realidad la madre de esta camada? —preguntó ella mirando fijamente el ratón que sostenía Fábregas, pero sin decidirse a tocarlo.

—De eso no hay duda —dijo él depositando de nuevo el ratoncito junto a sus hermanos.

—Yo creía que los animales defendían a sus crías —dijo ella.

—Sólo cuando la defensa tiene algún propósito —dijo Fábregas—. En este caso la madre sabía de sobra que no podía plantarnos cara, de modo que ha salido huyendo. A lo mejor trataba de atraer sobre sí nuestra atención y evitar de esta manera que descubriéramos el escondrijo de sus crías. Pero también es posible que sólo tratara de ponerse a salvo. A veces eso es lo único que se puede hacer por las personas que dependen de uno, ¿no le parece?

María Clara se quedó reflexionando, como si aquellas palabras fueran en realidad una alegoría de otra situación o escondieran un significado importante. Luego miró a Fábregas con la esperanza de ver en los ojos de éste una expresión que le permitiera descifrar aquella incógnita, pero él no la miraba. Con unas ramas secas estaba ocultando los ratoncitos.

—¿Qué hace? —le preguntó.

—Su madre volverá cuando crea que ha pasado el peligro —dijo él—. Seguramente está escondida por aquí cerca, espiándonos y esperando que nos vayamos.

—En tal caso, ¿no sería mejor dejar los ratoncitos en lugar visible, en vez de ocultarlos como está usted haciendo?

—No —dijo él—. Si los dejáramos a la vista no tardaría en caer sobre ellos algún ave rapaz. Y de todas formas la madre los localizará por el olfato o por el oído. ¿No oye como chillan?

María Clara inclinó la cabeza y pudo percibir un chillido muy agudo y muy tenue.

—¡Pobrecitos, deben de estar muertos de hambre! —exclamó—. Vayámonos cuanto antes y dejemos que su madre regrese.

Se puso de pie y sacudió del borde de la falda las briznas adheridas a la tela. Fábregas se incorporó luego y ambos se alejaron de aquel lugar y se apostaron junto a una piedra que en su día debió de haber sido el soporte del altar. Ella confiaba en ver desde allí la rata cuando ésta acudiese nuevamente junto a sus crías, pero él le dijo que no cabía esperar tal cosa.

—No asomará el hocico hasta que no se cerciore de que nos hemos ido —le dijo—. Antes la hemos pillado desprevenida; ya no permitirá que la sorprendamos por segunda vez.

Salieron al campo por otro boquete del muro. Este boquete era tan ancho que entre las dos partes del muro que aún permanecían en pie había echado raíces una higuera.

—¿Usted cree que estarán a salvo? —dijo María Clara mirando por última vez en dirección al punto donde habían dejado ocultos los ratoncitos.

—Nadie está a salvo —dijo él—, pero en este caso particular creo que podemos contar con la intercesión de ese santo pajarero al que usted tanto admira.

—Ya veo que se ha enfadado conmigo porque antes le he reprochado su ignorancia y su incredulidad —respondió ella mirándole primero a los ojos fijamente y luego al cielo—. Venga: falta poco para la puesta de sol y eso es algo que merece ser visto.

X

Anduvieron un trecho a campo traviesa hasta desembocar nuevamente en el camino, por el que descendieron, siempre en dirección a poniente, hasta alcanzar la orilla del agua. En aquella parte la costa se allanaba formando una playa estrecha de guijarros oscuros. En uno de los extremos de esta playa se alzaba una formación rocosa sobre la cual se veía el armazón de una antena de radio en desuso, en cuyo vértice, sin embargo, seguía encendiéndose y apagándose con regularidad una luz roja que prevenía al tráfico aéreo de la presencia de la antena. Al pie del promontorio rocoso, sobre la playa, había una caseta de madera maltrecha y sin puerta.

—Sentémonos aquí —dijo ella señalando un lugar cualquiera en la playa. Fábregas se quitó la americana, la dobló y la colocó sobre las piedras. Todo esto lo hizo con tanta rapidez, habilidad y discreción que María Clara se encontró sentada sobre la americana de él inadvertidamente. En definitiva aquel gesto acabó pareciendo un truco de prestidigitación antes que un acto de galantería. Fábregas se sentó directamente sobre los guijarros, rodeó con los brazos las piernas encogidas y apoyó el mentón en las rodillas. Esta actitud tenía algo de antiguo. Así estuvo un buen rato, callado y mirando fijamente el agua. Comprendía que había cometido con ella una incorrección grave y que le debía una disculpa, pero no sabía qué decir. La acusación de escepticismo que ella le había lanzado por despecho, al azar y sin fundamento, le había causado un impacto inesperado. Efectivamente, siempre había sido un escéptico, no sólo en materia de religión, sino en todos los sentidos, pensó. En su fuero interno estaba convencido de que todo el mundo pensaba como él, incluso quienes profesaban explícitamente una creencia o una doctrina de cualquier tipo, y la experiencia no había hecho más que ratificarle en su opinión. Ahora, sin embargo, llegado a aquellas alturas de su vida, la acusación que ella le lanzaba sin conocimiento de causa parecía encontrar eco en su propio desasosiego. Quizá lo que me ocurre es que nunca he tenido un ideal, pensó. Una ráfaga de aire frío le sacó de su abstracción. Le pareció oír a lo lejos el retumbar de un trueno y al levantar la mirada del suelo vio que el agua se había vuelto del color del plomo. Presa de un temor irracional miró a María Clara con una expresión que la sobresaltó.

—¿Qué le ocurre? —dijo ella.

Él recobró la calma al oír su voz.

—Perdone si la he asustado —dijo—. Anoche tuve una pesadilla y en este mismo instante he creído revivirla.

El cielo se había encapotado y se aproximaba el fragor de la tormenta. Fábregas sintió un escalofrío y ella, al advertirlo, se levantó y le devolvió la americana.

—Póngasela —dijo—, no sea imprudente.

—Deberíamos regresar sin perder un minuto —dijo él—, pero no veo de qué forma.

—No lo ve porque es usted un hombre sin fe —dijo ella—. Mire.

Fábregas miró hacia donde ella señalaba y vio apare-

44

cer entre las rocas del promontorio la misma barca que unas horas antes los había llevado al islote.

—Vamos, vamos, usted había quedado con el barquero en que nos recogiera a esta hora y ha hecho coincidir la conversación con su llegada para sorprenderme —dijo.

—No, no, ¿cómo podía saber yo el instante preciso en que aparecería la barca? —replicó ella en tono jocoso.

Fábregas no supo qué responder a esto y volvió a sus cavilaciones, de las que le sacó la voz áspera del barquero, quien, después de atracar, les apremiaba.

—Entonces, ¿vamos a tener tormenta? —preguntó Fábregas cuando María Clara y él se hubieron acomodado en la barca.

—Eso parece —dijo el viejo lobo de mar—, aunque con el tiempo, nunca se sabe.

—Yo pensaba que los lobos de mar siempre sabían estas cosas —dijo Fábregas.

—Los lobos de mar, puede que sí —respondió el viejo lobo de mar—, pero yo sólo soy un marinero de agua dulce que se gana la vida paseando turistas.

Apestaba a vino, pero se había vuelto muy locuaz. Puso proa a Venecia y aceleró el motor hasta el límite de su potencia. La tormenta les perseguía: el cielo se había vuelto negro y el agua empezaba a encresparse.

—Tampoco sabía que hubiera tormentas en la laguna —dijo Fábregas.

—Pues las hay, y bien fuertes —dijo el viejo lobo de mar. Y añadió acto seguido—: Precisamente se cuenta una leyenda que viene muy a cuento y que la señorita ya debe de conocer, pero que a usted, que es forastero, le gustará. Mire, dice así: Una noche, hace cientos de años, se desencadenó en la laguna una tormenta tan terrible que todos creían que Venecia entera iba a desaparecer bajo las aguas. Nadie se atrevía a salir de su casa, salvo un pobre pescador, que luchaba desesperadamente por poner su barca a salvo del oleaje. De pronto se acercó al pobre pescador un individuo y le dijo: Oye, tú, desata la barca y llévame a donde te diré. Un embozo impedía ver su rostro, pero su mirada no admitía réplica. El pobre pescador le ayudó a subir a bordo, desamarró la barca y se puso a remar en medio del temporal. El embozado le indicó por señas que se dirigiera a la isla de San Jorge, donde otro individuo, igualmente embozado, subió a la barca y ordenó al pobre pescador que se dirigiera a San Nicolás, en el Lido. Allí embarcó un tercer embozado que, a su vez, ordenó al pobre pescador que los llevara a la boca de la laguna, precisamente donde las aguas estaban más embravecidas. El pobre pescador se santiguó y murmuró para sus adentros: Hágase la voluntad de Dios, pero bien sabe Él que yo habría preferido morir en seco. Desde allí y a la luz de los relámpagos que se sucedían sin interrupción, vieron una galera fondeada frente a la boca de la laguna. Esta galera iba cargada de demonios y eran estos demonios en realidad quienes provocaban aquella tempestad funesta. Entonces los tres embozados abrieron sus capas y revelaron su auténtica identidad: eran San Marcos, San Jorge y San Nicolás, los tres patrones de Venecia. Al reconocerlos, los demonios prorrumpieron en denuestos y blasfemias; con las manos y los pies les hacían gestos procaces y amenazadores, les mostraban desenfadadamente las partes pudendas y les arrojaban inmundicias hasta que finalmente San Jorge desenvainó su espada y les gritó: ¿Qué pasa, demonios? Éstos al punto callaron. Entonces San Nicolás trazó en el aire la señal de la cruz con el báculo y el mar se puso en calma. Y San Marcos, levantando la cara hacia las nubes, emitió su pavoroso regüeldo de león. Se disolvieron las nubes y se esfumó la galera y su cargamento. Luego el pobre barquero devolvió a cada santo al lugar en que lo había recogido. Al despedirse de él, San Marcos le dio su anillo de oro para que se lo entregara de su parte al Dux. Aún hoy pueden ustedes ver en la basílica el anillo del santo y una pintura antigua que conmemora este milagro.

Cuando el viejo lobo de mar concluyó el relato, que sufrió numerosas interrupciones debido a los incidentes de la navegación, ya estaban llegando a la orilla de los Schiavoni. Una luz zodiacal iluminaba la ciudad que se extendía ante sus ojos.

—Me parece que nos hemos librado del remojón —dijo Fábregas.

Delante del Palacio ducal había una multitud que contemplaba el animado tráfico de embarcaciones. Entre aquella multitud Fábregas distinguió de repente el trío misterioso que la víspera le había hecho pasar un mal rato. Sin saber por qué, agarró a María Clara fuertemente del brazo y le señaló la multitud.

—Mire, mire, ¿no ve a tres tipos estrafalarios? —dijo con vehemencia.

—Ojalá sólo hubiera tres tipos estrafalarios en Venecia —respondió ella.

—Ah, es que éstos son particularmente inquietantes —exclamó Fábregas—. Bah, ya no se ven, ¡qué lástima! Me habría gustado mostrárselos.

Aquella noche le despertó la lluvia en dos o tres ocasiones. Entonces se levantaba, abría la ventana y pasaba el rato acodado en el alféizar. La tormenta había cesado y la lluvia caía mansamente en el canal.

XI

A la mañana siguiente la esperó en el *hall* del hotel. Se habían separado apresuradamente, acuciados por los primeros goterones de la tormenta, sin haber concertado ninguna cita, pero Fábregas estaba convencido de que ella acudiría a buscarle como efectivamente hizo con la mayor naturalidad, como si lo hubiera establecido así la costumbre. Aquel día y los días siguientes, sin embargo, no se aventuraron a ir muy lejos por causa de la inestabilidad atmosférica. El tiempo había vuelto a ser variable y era raro el día en que no llovía un rato. Cuando no llovía, el cielo seguía nubloso y turbio. Sólo a veces escampaba y salía el sol por un período breve; entonces se producía un cambio sorprendente. En estas ocasiones, todo contribuía a dar a la ciudad un aspecto primaveral: los tiestos floridos en las ventanas, la hiedra que cubría los muros, los árboles cuyas copas asomaban por las tapias de los jardines escondidos, incluso los puestos de frutas y verduras que se instalaban en las plazas. En estas ocasiones Fábregas experimentaba una alegría rayana en la demencia. El resto del tiempo estaba absorto y encandilado. Ya no le irritaba el clima desapacible. Había dejado de protestar enteramente: ahora se dejaba conducir de buen grado y sin hacer preguntas a donde ella hubiera decidido llevarle con anterioridad. Ni siquiera las aglomeraciones le molestaban: era paciente si tenían que hacer cola y a veces parecía sentirse a gusto en medio de aquellas muchedumbres. Aunque nunca había sentido la menor inclinación hacia el arte, allí donde éste era exhibido guardaba un silencio respetuoso y ponía interés en percibir lo que pudieran tener de conmovedor o de grandioso aquellas pinturas o aquellas estatuas de fama universal. Este empeño, sin embargo, casi nunca daba los frutos deseados, porque le costaba poner atención en todo lo que no fuera ella. Sólo por ella lamentaba ahora no tener una opinión formada respecto del arte y la cultura. Por más que se devanaba los sesos no conseguía que se le ocurriera nada que diera pie a un comentario: entonces temía que su seriedad y su mutismo hicieran de él un acompañante aburrido en extremo. Pero contra esta limitación, que venía de antiguo, él no podía luchar. En sus años formativos nadie se había ocupado de educar su sensibilidad ni él había hecho nada para suplir por su cuenta aquella carencia. Había pasado distraídamente por el colegio y la Universidad, sin que nada despertara su curiosidad, echando al olvido lo que iba aprendiendo a medida que los resultados de los exámenes le iban liberando de la necesidad de recordar algún dato. El resto de su formación lo debía casi por entero a su padre, quien, sin ocuparse de ello explícitamente en ningún momento, había ido construyéndole un modelo de conducta con su propio ejemplo. La vida de su padre había transcurrido en una actividad continua: cuando no le absorbía el trabajo, se entretenía jugando con sus hijos, practicando algún deporte, viajando, asistiendo a espectáculos y frecuentando la sociedad, a solas o con su mujer. Desde que se despertaba hasta que se iba a dormir no parecía dedicar un solo minuto a la reflexión. En la vejez gozó de una serenidad sin fisuras: hablaba de su pasado muy raramente, sin poner en ello ningún énfasis y sin sombra de melancolía; a lo sumo, con una leve condescendencia hacia las insensateces que decía haber cometido, como, según él, hacían inexorablemente los seres humanos a lo largo de sus vidas. Oyéndole hablar así cabía pensar que la suya había sido una sarta de anécdotas deslavazadas. No parecía haberle ocurrido nunca nada trágico ni doloroso. La guerra, en la que se había visto forzado a participar tardíamente y en el bando perdedor, sin que de ello se hubieran seguido consecuencias negativas para él, había servido únicamente para poner a prueba su picardía a la hora de complementar el rancho menguado del cuartel al que había sido destinado. Los negocios y la familia sólo le habían proporcionado satisfacciones y parecía guardar un recuerdo afectuoso y divertido de las personas allegadas cuya compañía le había ido arrebatando el paso inexorable de los años. Sólo los achaques de la vejez, que le habían postrado en un sillón y condenado a una inmovilidad casi absoluta, habían puesto de manifiesto en él una faceta sensiblera que nadie le había conocido hasta entonces: ahora se le anegaban los ojos de lágrimas por cualquier insignificancia. Finalmente la muerte le había sorprendido en forma inesperada una noche mientras veía a solas la televisión. Tampoco en aquel trance parecía haber experimentado angustia ni dolor: sus facciones inexpresivas y su mirada vidriosa no diferían de las que habitualmente adoptaba en el desempeño de aquella actividad. Fábregas estaba satisfecho de haber heredado o adquirido por reflejo aquella forma de ser, que podía tomarse fácilmente por sabiduría o por imbecilidad, pero que no tenía nada de la una ni de la otra. Ahora, sin embargo, se sentía anodino, superfluo y vulgar. Habría querido causar en ella una fuerte impresión y no sabía cómo. Notaba que los días transcurrían plácidamente, sin que el poso de cada uno de ellos les hiciera vivir el siguiente con más intensidad, y de esto se culpaba exclusivamente a sí mismo. Por más que rechazaba este pensamiento, sabía que aquella relación fortuita no se sustentaba en nada y que tarde o temprano el curso natural de las cosas le pondría fin, si antes no se transformaba en algo distinto, y nada hacía ver que tal cosa fuera a producirse de inmediato: todo se había convertido en hábito para ellos. Ahora ya nunca hablaban de sí mismos ni debatían cuestiones importantes en sus conversaciones; ahora se limitaban a comentar las incidencias mínimas del paseo que acababan de dar, confrontaban gustos o debatían nimiedades. Sin embargo y con la salvedad de algún momento aislado de reserva o preocupación, Fábregas no lamentaba que su relación con ella hubiera ido adquiriendo naturalmente aquella apariencia insustancial, porque temía que si tomaba un sesgo distinto, las circunstancias personales de cada uno de ellos se conjugarían para imponer su ruina. A él le bastaba con lo que había para ser feliz: las horas del día se le iban sin sentir en compañía de ella; luego, a solas, tendido en la cama del hotel, hacía inventario de todo lo que habían hecho y dicho juntos y nada le parecía prosaico ni desdeñable. A veces en el curso de esta operación le vencía el cansancio y descabezaba un sueño breve del que invariablemente se despertaba apremiado por el temor de haber omitido del repaso un detalle trivial que, analizado ahora, pudiera revelar un gran secreto. Esta ansiedad, sin embargo, sólo lo acosaba cuando dejaba de verla. Con ella se sentía ligero de ánimo y sin zozobra; todo le hacía reír. A veces, sin que nada pareciera motivarlo, se ponía a perorar con volubilidad sobre cualquier tema, trayendo a cuento los argumentos más irrelevantes y sin que nada ni nadie pudieran hacerle callar. En realidad hablaba de este modo para evitar que se produjera un silencio definitivo, del que ya sólo podría sacarlo la confesión de una gran verdad. Si ahora callo, pensaba en estas ocasiones, sólo podré volver a hablar para decirle que la adoro.

XII

Entretanto Riverola no cejaba en su empeño; quería hacerle entrar en razón, convencerle de que debía volver. No le había costado averiguar nuevamente en qué hotel se hospedaba y le telefoneaba casi a diario para instarle a que abandonara aquella actitud cerril e irresponsable. Estas exhortaciones surtían en él un efecto variable, según cuál fuera su estado de ánimo en el momento de ser hechas. Algunas veces las consideraciones del abogado hacían mella en su conciencia. Realmente, pensaba, Riverola está en lo cierto y yo soy un canalla y un majadero; al fin y al cabo, no hay motivo alguno que me impida ausentarme de Venecia por dos o tres días, resolver los asuntos más apremiantes y regresar de nuevo aquí; ni siquiera es preciso que deje de verla durante este viaje: podría invitarla a visitar Barcelona; estoy convencido de que aceptaría encantada. Sin embargo, cuando estas reflexiones parecían a punto de desembocar en una respuesta afirmativa a los requerimientos de Riverola, bastaba que éste pronunciara una frase cualquiera como «ha llamado Brihuesca» o «ayer vinieron los de Suministros Totus» para que se presentara a su ánimo una imagen repulsiva, que no correspondía a la realidad cotidiana de la empresa, a la que estaba sobradamente acostumbrado y en la que no se sentía mal, sino a una especie de esencia falaz y espantosa, cuya sola perspectiva no podía menos que hacerle reaccionar con violencia. Entonces reiteraba su negativa con gran vehemencia y obstinación y Riverola, que venía advirtiendo esperanzado el efecto de sus persuasiones, se quedaba perplejo. Luego trataba de contemporizar para que no se perdiera irremisiblemente lo que un minuto antes creía tener ya en sus manos.

—Está bien, no vengas si no quieres —le decía—, pero deja que yo vaya a verte. Al menos hablaremos de este asunto cara a cara.

Esta propuesta parecía sacar de quicio a Fábregas.

—No quiero verte —le replicaba—; no puedes obligarme a que te vea si yo no quiero. Si vienes o simplemente si creo que vas a venir, cambiaré de hotel, adoptaré un nombre falso e iré por la calle disfrazado de turco.

Estas palabras inquietaban mucho a Riverola, no por lo que significaban, sino porque le parecían provenir de una mente desquiciada. Entonces plegaba velas y no volvía a dar señales de vida hasta unos días más tarde. Otras veces era el propio Riverola quien perdía los estribos, insultaba a Fábregas y amenazaba con dimitir de su cargo.

—Por mí puedes hacer lo que te dé la gana —le decía Fábregas en estos casos.

—Dimitiría ahora mismo si creyera que la empresa tiene salvación —replicaba el otro—; pero no la tiene y el sentido del deber me obliga a hundirme con el barco.

Entonces era Fábregas quien se desconcertaba y no sabía cómo continuar la disputa. Había conocido a Riverola en el colegio; habían hecho juntos la carrera y el servicio militar y habían entrado a trabajar en la misma empresa el mismo día, aunque por puertas distintas, porque Fábregas era el hijo del dueño y Riverola, sólo un empleado. Ahora, sin embargo, se daba cuenta de que todos aquellos años de compañerismo no habían dejado ningún poso de intimidad ni de conocimiento. En realidad Riverola le había irritado continuamente, porque aquél siempre había dado pruebas de entrega, lealtad y valor, tres cualidades supremas de las que él creía carecer; enfrentado a Riverola, se veía obligado a admitir su inferioridad moral y a confesarse además la indignidad de la envidia. Hacía mucho que deseaba verse libre de él, pero la subordinación del uno respecto del otro le impedía tomar medidas arbitrarias. Poco a poco se habían ido distanciando: ahora se veían sólo ocasionalmente fuera del trabajo. Riverola llevaba una vida sentimental y familiar ordenada. Se había casado después de que lo hiciera Fábregas, pero su matrimonio, a diferencia del de éste, había resultado estable y armonioso. Poco antes de la boda de Riverola, sin embargo, en el transcurso de una fiesta, Fábregas había arrastrado a la novia de aquél a un rincón resguardado de las miradas ajenas y la había besado apasionadamente sin que ella ofreciera la menor resistencia a este asalto inadvertido. Si tú quieres, le había dicho ella, desharé la boda en este mismo instante. Fábregas, que había actuado de aquel modo por pura malevolencia y no esperaba verse enfrentado a una muestra de arrojo como la que ella le estaba dando, hubo de salir del paso con evasivas. A esto ella reacionó bien: nunca le dijo nada a Riverola y simuló que el paso del tiempo borraba el suceso de su memoria. Fábregas, a fuerza de pensar en ello, acabó llegando a la conclusión de que todas las mujeres, en vísperas de su boda, estaban dispuestas a echarse en brazos del primer sinvergüenza que se lo propusiera.

Por su parte, Riverola no podía sospechar que tenía su mejor aliado en el silencio. Lo que por teléfono era arrebato y vocerío, la quietud de la noche lo volvía reflexión. Verdaderamente las cosas no pueden seguir así, pensaba entonces Fábregas. Por último, decidió plantear la cuestión a María Clara. Le diré que debo ausentarme brevemente, se dijo. Para abordar este tema, que a él se le hacía de gran trascendencia, eligió una tarde en que habían ido al Lido aprovechando una mejoría súbita del tiempo. Aquel día, sin embargo, María Clara no estaba de buen humor: hablaba poco y pasaba largos ratos encerrada en un mutismo huraño. Esto era insólito en ella y saltaba a la vista que algo le venía preocupando. Fábregas se preguntaba si el motivo de aquella preocupación no sería precisamente la naturaleza de sus relaciones. Temía haber elegido el peor momento para anunciar el viaje; por esta causa iba postergando el asunto, las horas transcurrían lentamente y la tirantez entre ambos iba en aumento. Él comprendía que debía hacer algo para levantar el ánimo de ella y hacer que recobrase el talante habitual, pero se sentía abrumado por su propia congoja ante la perspectiva de la separación y todo lo que decía o hacía era inoportuno y de mal gusto. Se habían sentado en una terraza que daba a la playa. En las mesas de mármol había unos parasoles enormes, ahora cerrados y sujetos por correas para que la clientela del establecimiento pudiera disfrutar del sol tibio de la tarde. La brisa era fresca, pero suave.

—Es preciso que le diga algo —se aventuró a decir él finalmente con una voz baja y compungida que no llegó a oídos de ella o, cuando menos, no bastó para arrancarla de su ensimismamiento. Para no ver su rostro crispado, Fábregas desvió los ojos hacia la playa, por la que en aquel momento deambulaban varias personas que acapararon fugazmente su atención. Estas personas, que pese a formar un grupo homogéneo en apariencia no se hablaban ni se miraban entre sí, se dirigían al agua con andares vacilantes; parecían impedidos. A menudo alguno trastabillaba y se veía obligado a hincar una rodilla o ambas rodillas en la arena por no dar de bruces en la playa; entonces tomaba arena con la mano y se la llevaba a los labios, como si tuviera la intención de degustarla, pero se limitaba a rozarla con los labios y luego la dejaba escurrir entre los dedos.

—¿Ha visto esa gente? —dijo Fábregas con volubilidad fingida—; cualquiera pensaría que son locos o borrachos si no fuera evidente que se dirigen a cumplir un rito.

Ella hizo un gesto de impaciencia y le dirigió una mirada torva. ¿Será posible que tengamos que separarnos con aspereza?, pensó. Luego desvió nuevamente la mirada hacia la playa. La cofradía había llegado al borde del agua y se había detenido allí. Ahora todos miraban cómo un hombre joven se destacaba del grupo, se revestía de una sobrepelliz, se descalzaba, se arremangaba los pantalones y se adentraba escasos metros en el agua. Es evidente que he hecho algo que la ha ofendido, pensó Fábregas, pero no sé qué puede haber sido.

—Es preciso que me vaya —dijo ella de repente.

Él consultó instintivamente su reloj: sólo eran las cuatro y media.

—Pediré la cuenta —dijo.

Ella le puso la mano en el brazo que se disponía a levantar para llamar la atención del camarero.

—No me ha entendido bien —dijo—. Es preciso que me vaya de Venecia.

—¡Cómo! ¡Irse de Venecia! ¡Ahora! —exclamó él con el único propósito de oírle desmentir aquellas afirmaciones;

luego, como ella no hacía más que corroborarlas con su mutismo, añadió casi en un susurro—: No es posible.

—¿Por qué no ha de ser posible? —replicó ella en un tono ligeramente desafiante.

—Quiero decir que sin duda habrá algún medio de solucionar desde aquí lo que sea que la obligue a irse... Si en algo depende de mí... si en alguna forma yo soy el causante...

—Por favor, no me obligue a darle explicaciones: eso me resultaría penoso y no aclararía prácticamente nada. Permítame que ahora me vaya sola; quédese aquí y no intente seguirme.

—¡Espere! —gritó viendo que ella estaba realmente dispuesta a dejarlo abandonado en aquel preciso momento—. Dígame al menos a dónde tiene que ir con tanto apremio.

—A Roma... o a cualquier otro sitio, ¿qué más le da? De todas formas, vaya a donde vaya, no debe usted seguirme; ¡por ningún concepto debe usted seguirme!

—¡A Roma!... —dijo él—. ¿Y cuándo tiene previsto regresar?

Ella se encogió de hombros y él percibió nuevamente aquella mirada enigmática que creía haber advertido en los comienzos de su relación, pero que en los días posteriores había echado en olvido.

—No lo sé. Es posible que no regrese jamás, pero lo más probable es que esté de vuelta dentro de nada. Todo depende de unos factores sobre los que no tengo ningún control, créame.

Él se cubrió la cara con las manos, como si no quisiera ver nada de lo que ocurría a su alrededor.

—Váyase —le dijo.

XIII

Siguió con la cara tapada hasta que la voz del camarero, que acudió al cabo de un rato a preguntarle si se encontraba mal, le hizo comprender que no podía permanecer en aquella postura indefinidamente. El reflejo del sol en el agua le deslumbró momentáneamente. Luego vio que estaba solo en la terraza; caía la tarde. También la playa estaba vacía. Pagó y fue caminando hasta el embarcadero del vaporeto, donde, después de comprar el billete y de mirar sin ver el horario encolado a la pared, se sentó a esperar en un banquito de madera. Transcurridos unos minutos hizo su entrada en el embarcadero un grupo de hombres y mujeres de avanzada edad, en quienes creyó reconocer a los que un rato antes habían consumado una ceremonia en la playa. Poco después llegó el joven que se había arremangado los pantalones para entrar en el agua y repartió entre los ancianos los billetes que acababa de comprar.

—Que cada cual conserve su billete —les dijo—. Preséntenlos al subir al vaporeto y, sobre todo, no los vayan a perder.

Los ancianos, que acusaban una fatiga considerable, respondieron a esta admonición con un murmullo débil. El joven se sentó al lado de Fábregas, cuyo aislamiento habían respetado hasta entones instintivamente los ancianos, y le explicó que aquel grupo lo integraban devotos de San Mamas, que acudían todos los años a aquel lugar en aquel día preciso con objeto de conmemorar la llegada de las reliquias del santo a la isla.

—Su número, por desgracia, es cada vez más exiguo —añadió el joven bajando la voz, para que sólo pudiera oír este comentario su interlocutor.

—¿El de las reliquias? —preguntó Fábregas.

—El de los devotos —corrigió el joven.

—No es un santo popular —dijo Fábregas.

—Usted lo ha dicho. Cuando vinieron a buscarme para que oficiara la ceremonia, habiendo fallecido el párroco de San Salvador, que lo hacía habitualmente, hube de documentarme para la ocasión.

—Ah, luego es usted sacerdote.

—Coadjutor, pero no le estaba hablando de mí, sino de la devoción a San Mamas, cuyos orígenes, según pude colegir, se remontan al siglo quinto, nada menos.

—Me deja de una pieza.

—Al parecer, en esos tiempos, aunque el cristianismo ya era la religión oficial del Imperio Romano, todavía subsistían muchos centros de paganismo y de superstición, contra los que las autoridades luchaban en vano. Uno de estos centros, quizás el más célebre, era el llamado santuario de Dioniso, dios de la embriaguez, situado en las inmediaciones de Atenas, donde su culto tenía mucha raigambre. Allí vivían unos sacerdotes que, invocando a ese ídolo, podían realizar prodigios como convertir los hombres en bestias, hacer brillar el sol a medianoche, las piedras hablar, las tortugas volar y resucitar los muertos. También había allí una fuente milagrosa que sanaba las enfermedades a quienes bebían de sus aguas, restauraba las energías perdidas y conservaba el vigor de los años mozos, y una vieja pitia o adivina que predecía el futuro. No hace falta decir que entre unas cosas y otras el santuario atraía un número considerable de fieles, por lo que el gobernador del lugar, deseoso de contrarrestar su influjo, decidió erigir un templo cristiano justo enfrente del de Dioniso y pidió al Sumo Pontífice que le enviara alguna reliquia con tal fin, a lo que accedió el Papa con sumo gusto. Cuando el templo estuvo enteramente construido, el Papa envió allí los restos del mártir Mamas, canonizado pocos meses antes. No bien estos restos hubieron sido depositados con gran unción y pompa en un sarcófago de mármol ricamente labrado, el sarcófago colocado bajo el altar mayor del templo, y el templo consagrado por el obispo de la diócesis, los sacerdotes de Dioniso perdieron sus poderes, el sol y la luna regresaron a sus órbitas, la fuente dejó de manar y la profetisa quedó muda. Esto motivó una conversión en masa y el santuario de Dioniso fue derribado por los mismos que, perdida ahora la fe, poco antes acudían a él henchidos de ella.

»Pero aquí no acaba la historia —agregó el joven sacerdote tras una pausa que dedicó a rascarse las pantorillas—. Desaparecido el santuario de Dioniso, el templo de San Mamas se convirtió en centro de devoción y peregrinaje hasta que subió al trono de Bizancio Juliano el Apóstata, el cual, ansioso por reinstaurar los antiguos cultos, ordenó reconstruir el santuario de Dioniso, al que dotó con el cuantioso patrimonio reunido por el templo cristiano, derribar éste y arrojar al mar el sarcófago de mármol que contenía los restos del santo. Cuál no sería el asombro de los esbirros que perpetraban esta tropelía al ver cómo el sarcófago flotaba en el mar cual si fuera una barca de madera liviana y las olas se llevaban el sarcófago mar adentro. Aún habían de pasar muchos años hasta que una tarde unos niños que jugaban en la playa del Lido que acabamos de visitar vieran cómo las olas depositaban dulcemente en la arena un objeto de regulares dimensiones.

Acercáronse los niños al objeto creyendo ser éste el resto de un naufragio o de una batalla naval, y al hacerlo advirtieron que se trataba de un sarcófago de mármol, de cuyo interior brotaba un aroma delicioso. Abierto el sarcófago fueron encontrados dentro de él unos restos humanos milagrosamente conservados, pese a haber viajado tantos años a la deriva por el mar, y un letrero que decía: «Soy San Mamas.»

El joven sacerdote hizo otra pausa efectista, que Fábregas aprovechó para preguntar:

—¿Y usted cree de veras todas estas animaladas?

El joven sacerdote, que hasta aquel momento creía tener en él un oyente embelesado, le dirigió una mirada de perplejidad y volvió a rascarse las pantorrillas.

—En fin —dijo al cabo de un rato—... no es preciso admitir a ciegas todos los detalles del relato... Ya sabemos que la imaginación popular, con el paso de los años, enriquece y amplía espontáneamente todo aquello que llama su atención y que existe una tendencia, por lo demás comprensible, a confundir lo sobrenatural con lo maravilloso y pintoresco... pero en lo esencial, yo no veo nada de inverosímil en lo que acabo de referirle: los milagros forman parte esencial de la religión y yo soy, a fin de cuentas, un hombre metido en religión. En cambio usted, por lo que veo, debe de ser un agnóstico.

—Ca —replicó Fábregas—; ni siquiera sé lo que significa eso. Yo sólo soy un adulto en pleno uso de razón que se resiste a que le tomen el pelo.

—Hum, es usted muy libre de pensar así, por supuesto —dijo el joven sacerdote al cabo de un rato—. Por supuesto, no es preciso que crea a pies juntillas en el milagro de San Mamas. Pero como sacerdote que soy, le recomiendo que no deje de creer que existe un Dios todopoderoso y justiciero, que lleva la cuenta de nuestros pensamientos, palabras y actos y ante cuya Presencia todos deberemos comparecer en un plazo inconcebiblemente breve.

Después de esto, ya no hablaron más.

XIV

Durante el trayecto Fábregas contemplaba desde la cubierta del vaporeto la panorámica de la ciudad desplegada ante sus ojos. Ahora aquellos edificios majestuosos le parecían erigidos con el propósito exclusivo de burlarse de él. *Un decorado tan falaz como mis propias ilusiones,* pensó. Apenas llegado al hotel comunicó a la gerencia que partiría tan pronto saliera el sol.

—Yo mismo me ocuparé del equipaje —dijo.

Una vez en su cuarto metió sus pertenencias en las maletas a trompadas y bastonazos; cuando las hubo llenado descubrió que no podía cerrarlas ni siquiera echando sobre ellas el peso de todo el cuerpo. Desesperado y exhausto por las emociones del día, se tendió en la cama sin cenar ni desvestirse y no tardó en quedarse dormido. Cuando se despertó, once horas más tarde, recordó haber soñado que recibía en su antigua casa de Barcelona la visita simultánea de muchos conocidos. Aquella recepción, que en el sueño no recordaba haber convocado, le llenaba de desazón, porque los deberes ineludibles de anfitrión que le imponía le impedían acudir a una cita previamente concertada con María Clara. El recuerdo de este sueño elemental le hizo sentirse cansado y triste. Comprendió, sin saber explicar por qué, que precisamente ahora no podía abandonar Venecia; que la marcha de ella y la posibilidad incierta de su regreso le ataban a la ciudad más que su misma presencia en ella. Invadido por la languidez, bajó a comunicar a la gerencia su cambio de planes, desayunó y volvió a meterse en la cama, donde pasó buena parte del día en estado de duermevela. En varias ocasiones creyó despertar con sensación de ahogo: era el llanto inmotivado, que le atenazaba la garganta y le impedía respirar debidamente.

Divagando entre episodios recientes y lejanos que acudían a su ánimo desordenadamente, tuvo la sensación de que su vida había sido algo vacío y absurdo. La lluvia que repicaba en los cristales de la ventana le trajo el recuerdo de las vacaciones de verano que unos años atrás había pasado excepcionalmente en el campo, con su mujer y su hijo. En esa ocasión había llovido todos los días, sin cesar, y él había permanecido en un estado de irritación perpetua: cualquier nimiedad le daba pie para quejarse insidiosamente. Todas las veces que habían salido a dar un paseo, aprovechando algún intervalo de serenidad, había acabado llevando a hombros a su hijo, que acababa de cumplir tres años y se cansaba en seguida de caminar. Ahora recordaba nítidamente el olor de la tierra mojada y los árboles oscuros, con las hojas todavía vencidas por el peso del agua; entonces se maldecía por no haber sabido disfrutar de aquellas horas irrecuperables. Pronto me moriré y habré vivido sin placer y sin gracia, como un fósil, pensó. Esta noción le produjo un hormigueo de angustia en todo el cuerpo. Su agitación llegó a tal extremo que temió que el armazón de la cama acabara por ceder a aquellos embates. ¡Qué vergüenza si ocurriera tal cosa!, pensó; como sea he de poner fin de inmediato a esta tortura, que no conduce a nada.

Fue al cuarto de baño, se sentó en el suelo de la bañera y abrió la ducha sin detenerse a graduar la temperatura del agua. Al cabo de un rato se sintió muy aliviado. Cruzó la habitación sin secarse ni vestirse, abrió la ventana de par en par y se sentó a horcajadas en el alféizar. Por fortuna ya había oscurecido y circulaban muy pocas embarcaciones por el canal debido al mal tiempo reinante: era poco probable que alguien advirtiese aquel individuo desnudo que cabalgaba grotescamente el alféizar lanzando puñetazos al aire.

Aún estaba entregado a este desahogo cuando oyó tocar unas campanas que convocaban los fieles a oración. Arrepiéntete de tu insensatez, parecían decirle las campanas con su tañido persistente. Sin pensarlo dos veces decidió acudir a su llamada. Se vistió, se calzó y salió a la calle. Sin peinar presentaba un aspecto chabacano a los viandantes. Guiándose por el sonido de las campanas recorrió varias calles, en algunas de las cuales aquél parecía perderse, duplicarse o volverse sobre sí; cuando pasaba esto se desorientaba; entonces se detenía jadeando o desandaba lo andado, aguzaba el oído tratando de precisar nuevamente la procedencia de las campanadas. Así llegó por fin ante un edificio que tenía un portalón semicircular entreabierto; por la abertura de este portalón se oía cantar un coro acompañado de un armonio. El tañido de las campanas llenaba la calle. Aquí es, se dijo. En realidad las campanas no sonaban en aquel edificio, que carecía de ellas, sino en el convento de las monjas reclusas, situado en la misma calle, a escasos metros de distancia, pero él ni entonces ni luego supo que había sido víctima de un error y que había entrado casualmente en el último reducto de la secta de Pelagio, combatida ferozmente por San Agustín y desaparecida en el siglo VI, pero preservada, en forma muy distinta a lo que había sido en sus orígenes, por un grupo de chiflados que se decían descendientes de los herejes primitivos y que se reunían allí periódicamente para celebrar unas misas ridículas, cuya liturgia pretendían remontar a la era paleocristiana. Debido a esta creencia sin fundamento, los sacerdotes de esta secta vestían coseletes de cuero y pieles sin curtir y agitaban sonajeros de hueso; el pelo les llegaba a media espalda y la barba, a la cintura. El recinto en que se celebraba la misa estaba iluminado únicamente por la luz de ocho cirios montados en dos candelabros rupestres. De un brasero brotaba profusamente un sahumerio intoxicante proveniente de la combustión de mirra y clavo. Cuando sus ojos se hubieron habituado a la penumbra, vio que los asistentes eran unos ancianos y ancianas que al pronto confundió con los que había encontrado el día anterior en el Lido, hasta que un examen más detenido le sacó de su error. Ahora estos ancianos desatendían la misa y le lanzaban miradas rencorosas de soslayo, porque no estaban acostumbrados a sufrir la intromisión de curiosos. Fábregas se quedó junto a la puerta, donde la oscuridad era mayor, y adoptó lo que juzgó ser una actitud de recogimiento. Cuando creía que nadie reparaba en él, estudiaba el lugar; si se sentía observado, seguía el desarrollo de la misa como veía hacer a los demás. En el cielo raso del templo, ennegrecido por el humo de los cirios y el sahumerio, se podían distinguir aún, minuciosamente pintadas, las Pléyades y Orión, la Osa mayor y otras constelaciones. El oficiante entonaba una letanía a la que los feligreses respondían al unísono abriendo de par en par sus bocas desdentadas.

No hay duda de que he caído en mitad de un aquelarre, dijo Fábregas en su fuero interno, y de que estoy rodeado de locos, pero también es evidente que su devoción es genuina y que sus rezos no carecen de sentido. No puede ser casual que yo haya venido a parar aquí; lo que yo llamo casualidad por fuerza ha de ser parte de un designio más amplio, pensó. Este razonamiento, que a su juicio encerraba un misterio y una señal cierta de predestinación, unido a la embriaguez que le producía la inhalación del sahumerio y el efecto enervante de aquella música reiterativa, hicieron que afluyera en aquel instante a sus ojos la congoja desbordada: rompió a llorar en forma callada y continua, perdida la noción del tiempo y del lugar en que se encontraba, hasta que una indicación cortés le vino a indicar que la misa había concluido hacía unos minutos y que su presencia ante la puerta del templo impedía la salida de los feligreses. Deshaciéndose en excusas ganó la calle apresuradamente; allí echó a andar sin rumbo. La lluvia había cesado y en el cielo brillaban unas estrellas que creyó identificar al punto con las que acababa de ver pintadas en el cielo raso del templo. Todo encaja, pensó con alivio. Las lágrimas abundantes derramadas en el transcurso de la misa que acababa de oír habían dejado intactas las causas de su dolor, pero habían amortiguado sus efectos inmediatos. Ahora se sentía tranquilo, fortalecido y casi dichoso, como si los avatares amargos de su existencia formaran parte de un orden universal preestablecido al que creía pertenecer y en cuyas leyes eternas e inexorables encontraba el sentido último de aquéllos.

CAPÍTULO SEGUNDO

I

Finalizadas aquellas lluvias primaverales, el tiempo cambió radicalmente: ahora se sucedían los días soleados y hacía un calor húmedo; pronto las aguas quietas de algunos canales empezaron a desprender efluvios mefíticos. Con la llegada del verano la afluencia de visitantes se multiplicó; ahora era difícil caminar por las calles céntricas y en los lugares más afamados se producían diariamente avalanchas que a menudo resultaban en traumatismos, fracturas y luxaciones. El griterío era ensordecedor en todas partes, incluso en aquellas que por su naturaleza parecían destinadas a la contemplación callada. También era evidente que la categoría social de estos turistas había bajado en proporción directa al incremento de su número: ahora la mayoría de turistas vestían andrajos y apestaban; los más dormían al raso, envueltos en mantas o trapos e incluso en hojas de diario, amontonados los unos sobre los otros. Por no gastar dinero consumían alimentos enlatados, que muchas veces les producían vómitos y diarreas. Algunos restaurantes económicos, por negligencia o por lucro, servían comida en malas condiciones y no pocos vendedores ambulantes despachaban carne, pescado, verdura y fruta en estado de verdadera descomposición: esto también causaba estragos entre la población flotante. Sin embargo, no todos los turistas eran víctimas de la situación: también habían acudido a la ciudad ladrones, estafadores y carteristas; malhechores y rufianes medraban a costa del hacinamiento y la confusión. Un tráfico intenso y lucrativo de estupefacientes, objetos robados y falsificaciones se desarrollaba a plena luz, en la más absoluta impunidad. Si ahora deambular por los sectores concurridos de la ciudad resultaba exasperante, hacerlo por las callejuelas retiradas y desiertas entrañaba peligros diversos:

allí salteadores, drogadictos y majaderos caían sobre los paseantes indefensos para despojarlos de sus pertenencias y propinarles palizas vesánicas. Al menor signo de resistencia salían a relucir navajas y punzones y hasta dagas de empuñadura labrada, recamadas de pedrería, que apenas unas horas antes habían figurado en las vitrinas de algún museo. Cadáveres desnudos, con el cuerpo lacerado, el cráneo roto o la cabeza separada del tronco, aparecían luego, flotando en los canales, de los que emergían en el momento más inopinado, sembrando el pánico entre los recién casados o los matrimonios de más edad que habían acudido allí a pasar su luna de miel o a celebrar sus bodas de plata y que veían de pronto cómo una mano exangüe se aferraba rígidamente a la borda de la góndola que los paseaba o cómo unos ojos vidriosos les observaban fijamente desde el fondo del canal a cuyas aguas se habían asomado buscando el reflejo de aquellos palacios serenos y armoniosos. Nadie estaba libre de estas asechanzas y menos aún las mujeres jóvenes a las que se hacía objeto de agresiones y abusos con frecuencia obsesiva. Las que se apartaban de los circuitos más frecuentados llevadas de la curiosidad o en pos de un poco de sosiego o atraídas por los requerimientos de un seductor fingido eran violadas de fijo cuando no cloroformizadas y expedidas a lúgubres prostíbulos de Karachi, Penang o Asunción. Las autoridades se veían desbordadas por las circunstancias y se limitaban a preservar mal que bien la integridad física de la ciudad: un helicóptero la sobrevolaba incesantemente para prevenir a las fuerzas del orden y a los bomberos si se producían incendios o saqueos o si algún brote de violencia degeneraba en batalla campal. Aparte de esta medida, dejaban que imperase la ley de la selva. También los venecianos parecían haber abandonado las calles a los turistas y logreros y haberse refugiado en el interior de sus casas sombrías.

Este estado de cosas, aunque no le pasaba inadvertido, no afectaba a Fábregas, que por puro desinterés salía poco a la calle y aun entonces se limitaba a deambular por las inmediaciones del hotel, sufriendo estoicamente los empellones de la multitud. Consideraba aquel período de su vida un compás de espera y juzgaba inútil cualquier intento de amenizarlo o darle otro sentido. Al principio intentó visitar solo algunos lugares que días antes había visitado en compañía de ella, pero estas visitas le dejaron extrañamente indiferente. No acierto a comprender por qué vinimos aquí entonces ni por qué he vuelto yo ahora, se decía. Estos recorridos nostálgicos no aumentaban ni disminuían la sensación de abandono que le dominaba. Paradójicamente, sólo recibía consuelo de lo que ahondaba y hacía patente su soledad. Podía sentarse en el banco polvoriento de algún museo y pasar una tarde entera inadvertido de todos, contemplando a los niños que aprovechaban las galerías espaciosas para correr y patinar por aquellos suelos de mármol y para dar curso de este modo a la energía constreñida por horas interminables de autocar o de coche y por la estrechez y la formalidad de los hoteles y restaurantes que sus padres les obligaban a frecuentar. También le gustaba visitar algún palacio o local suntuoso abierto al público, en cuyos salones y pasillos, concebidos para ser habitados y recorridos por personas ocupadas en sus quehaceres o para ser teatro de tertulias, amoríos y conspiraciones, hoy desnudos de muebles y adornos y salvados de la ruina con el único objeto de ser sometidos a la contemplación apresurada de los grupos que los recorrían boquiabiertos y extenuados, oyendo resonar en las bóvedas el ruido de sus propios pasos en tropel, sentía una melancolía imprecisa y sosegada que le hacía bien. Pero lo que sucedía en la ciudad no le pasaba por alto. Aquellos sucesos estaban en boca de todos y cada mañana, al entregar la llave de su habitación, el conserje del hotel le ponía al corriente de los más notables de la jornada anterior.

—Anoche apareció un libanés descuartizado en el atrio de San Sátiro —le decía— y esta madrugada se han oído tiros en el palacio Orfei, donde tiene su museo el señor Fortuny, compatriota del señor, si no me equivoco.

Parecía sentir por Fábregas una mezcla de respeto, cariño y conmiseración, y por su ciudad, un orgullo mal entendido que le hacía ufanarse de aquella profusión de excesos y desaguisados. Fábregas escuchaba estas efemérides sin hacer comentarios. En el transcurso de sus paseos no sólo percibía claramente la tensión que había en el ambiente, sino que creía además que no era ajena a ella el extraño trío que había seguido viendo a diario desde su reencuentro al regreso de Ondi y cuya presencia se hacía más conspicua conforme avanzaba el verano. Fábregas tenía por cierto que aquel trío andaba implicado en todo lo malo que sucedía en la ciudad y había llegado incluso a pensar si no debía poner a la policía al corriente de sus sospechas, pero como carecía totalmente de pruebas que las sustentaran y tenía por poco probable que la policía de Venecia ignorase lo que a él le resultaba evidente, había renunciado a hacerlo. Siempre que se cruzaba con ellos fingía no verlos y ellos tampoco daban muestras de reparar en él, pero era evidente que se reconocían.

La mayor parte de las horas, sin embargo, las pasaba en el hotel, sin salir de su habitación. A veces, para no tener que abandonarla, se hacía servir allí las tres comidas. En estas ocasiones exigía que el camarero dejara el carrito de la comida en el pasillo y sólo abría la puerta de la habitación para recogerlo cuando estaba seguro de que aquél se había retirado completamente de su vista. En estas ocasiones su misantropía le llevaba al extremo de hacerse avisar por teléfono momentos antes de que el personal de limpieza se dispusiera a entrar en la habitación para asearla: entonces se encerraba en el armario y permanecía allí hasta que ya no había nadie en la habitación. Estas horas de soledad eran dedicadas a rememorar el pasado, como venía haciendo últimamente, bajo una nueva luz. No hacía esto con método ni a propósito ni con ninguna finalidad: simplemente ocurría que los recuerdos se apoderaban de él con una fuerza inusitada y no podía hacer nada para zafarse de ellos o contrarrestar sus efectos devastadores. Después de habitar un rato largo los recuerdos, éstos adquirían para él una realidad que reemplazaba en su ánimo la realidad actual. Entonces los momentos evocados parecían corpóreos y el presente, en cambio, se convertía en algo imaginario, en una ficción endeble que sólo tenía razón de ser como sustento y motivo del recuerdo. De estas experiencias salía extenuado. Entonces, para reponerse de ellas, se iba a pasear, convencido de que había de hacerle bien mezclarse con la multitud, como si fuese a fundirse en ella y perder de este modo aquella identidad propia que iba descubriendo paulatinamente y que le estaba resultando extraña y agobiante. En estas ocasiones buscaba siempre mezclarse con los grupos más gregarios y papanatas y rehuía por igual a quienes, más cultos y sensibles a la belleza, andaban con el ceño fruncido, procurando eludir la tropa candorosa, y a quienes, no queriendo ser confundidos con el común de los turistas, hacían ver que les traía sin cuidado la ciudad y sus tesoros y fingían un gran desparpajo para dar a entender que estaban allí como en su propia casa. Estos viajeros desenvueltos y resabiados, que miraban a los demás con suficiencia, que se consideraban autorizados a no respetar colas ni preferencias y que no se recataban de silbar o cantar en público, de hurgarse las narices o rascarse la entrepierna o el culo, le producían en especial una viva repugnancia. Este desprecio por los doctos y los mañosos y este afecto por los pazguatos no respondían a un afán de originalidad ni eran arbitrarios. Lo que le ocurría era esto: que al rememorar su infancia, sólo acudían a su memoria imágenes prestadas: ilustraciones de libros, fotografías, escenas de películas que le habían impresionado vivamente. Este tipo de recuerdos le desazonaba, porque veía que aquéllas no eran cosas que él hubiera vivido, sino imágenes de vivencias que otras personas habían tenido y manipulado para transmitírselas a él. Entonces creía no haber vivido realmente y envidiaba a los que habían tenido un contacto inmediato con aquellas visiones y aventuras. Pero luego, reflexionando, había acabado por comprender que aquellas personas a las que envidiaba tampoco habían vivido realmente lo que representaban. En realidad, como los turistas que ahora disparaban sus cámaras hacia los monumentos y canales de la ciudad, aquellas personas habían vivido también a través de sus cámaras en un mundo limitado, enmarcado por la técnica de sus profesiones respectivas. Ahora Fábregas pensaba que tal vez la vida fuera así: un continuo trasiego de imágenes. Tal vez, se decía, la realidad no existe salvo en la medida en que alguien la fotografíe y en el fondo sean estos turistas enloquecidos quienes anden en lo cierto. Al llegar a este punto las ideas se le complicaban de tal modo que tenía que buscar algún sistema para dejar de pensar. En estas ocasiones acudía a un gimnasio que le había recomendado el conserje del hotel y del que se había hecho socio: allí practicaba la halterofilia o se entregaba a ejercicios frenéticos. Aquel gimnasio era un lugar de mala muerte, frecuentado por tipos de torva catadura, chulos y descuideros que no vacilaban en limpiar los bolsillos de la ropa dejada en los vestuarios. Fábregas, después de haber sido víctima de estos pequeños hurtos varias veces, se había resignado a ellos. Pero estos breves momentos de esparcimiento no bastaban para compensar el hastío que le embargaba la mayor parte del tiempo.

¿Qué será de mí si ella no vuelve?, se decía.

Una tarde, por distraerse, se le ocurrió dar un paseo en góndola y, sin fijarse en lo que hacía, abstraído como solía ir, saltó dentro de una de las góndolas atracadas en el embarcadero del hotel. Cuando estuvo dentro advirtió que estaba rodeado de flores y que las flores estaban dispuestas de un modo anómalo.

—¿Qué significa esto? —le preguntó al gondolero—, ¿Qué hacen aquí estas flores?

El gondolero le dijo que alguien le había encargado llevar aquellas flores a un velorio, pero que no lo había hecho antes porque esperaba que subiese a la góndola algún pasajero; de este modo, confesó, aprovechaba el viaje doblemente.

—Al fin y al cabo —agregó—, a los clientes lo mismo les da ir en una dirección que en otra. Lo que quieren es pasear en góndola por los canales, y eso es precisamente lo que vamos a hacer.

Antes de que Fábregas pudiera replicar, le refirió los muchos gastos a que debía hacer frente cada mes un trabajador con familia numerosa como él.

—A mí todo esto me trae sin cuidado —exclamó finalmente Fábregas—. Yo no quiero ir de paseo rodeado de coronas de muerto. Haga usted el favor de devolverme ahora mismo al embarcadero.

Pero el gondolero, sin dejar de lamentar su suerte, seguía remando con creciente celeridad: de sobras se veía que quería cumplir cuanto antes el encargo. En su indignación, Fábregas estuvo tentado de saltar al agua, pero vio que ésta era de color marrón y optó por resignarse a esta nueva humillación. Me está bien empleado por caer en esta estúpida tentación turística, se dijo.

II

Así transcurrían los días hasta que finalmente, por azar, se encontró de nuevo con ella.

—No me imaginaba que estuviese usted todavía en Venecia —se apresuró a decir ella antes de que él pudiera hacerle algún reproche. Luego, sin dejarle hablar, se aba-

lanzó sobre él, como si se dispusiera a besarle efusiva-
mente, pero de inmediato dio un respingo y retrocedió
con un mohín de repugnancia.

—¡Uf! —exclamó—, ¿a qué demonios huele usted?

En el gimnasio, del que acababa de salir cuando se
produjo el reencuentro, había trabado conversación con
un hampón que también lo frecuentaba y con quien había
coincidido varias veces previamente en el vestuario. Mientras se peinaban, el hampón le había ofrecido en prueba
de cordialidad su colonia, que desprendía un olor a es-
pliego estomagante, y él se había servido de ella sin tasa
por no parecer descortés. Ahora aquel perfume nausea-
bundo lo envolvía.

—No es nada —dijo secamente, decidido a no dar ni
pedir explicaciones.

—Pensé llamarle a mi regreso —dijo ella—, pero supuse
que sus obligaciones le habrían llevado de nuevo a Barcelona.

—No le habría costado nada verificar esta suposición
llamando de todas formas al hotel.

—En efecto, y me disponía a hacerlo así esta misma
noche. En realidad, volví de Roma ayer —dijo ella.

—Yo, en cambio, no me he movido de aquí.

—¿Y sus negocios?

Los dirijo telefónicamente —mintió. En realidad era
Riverola el que ahora, con su asentimiento tácito, dirigía
la empresa con prudencia, sin imaginación. De este modo
había podido ser evitada una acción judicial por parte de
los acreedores, quienes, viendo la empresa en manos jui-
ciosas, se habían avenido a postergar sus demandas. Esto,
naturalmente, Fábregas se abstuvo de contárselo. Guardaba un silencio taciturno que no encerraba, sin embargo,
sombra de animadversión. En realidad actuaba únicamente con cautela, temeroso de dar rienda suelta a una
alegría que ella podía pulverizar fácilmente en cualquier
momento con una sola frase. De este modo llegaron a la
puerta del hotel. Allí se acrecentó su miedo. En una ocasión había leído un artículo sobre ciertos reptiles antedi-
luvianos que extraían toda su energía de la luz del sol y se
mineralizaban al llegar la noche; ahora tenía la sensación
de que sólo la presencia de ella le mantenía con vida.
Cuando ella se vaya, pensó, me convertiré en una estatua
apestosa. Ella le tendió la mano.

—Aún no le he preguntado cómo le fue en Roma —dijo él tontamente.

—No lo haga —dijo ella con una expresión que a él se le antojó desdeñosa.

La vio alejarse caminando a buen paso, como si ya al encontrarle hubiera llevado prisa y el acompañarle hasta la puerta del hotel hubiera supuesto para ella un rodeo y un contratiempo. Ahora, al menos, ya sé a qué atenerme, pensó; quizás haya sido mejor así. Pero mientras pronunciaba estas frases en su fuero interno, la cabeza le daba vueltas y se ahogaba como si el aire hubiera sido succionado a su alrededor o como si sus propios pulmones desacataran su voluntad de respirar. Intentó seguirla, pero ya era tarde: pronto comprendió que nunca la encontraría entre aquel gentío. Incapaz de permanecer en la calle, pero incapaz también de encerrarse a solas con sus pensamientos, decidió pasar un rato en el bar del hotel.

Hasta entonces no había visitado nunca aquel bar. Los bares de los hoteles siempre le habían parecido lugares desangelados y deprimentes. Aquel en el que ahora entraba era ambas cosas, y polvoriento por añadidura. De las escasas mesas con que contaba sólo una de ellas estaba ocupaba entonces por cinco hombres que conversaban en voz baja. Fábregas ocupó una mesa contigua a aquélla y pidió una copa de coñac. En un extremo del bar había un pequeño estrado de madera y sobre él un piano de media cola al que nadie se sentaba por el momento. Sólo rompían el silencio del local el murmullo de la conversación de los cinco hombres y el susurro esporádico de las zapatillas del camarero, un hombre enjuto y corcovado, muy desaliñado en el vestir y sumamente áspero de trato, más parecido en todo a un sacristán que a un camarero. Fábregas no tardó en percatarse de que los cinco hombres de la mesa contigua hablaban en francés, aunque resultaba evidente que ésta no era la lengua materna de ninguno de ellos. Este hecho trivial despertó su curiosidad, la cual, espoleada por los retazos de conversación que conseguía entender y las copas de coñac que iba consumiendo, le indujo a levantarse, acercarse a la mesa que ocupaban los cinco hombres y preguntarles educadamente pero sin ambages quiénes eran y qué asunto se traían entre manos. Los cinco hombres le respondieron con afabilidad que lo que discutían en aquel momento era algo tan complicado y antiguo que la mera mención de lo esencial les llevaría mucho tiempo.

—Tiempo es lo único que me sobra —dijo él.

—No basta. Le serán precisos interés y paciencia también —dijo uno de aquellos hombres.

Entonces se dio cuenta de que los cinco hombres eran muy viejos y de que cada uno de ellos pertenecía a una raza diferente.

—Ante todo —empezó diciendo uno de ellos—, hemos de rogarle que guarde absoluto secreto sobre lo que le vamos a contar, ya que, por muchas razones, que usted mismo apreciará, conviene que nuestra presencia aquí no sea conocida de nadie.

Fábregas hizo repetidas protestas de discreción y el mismo individuo que le había encarecido silencio le reveló ser en realidad el cardenal Vida, enviado especial de Su Santidad el Papa y representante, por ende, de la Iglesia de Roma en aquel encuentro. Los otros cuatro individuos representaban a la iglesia jacobita, a la iglesia armenia, a la iglesia malabar y al catolicado de Echmiadzin respectivamente. No era aquélla la primera vez que se reunían, aclaró el cardenal; en realidad, se habían venido celebrando reuniones como la presente, siempre en el más riguroso incógnito y con carácter preliminar, desde que el concilio Vaticano II había puesto de manifiesto la necesidad de buscar un acercamiento entre las iglesias. A partir de entonces, siguió diciendo el cardenal Vida, él se había estado reuniendo periódicamente con aquellos cuatro miembros de la iglesia monofisita, sin que por el momento sus contactos y negociaciones hubieran dado ningún fruto, explicó el cardenal con un deje de resignación en la voz. Había ocasiones en que los representantes de las distintas facciones creían haber llegado a un principio de entendimiento, ocasiones en que todos ellos creían discernir vagamente la fórmula que, andando el tiempo, había de permitirles limar diferencias y aproximar posiciones; pero luego todo aquello quedaba en nada, añadió con pesadumbre. Siempre se llegaba a un punto en el que se hacía patente el núcleo irreductible de su desavenencia. Entonces, de común acuerdo, postergaban las negociaciones *sine die*. No pasaban muchos meses, sin embargo, sin que uno de ellos, después de haber reflexionado sobre la cuestión y creyendo haber dado con una nueva fórmula viable, convocara a los otros y la plática suspendida se reanudara allí donde la habían dejado. De este modo llevaban veinte años, mucho tiempo para las esperanzas de concordia que el Sumo Pontífice y la cristiandad entera habían abrigado en su día, pero una minucia en comparación con los quince siglos que llevaba en vigor la controversia, nacida casi por error, sin malicia de nadie, en la primera mitad del siglo quinto. En efecto, dijo el cardenal Vida, habiendo negado Nestorio la unidad personal de Cristo, cayeron quienes impugnaban esta herejía en la contraria, esto es, en la de negar haber en Cristo dos naturalezas realmente distintas: una divina y otra humana. El error encontró pronto un defensor acérrimo en Eutiques, archimandrita de un monasterio próximo a Constantinopla, y aquél, a su vez, en su ahijado, el eunuco Crisafio, que poco antes había accedido al poder por dudosos medios. En el sínodo celebrado en dicha ciudad el año 448, el patriarca Flaviano condenó y depuso a Eutiques, tras lo cual, y con el propósito de hacer extensiva su condena a todo el mundo cristiano, marchó a Roma. Eutiques, sin embargo, se le había adelantado: cuando Flaviano consiguió hacerse oír del Papa León el Magno, Eutiques ya se había granjeado el apoyo del Emperador Teodosio II. A esto siguieron concilios y cartas dogmáticas, pero la semilla de la discordia ya había echado para entonces raíces profundas. La cuestión no hizo más que complicarse cuando tomó cartas en ella el Emperador de Bizancio. Éste, que por una parte experimentaba la repugnancia lógica de todo príncipe cristiano hacia una idea disolvente, no podía dejar de sentirse atraído, al mismo tiempo, por una forma de religión autóctona que a la corta o a la larga había de llevar al Imperio Bizantino a la escisión de Roma, liberándolo del último vínculo que todavía lo unía a la antigua metrópoli: la obediencia al Papa. Pero los Emperadores ignoraban que al aliarse con los herejes estaban introduciendo en su propia casa el espíritu de Satanás. Pronto el monofisismo se convirtió en elemento indisociable de los frecuentes y sangrientos golpes de palacio, cuando no en su única razón de ser. Era común que un Emperador abrazara públicamente la herejía y pusiera todos los medios del Estado al servicio de su difusión y que su inmediato sucesor utilizara aquellos mismos medios para erradicarla y acabar con quienes, alentados por el trono, habían estado ejerciendo una intensa labor de apostolado. Hubo muchas muertes.

—Pero ninguna violación —dijo el patriarca de Alejandría, que se sentaba a la derecha del cardenal Vida.

—Es cierto: ninguna violación —hubo de corroborar éste a fuer de sincero.

El que acababa de intervenir aprovechó la tesitura para proseguir la explicación desde un ángulo menos desfavorable a la facción que él mismo representaba. Sólo en parte vio cumplido su propósito, pues aun siendo el más joven de los cinco, un defecto en el habla o una dentadura postiza de deficiente factura hacían casi ininteligibles sus palabras. Con todo, Fábregas sacó esto en claro: que a un período de prosperidad y expansión monofisitas debido al apoyo decidido de la Emperatriz Eudoxia, viuda de Teodosio II, habían seguido años de persecución, especialmente bajo la férula de Justiniano, de triste memoria. Este Emperador impío, decidido a atajar la reforma de raíz, había concentrado sus ataques en los obispos monofisitas, a fin de que, desaparecidos éstos, no pudieran ser ordenados en el futuro nuevos sacerdotes de su misma tendencia. El plan, sin embargo, no había podido ser llevado a término en su totalidad gracias al valor, habilidad y tesón del obispo Jacobo Baradoeus o Baradai, el cual, huyendo de las asechanzas del Emperador, en el curso de sus continuos y trabajosos viajes, había ido ordenando sacerdotes y consagrando obispos. De este modo, lejos de quedar acéfala y sin pastor, la Iglesia monofisita se había extendido por Siria, Mesopotamia y el Kurdistán, donde perduraba todavía con el nombre de Iglesia Jacobita, en memoria de su propagador.

Esta breve exposición, hecha sin el menor asomo de agresividad, fue contestada de inmediato y con una virulencia inesperada por el patriarca de Jerusalén, lo que no dejó de sorprender a Fábregas, advertido lo cual y como quiera que en el calor de la discusión los dos contendientes no tardaron en revertir a la lengua griega, al parecer común a ambos, el cardenal Vida tuvo la amabilidad de aclararle a media voz que, en contra de lo que él pudiera haber supuesto, la Iglesia monofisita no presentaba en cuestiones de fe un frente unido, como hacía la Iglesia católica; antes bien, existían en su seno no pocos bandos y desacuerdos, algunos de los cuales databan de muchos siglos, siendo precisamente uno de los más encarnizados aquel que ahora enfrentaba a los dos teólogos, es decir, el de si el cuerpo de Cristo era corruptible o no. Quienes sostenían haber estado sujeto efectivamente el cuerpo de Cristo a la corrupción en el sepulcro eran llamados corruptícolas, phthartólatras o, por Severo de Antioquía, severianos, y sus oponentes, fantasiastas, aphthartodocetas o julianistas, por haber sido Julián de Halicarnaso su máximo valedor. Estos últimos, no sólo defendían que el cuerpo de Cristo era incorruptible, sino también impasible, como corresponde a la divinidad, lo que, a juicio de los otros, hacía de la Pasión una simulación o pantomima y, en último término, una befa. Por eso ahora discutían tan acaloradamente.

—Pero todas estas cosas —dijo Fábregas—, ¿no resultan un poco trasnochadas hoy en día?

—Oh —respondió el cardenal Vida—, nada de eso. En primer lugar, para aquel que cree en Dios, nada de cuanto le concierne es trivial ni pierde actualidad, por más que el mundo cambie; en segundo lugar, de estas cuestiones, en apariencia especulativas, se derivan otras de enorme importancia práctica, como pueden ser, por citar sólo un ejemplo, los misterios relativos a la Santísima Virgen; en tercer lugar, y puesto que el hombre fue creado a imagen y semejanza de Dios, todo cuanto concierne a la naturaleza de Dios concierne a la del hombre, de la que aquélla es punto necesario y único de referencia, de tal modo que ser monofisita, nestoriano o católico implica tener del hombre y del mundo un concepto radicalmente distinto.

III

Al llegar a este punto Fábregas apenas si podía seguir los argumentos que le daba el cardenal. Por efecto del coñac se sentía despierto y ligero de cuerpo, pero incapaz de comprender lo que le decían o de fijar su atención en ninguna cosa: el tiempo y el espacio se le antojaban elásticos. Se daba cuenta de que no podía abandonar a quienes habían tenido la gentileza de admitirle en su círculo y hacerle partícipe de sus asuntos en forma súbita y sin mediar pretexto, pero por más que se devanaba los sesos no lograba dar con ninguno plausible. Finalmente masculló algo, se levantó con gran cuidado para no derribar la mesa ni cuanto había sobre ella y se dirigió al lavabo de caballeros. Allí se echó agua fría al rostro repetidas veces, hasta sentirse más sereno o, a lo sumo, más dispuesto a resolver su situación de un modo airoso. Les diré que estoy muy cansado, que mañana he de madrugar y, por añadidura, que me siento algo indispuesto, se iba diciendo. Sin embargo, al salir del lavabo y regresar al bar se encontró con un cuadro inesperado que trastocaba por completo sus intenciones. Ahora los dos prelados a quienes había dejado enzarzados en violenta discusión parecían haberse reconciliado o, cuando menos, haber abandonado momentáneamente su enfrentamiento para hacer causa común con los otros dos y atacar de consuno al cardenal Vida, cuyo rostro, al aproximarse, Fábregas vio cárdeno por la ira. Aunque abría y cerraba la boca como un pez fuera del agua, de ella no salía ningún sonido articulado. En aquel punto, y para agravar las cosas, los cuatro prelados monofisitas se pusieron a volar sin dejar de sonreír beatíficamente. Aquello enardeció aún más al cardenal Vida: las venas de la frente y del cuello se le hincharon peligrosamente y el mentón le temblaba como si en realidad tiritase de frío. Fábregas temió que fuese a sufrir un síncope.

—Cálmese— le recomendó.

El prelado pareció calmarse un tanto al oír su voz.

—Siempre la misma sandez —dijo con voz trémula—. Cuando ya no tienen cómo contestar mis argumentos, recurren a este truco de feria para zaherirme. Pero no se deje impresionar: ahora mismo verá cómo arreglo yo el asunto en un santiamén. ¡Camarero —exclamó levantando la voz—, tráigame un sifón!

El camarero, que a todas luces no quería inmiscuirse en aquella disputa secular, dijo que se le habían acabado. El cardenal daba brincos tratando en vano de asir alguno de sus contendientes.

—¡Dios os castigará, payasos! —les iba gritando. Uno de sus manotazos alcanzó por error a Fábregas en plena cara. Despertó súbitamente al sentirse abofeteado y comprendió al instante que acababa de soñar el vuelo de los monofisitas.

—Vaya, por fin resucita —oyó decir a su lado.

—¿Es usted la que me ha pegado? —preguntó con voz apenas audible.

—Llevo diez minutos zarandeándole y dándole cachetes inútilmente —dijo ella.

—¿Dónde estoy?

—En su habitación.

Le bastó una ojeada para corroborar estas palabras. Sobre una butaca vio doblada pulcramente la ropa que recordaba haber llevado la víspera.

—¿Qué hace usted aquí? —preguntó.

—Vine a buscarle esta mañana, como acostumbraba a hacer antes —respondió ella—, pero el conserje le estuvo llamando por el teléfono interior durante una hora sin obtener respuesta, hasta que, sabiendo que no había abandonado usted el hotel y temiendo que le hubiese ocurrido algún percance, decidimos subir a comprobarlo. Él abrió con una llave maestra y yo, al ver en qué estado estaba, lo despaché.

—Pues habría preferido que me hubiera visto él y no usted en estas condiciones.

—¿Qué le pasó?

—No tengo la menor idea, aunque supongo que debí de beber una copa de más. Ni siquiera sé quién me trajo aquí y me metió en la cama.

—Almas caritativas. ¿Se encuentra mal?, ¿quiere que llame a un médico?

—No, gracias. Me encuentro fatal, pero creo que puedo incorporarme y seguir viviendo sin ayuda. Me daré una ducha: eso me sentará bien. Si quiere, puede esperarme abajo.

—No —dijo ella—, me quedaré aquí para recogerle si se cae y se desnuca.

—No se ensañe con mi desvalimiento —masculló él mientras se dirigía al cuarto de baño envuelto en la sábana encimera. Allí se sumergió primero en un baño de agua tibia; luego se aplicó una ducha fría estoicamente. Por último se arrolló la toalla a la cintura, cruzó la habitación y entró en el vestidor. Ella aguardaba sentada en el brazo de la butaca.

—Yo no le tenía por tan aguerrido —le dijo al pasar.

—Es que he estado haciendo pesas últimamente —dijo él desde el vestidor.

—¡Hum! —dijo ella.

Bajaron al *hall* y Fábregas le preguntó al conserje si todavía estaban a tiempo de desayunar, a lo que éste respondió que no: el restaurante estaba cerrado al público en ese momento y ya no abriría sus puertas hasta la hora de comer. En cambio, podían sentarse, si lo deseaban, en la terraza del hotel; allí funcionaba el servicio de bar ininterrumpidamente, les dijo.

Ocuparon una mesa junto a la balaustrada. Una sombrilla les protegía del sol, pero no de su reverberación en el agua del canal. Mirando a lo lejos se veía que la ciudad estaba cubierta de neblina. Fábregas pidió una botella de vino blanco muy frío al camarero que acudió a servirles.

—Tráigame también dos aspirinas —le dijo.

—¿No debería comer algo sólido? —dijo ella cuando el camarero se hubo ido.

—Más tarde —dijo él—. Ahora no podría.

De vez en cuando pasaba una barca por el canal, rozando la balaustrada; entonces los ocupantes de la barca los observaban al pasar con curiosidad.

—Anoche tuve un encuentro curioso y luego un sueño de lo más raro —dijo él. De esta forma pensaba explicar las causas de su indisposición ante ella, pero advirtió de inmediato que ella no prestaba la menor atención a sus palabras. En el estado de embotamiento en que se encontraba las ideas muy simples se le representaban con mucha claridad. Desde que ha regresado de Roma no es la misma, pensó. Ahora mismo, con los ojos clavados en el vacío, parece lela, se dijo.

—¿A dónde se proponía llevarme hoy? —preguntó al fin con objeto de sacarla de su abstracción.

—A un palacio veneciano —respondió ella apartando los ojos del aire y dirigiéndole aquella mirada enigmática que le producía tanto desconcierto—. ¿Se considera en condiciones de verlo?

—Si no se mueve, sí.

—No se ha movido en seis siglos.

—¡Hum! —dijo él.

IV

Una góndola los dejó al pie de una escalera empinada, cubierta de un musgo afelpado que la hacía muy resbaladiza. Del muro lateral colgaba una argolla, roja de orín. Aquel lugar, situado en el recodo de un canal estrecho, siempre a cubierto de la luz del sol, tenía algo de lúgubre.

Allí el agua tenía un color plomizo, irisado, y olía a una mezcla de moluscos muertos, pescado y brea. Cuando la góndola los dejó solos en la plataforma del embarcadero, Fábregas sintió un escalofrío recorrerle el espinazo.

—¿Está segura de que nos abrirán la puerta? —preguntó. En realidad no creía que nadie habitara aquel caserón.

—Claro, ¡qué pregunta! —respondió ella golpeando repetidamente el aldabón.

A cada lado de la puerta había un coloso de piedra que sostenía un balconcito sobre los hombros. Las dos estatuas estaban muy sucias: tiznadas de hollín y pringadas por las palomas. La piedra presentaba porosidades y grietas; en algunas partes parecía que alguien hubiera descargado a corta distancia varios tiros de postas contra los colosos. A uno de ellos además se le había desprendido la nariz y varias esquirlas del mentón. Pese a todo, su aspecto seguía siendo más amenazador que suntuario.

—¡Vaya tipos! —dijo.

—No me diga que le dan miedo —dijo ella.

—No se lo diré, pero me lo dan.

—¡Qué absurdo!

—¿Quién demonios vive en esta casa sombría?

—Yo.

—¡Atiza! Esta sí que no me la esperaba —dijo Fábregas.

Una mujer rechoncha, de pelo blanco, vestida con una bata de percal que le llegaba a los tobillos, abrió la puerta. Al hacerlo la corriente de aire agitó los rizos de su cabellera.

—Esta mañana se fue usted sin desayunar —dijo apenas vio a María Clara—. Acabo de ver el té y las rosquillas en la mesa de la cocina.

Era una vieja sirvienta cuyo campo visual no rebasaba los límites de la casa y sus cuidados.

—Traigo un visitante —dijo María Clara señalando a Fábregas con la cabeza. La vieja sirvienta lo examinó con extrañeza, como si su presencia se le hubiera hecho patente al conjuro de las palabras de María Clara, pero no antes.

—¿Lo saben sus padres? —preguntó visiblemente alarmada.

—No les he dicho nada. Avísales; nosotros esperaremos en el zaguán. No tardes.

El zaguán, de paredes desnudas y desconchadas, estaba techado por una claraboya a la que faltaban varios paneles; por aquellas aberturas se veía el cielo. En el ángulo que formaban la claraboya y las vigas dormían varios murciélagos con la cabeza enfundada en las alas. Aprovechando su letargo un ratón cruzó el zaguán a toda velocidad. María Clara parecía no enterarse de la presencia de aquellos animales o, si la percibía, estaba tan habituada a ella, al igual que a la de los dos colosos de la entrada, que no juzgaba dignas de comentario ni la una ni la otra. La sirvienta volvió y les dijo que si querían podían pasar.

—¿Qué está haciendo papá? —preguntó ella.

—Está en el gabinete, con sus papeles —respondió la vieja sirvienta.

—¿Vestido?

—Aún no.

—¿Y mamá?

—Descansando en su habitación. No ha pasado buena noche. La he oído que llamaba al doctor Pimpom.

Se adentraron por una galería recta, larga, baja y estrecha que a trechos regulares era cortada por otras galerías transversales idénticas en apariencia a aquella por la que iban. Aquel sector del palacio parecía una guarida de tejón. En realidad, según le explicó ella, habían entrado en el palacio por la parte trasera y ahora caminaban hacia la parte llamada noble. Aquellas galerías, añadidas al cuerpo principal del edificio en el siglo XVIII, habían sido concebidas en aquella forma enredada e inquietante deliberadamente para disuadir a los extraños de su uso y facilitar a los habitantes del palacio fugas y encuentros, le explicó también. Ahora, sin embargo, aquella entrada tortuosa se había convertido en la práctica en el único acceso al palacio, puesto que la fachada principal amenazaba ruina y el vestíbulo había debido ser apuntalado por una trama de vigas y ristreles que lo hacían intransitable, dijo. Por lo demás, la parte llamada noble del palacio, de estilo gótico flamígero, resultaba fría y húmeda buena parte del año e incómoda en extremo siempre, por lo que la vida familiar transcurría enteramente en la parte nueva, la agregada a él en el siglo XVIII. Ahora el palacio precisaba de nuevo una modernización urgente, acabó diciendo.

Mientras hablaban habían desembocado en una cámara cuadrada, muy alta de techo, alumbrada por la luz cenital proveniente de otra claraboya semejante a la del zaguán, esta vez entera, a diferencia de aquélla, pero tan mugrienta que apenas daba paso a la claridad del día.

—¿Dónde estamos? —preguntó Fábregas.

—En lo que se llama el salón de música —dijo ella.

Él buscó en vano algún instrumento musical que justificase aquella denominación, pero sólo vio unos pocos muebles sencillos y desproporcionadamente pequeños para las dimensiones de la cámara, arrimados de cualquier modo contra las paredes y casi invisibles en la oscuridad reinante. Pero ella, sin darle tiempo a pedir una aclaración o a manifestar su asombro, ya había llegado al extremo opuesto de la cámara, donde había golpeado una puerta suavemente con los nudillos y, habiendo oído, al parecer, una respuesta satisfactoria a su llamada, había abierto la puerta y, asomando la cabeza, anunciado de viva voz su presencia y la de un visitante. Luego se volvió a Fábregas, a quien conminó a entrar en lo que resultó ser otra pieza algo más reducida de tamaño que la llamada salón de música y mucho mejor iluminada que ésta por la luz que dejaban pasar unas ventanas rectangulares que se abrían sobre una plaza. De la plaza llegaban ahora voces de niños. Un reloj de péndulo dio la hora. Fábregas vio que el techo de la estancia formaba una bóveda suave y que allí una pintura algo quebrada y deslucida representaba una mujer desnuda recostada sobre un damasco que se desparramaba por el techo y la pared hasta acabar arrollado falsamente en el zócalo. Aquella tela escarlata, sobre la cual la anatomía pálida de la mujer desnuda parecía simbolizar una carnalidad estática y funeraria, no conseguía en ningún momento producir sensación de realidad. Pintados también sobre el fondo azul celeste de aquella bóveda, junto a la mujer desnuda, había dos angelitos o cupidos, uno de los cuales volcaba sobre la mujer una canasta de la que caían pétalos de flor, mientras el otro tañía un instrumento parecido a un laúd. Los dos angelitos fingían en su expresión una picardía madura que resultaba, por contraste, desencantada y procaz. Aquella estancia podía haber sido, tiempo atrás, la alcoba de una cortesana, pensó Fábregas. Ahora, sin embargo, la alcoba había sido transformada al parecer en un gabinete de trabajo: allí había un archivador metálico aparatoso, una máquina de escribir eléctrica montada sobre un carrito metálico y una mesa de despacho cubierta de papeles por completo. Un hombre trajinaba febrilmente papeles de la mesa al archivador y del archivador a la mesa. No parecía conceder, sin embargo, la menor atención a lo que hacía, como si en realidad su trabajo consistiera en realizar reiterativamente aquella operación, sin parar mientes en su contenido. Sólo cuando estuvieron a su lado y María Clara le dirigió la palabra interrumpió la faena para posar en los recién llegados una mirada aturdida.

—Papá, he traído una persona a visitar la casa —dijo ella.

Fábregas le tendió una mano que el otro, antes de estrechar, estudió un rato atónito, como si aquel mínimo ritual le cogiera de nuevas. Luego repentinamente dio muestras de una cordialidad teñida de azoramiento.

—Disculpe que le reciba de este modo —balbuceó—, pero tenía que despachar unos asuntos apremiantes de preciso. Considérese en su casa.

Fábregas, notando el acento peculiar de su interlocutor, recordó haber oído contar a María Clara que su padre era americano. Ahora este hombre debía de contar escasamente cincuenta años de edad. Era alto, fornido y de facciones toscas, lo que contrastaba a primera vista con su expresión pasmada y sus modales apocados.

—No quisiera interrumpir su trabajo ni ocasionarle ninguna molestia —dijo Fábregas.

—Por favor, no interprete mal mis palabras —dijo el otro precipitadamente—. Su presencia no me incomoda en absoluto. Sólo quería disculpar mi atuendo y el no haber acudido a recibirle en persona cuando me anunciaron su llegada. La verdad es que estoy muy ocupado esta mañana, muy ocupado.

Dicho esto volvió a su tarea: sacaba papeles del archivador y los ponía sobre la mesa; luego hacía lo opuesto con tanta energía y precisión de gestos como falta de discernimiento. A fuerza de verle repetir la operación, Fábregas creyó advertir que alguno de aquellos papeles viajaba varias veces de un mueble al otro sin que esta mudanza pareciera tener ninguna consecuencia. El padre de María Clara vestía un pijama gris, de un material parecido a la felpa, que se volvía elástico en las extremidades de las mangas y perneras a fin de sujetarse firmemente en las muñecas y tobillos. Lavados sucesivos o un error de origen habían hecho muy exiguo para su usuario el pijama, que ahora ponía brutalmente de manifiesto los glúteos y genitales de aquél. En los pies llevaba a modo de chancletas unas sandalias tijereteadas al buen tuntún.

—De modo —dijo sin aminorar el ritmo de su actividad— que está usted interesado en el palacio.

—Es un edificio notable —respondió Fábregas evasivamente.

—En efecto. Supongo que mi hija le habrá puesto en antecedentes.

—La verdad es que no —dijo Fábregas.

—¡Y para esto le hemos pagado la mejor educación posible! —exclamó el padre de María Clara sin el menor enfado en su tono.

Ella intervino para decir que tal vez al visitante no le interesaran por el momento aquellos detalles, a lo que su padre respondió que a eso y no a otra cosa venían en masa los extranjeros a Venecia.

—¿Qué opina usted? —preguntó ella dirigiéndose a Fábregas, que no supo muy bien cómo responder a esta pregunta, porque padre e hija habían sostenido toda la conversación en inglés y él, que sólo poseía conocimientos rudimentarios de este idioma, no estaba muy seguro de haber captado cabalmente el sentido de aquel diálogo.

—Por mí todo está bien —dijo; y sin que esta frase trivial ni las circunstancias en que había sido pronunciada lo justificaran, se sintió invadido por una gran paz, como si verdaderamente todo fuese armonioso y conveniente para él. Tal vez lo que me ocurre es que, después del atropello de anoche, estoy sintiendo el efecto de las aspirinas sobre mi organismo, pensó.

—Ofrece al menos algo de beber a nuestro huésped —dijo el padre—. Yo no puedo hacerle los honores de la casa mientras no acabe con este asunto endiablado. Represento —aclaró cambiando de idioma y de oyente, pero sin dejar por un momento el papeleo— a varias empresas multinacionales de perfumería masculina.

Fábregas miró de reojo a María Clara esperando que ella le indicara con un gesto o un guiño si debía tomar en serio o no lo que le decía aquel individuo que irradiaba un verdadero hedor, pero ni el rostro ni la actitud de ella le revelaron nada.

—Por ahora cubro el Véneto y la Lombardía, pero cuando me compre un ordenador personal, podré tocar también Suiza y Yugoslavia. De momento no doy abasto. Antes me ayudaba mi esposa; hasta que empezó a fallarle la salud, quiero decir. Y María Clara también me ayudaba, de cuando en cuando, hasta que decidió independizarse. Yo no se lo reprocho ni debe usted interpretar mis palabras en ese sentido —añadió dirigiendo a su hija una mirada cargada de ternura—. Yo a su edad ya me había ido de casa y me ganaba la vida como podía. Aún recuerdo el primer empleo que conseguí: portero de cine. Tenía que comprobar que las entradas que me daban correspondían a aquel cine, a aquella fecha y a aquella sesión y, al mismo tiempo, vigilar que nadie se colase. Por supuesto, siempre había espabilados que acababan colándose. Con esto tampoco quiero decir que una cosa, porque la haya hecho yo, sólo por esta razón, ya esté bien. No, al contrario: cuando recuerdo aquellos tiempos, mi vida me parece un cúmulo de idioteces: así lo exige la edad. ¿Qué le apetece beber?

—Un refresco cualquiera, si no es molestia —dijo él.

—Ninguna en absoluto. Mi hija se lo irá a buscar de mil amores. Iría yo, pero no puedo: esta mañana estoy muy ocupado. Pero le diré cómo ocuparemos el tiempo hasta que ella vuelva: yo le contaré todo lo concerniente a este palacio y usted lo oirá.

V

—Ha de saber usted —empezó diciendo el padre de María Clara cuando ésta los hubo dejado solos— que en este palacio, aunque no en la parte en que nos encontramos ahora, agregada posteriormente a aquél, muy distinta en estilo e intención y destinada, según colijo de la pintura que adorna este techo y otras similares, a cosas algo turbias o, en todo caso, *non sanctas*, por así decir, sino en la parte antigua, que le mostraré luego, se alojó en cierta ocasión Santa Marina, cuando una enfermedad la detuvo en Venecia —mientras hablaba había dejado el trasiego de papeles que, según propia confesión, le tenían tan ocupado, había rodeado la mesa y había ido a colocarse distraídamente junto a la ventana—. Esta santa, como usted sabe, había ingresado a consecuencia de un desengaño mundano en un convento de frailes disfrazada de hombre, caso en modo alguno único en aquella época. Mientras vivió, nadie descubrió la impostura, llegando incluso la santa a ser elegida prior del convento, cargo que desempeñó de manera ejemplar durante tres décadas. A su paso por Venecia, en misión propia del cargo que ostentaba, era ya de edad avanzada y gozaba de fama muy extendida de hombre sabio y virtuoso. Con objeto de disimular su condición femenina, llevaba una larga barba de estopa que sujetaba con alambres a las orejas. Al reír, cosa que hacía de continuo, pues era proverbial su buen talante frente a todo tipo de circunstancias, tanto adversas como favorables, la barba postiza se le subía a la frente y allí se quedaba, a modo de visera, revelando de este modo su rostro lampiño, hasta que ella misma la colocaba de nuevo en su lugar tironeando, todo lo cual, a decir verdad, no sorprendía a nadie en aquella época imbuida de fe y hecha a las maravillas y caprichos de sus santos. Posiblemente en relación con esta estancia de la santa en el palacio, a la sazón en posesión de la familia que lo erigió, y de la que le hablaré acto seguido, y del trato deferente que aquí debió de serle dispensado, cuando la santa murió, unos años más tarde, y sus restos fueron divididos, como era costumbre piadosa entonces, Su Santidad el Papa tuvo a bien enviar un hueso a dicha familia, con lo cual el palacio quedó, por así decir, *legitimado* a los ojos de la ciudad, o lo que es igual, de la *Signoria*. El palacio, cuando la santa lo honró con su presencia, contaba poco menos de un siglo de existencia. Lo había hecho edificar, casi al final de su azarosa vida, un navegante de origen francés o catalán, llamado en los documentos de su tiempo Ser Alberigo Pastoret, el cual... ¡Ah, qué bien, ya nos traen los refrescos! —exclamó repentinamente al ver entrar en el gabinete a su hija con una bandeja en las manos. En aquella bandeja tintineaban cuatro copas llenas hasta el borde de un líquido opaco—. ¿Qué nos traes, hija?, ¿qué nos traes? —preguntó abandonando precipitadamente la ventana y corriendo a situarse de nuevo entre la mesa y el archivador—. ¡Ah, *vinetto piccolo!* Delicioso. Delicioso y verdaderamente apropiado para esta hora del día. Pero, hija, si somos tres, ¿por qué has traído cuatro copas?

—Ha venido el doctor Pimpom —dijo ella.

—Ah, vaya —dijo el padre enrojeciendo visiblemente. Luego tomó una de las copas y olió su contenido con notable satisfacción—. Bien —añadió—, no hace ninguna falta que esperemos por él, ¿no le parece? Ya se unirá a nosotros cuando se lo permitan sus ocupaciones. Bebamos —dijo predicando con el ejemplo y exhalando un largo suspiro después de haber bebido—. ¡Ajajá! Qué bueno, ¿verdad?

—Delicioso, en efecto —respondió Fábregas, a quien iba dirigida la pregunta, aunque en su fuero interno encontraba aquella bebida bastante insípida—. Pero me estaba usted contando...

—¡Atiza! Es verdad, ¡qué memoria! —dijo el padre de María Clara—. A media conversación se me va el santo al cielo... Antes no me ocurría eso, créame. Es ahora, al irme haciendo mayor. Nunca debí venir a Venecia.

—Papá, por favor... —le interrumpió su hija en este punto.

—Hija —dijo después de una pausa que destinó a sacar varios papeles del archivador y apilarlos sobre la mesa—, quizá convendría que fueras a ver si tu madre o el doctor necesitan algo...

María Clara salió del gabinete sin decir nada, dejando en una esquina de la mesa su copa intacta. En cuanto se hubo ido, el padre corrió a colocarse nuevamente junto a la ventana.

—Como le venía diciendo —agregó en un tono más pausado, mirando fijamente los niños que jugaban en la plaza a esa hora del día—, Ser Alberigo Pastoret, también llamado, en otros documentos, Alberigo Cacaforte, fue un navegante de origen oscuro al servicio de la Serenísima. El año 1314 se hizo a la mar en una galera de dos palos y nueve remos por banda, armada de una bombarda y dos falconetes. Durante varios lustros navegó por el Golfo Pérsico, el Mar Rojo y el infame Cuerno de África, comprando y vendiendo y abriendo rutas comerciales al imperio. De sus peripecias y descubrimientos fue dando cuenta en unas relaciones escuetas, no exentas, a veces, de exageración: en una ocasión afirma haber visto con sus propios ojos el pájaro Roc; en otra, haber encontrado en un mercado de Somalia alfombras voladoras por cuya adquisición pujó en balde. Otros relatos, en cambio, resultan verosímiles y hasta prosaicos, como éste que le voy a referir.

»En la primavera del año 1320 o 1321, Pastoret arribó con su galera a una isla del Índico habitada entonces por cortadores de cabezas. Iniciados los contactos, no sin riesgo, los nativos le ofrecieron uno de aquellos feroces trofeos, que él adquirió, venciendo su natural repugnancia y tras regatear, como era costumbre hacer en la región, para demostrar a aquellas gentes que todo lo que fuera objeto de comercio era también objeto de su interés. Finalmente el reyezuelo local, habiendo oído hablar de él en términos elogiosos, se avino a recibirle. «Me han dicho que ha comprado usted una cabeza», le dijo cuando estuvieron frente a frente. «Así es, majestad», respondió Pastoret. «Permítame verla», dijo el reyezuelo. Cuando Pastoret se la mostró, el reyezuelo se rió de buen gana. «Le han estafado», dijo. «¿Cómo es eso?», preguntó Pastoret. «Esta cabeza no tiene ningún valor», le explicó el reyezuelo. «Sólo tienen valor las cabezas de personas que previamente han sido estranguladas, porque una buena cabeza ha de tener colgando la lengua tumefacta; venga y le enseñaré mi colección.» De este modo se granjeó su confianza y pudo adquirir clavo, canela y otras especias a un precio irrisorio; se hizo rico y, ya de avanzada edad, pudo retirarse a vivir en Venecia, donde se construyó este palacio. En el curso de sus viajes había visto tantas porquerías que procuró que en su palacio todo fuera noble, bello y lujoso. En los cimientos del palacio hizo enterrar la cabeza y otras muchas cosas truculentas que había ido adquiriendo igualmente para que los nativos vieran que era buen comprador y creyeran que podían estafarle con facilidad.

»Sin embargo, también había traído consigo de sus viajes inadvertidamente una enfermedad larvada que acabó con él no bien estuvo concluido el palacio de sus sueños y que hizo que las autoridades pusieran el palacio y sus habitantes en cuarentena. Esto y el haber sido Pastoret un advenedizo relegaron familia y palacio al ostracismo hasta que, como antes le referí, la reliquia de Santa Marina vino a conferirle el reconocimiento...

»Ejem, ejem... —exclamó a ver entrar en el gabinete de nuevo a su hija, acompañada esta vez de un individuo que debía de ser, según dedujo Fábregas, el doctor Pimpom.

Nada en el aspecto del recién llegado justificaba el pavor que su mera presencia parecía infundir en el padre y la hija. Un leve balanceo al andar y un bastón oscuro, en el que se apoyaba ligeramente de cuando en cuando, daban elegancia y autoridad a su figura, por los demás corrientísima: el doctor era hombre cincuentón, diminuto y algo rechoncho, de facciones pequeñas y joviales, muy atildado en su indumentaria. Fábregas tuvo la sensación fugaz de haber visto antes aquel hombre. Ahora su aparición le irritaba, sin que pudiera explicarse el porqué. Se sentía cansado de aquel visiteo, deseaba salir de allí de inmediato y sólo la compañía de ella le impedía hacerlo sin miramientos. En los ojos que el doctor fijó en él al ser presentados, creyó leer una mezcla de perspicacia y petulancia. Es posible que él pueda intuir lo que estoy pensando en este mismo instante, pensó, pero también es posible que se trate sólo de una actitud profesional estudiada, encaminada a cimentar la confianza de sus pacientes; como si con esta mirada quisiera decir: está en mis manos devolverle a usted la salud, ¡bah, qué fantochadas! El doctor apuraba la copa de *graspia* que le había sido reservada. Luego tendió un papel a María Clara.

—Le ha cambiado la medicación —dijo ella.

—Es cosa de ir probando —dijo el médico—. Eventualmente...

El padre de María Clara volvió a enrojecer hasta que la cabeza y el cuello se le pusieron de color morado y el doctor inició una explicación pormenorizada y repetitiva acerca de la forma en que las medicinas habían de serle administradas a la enferma: su frecuencia y dosificación. Fábregas dejó vagar aburridamente la mirada por el gabinete.

Al mirar el techo advirtió que los ángeles malévolos pintados en la bóveda guardaban un parecido innegable con el doctor. Las mismas facciones aniñadas y perversas, pensó, y el mismo aire de suficiencia intolerable.

—Debo irme —dijo de pronto, casi contra su voluntad, pero incapaz de seguir allí.

Ella lo miró con enojo.

—No sabía que tuviera un compromiso —dijo—. Si me lo hubiera dicho, no le habría traído tan lejos.

—No —aclaró él—, es que acabo de acordarme de que tengo que hacer una llamada sin falta.

—Puede hacerla desde aquí.

—Sería abusar de su hospitalidad... Además —añadió para reforzar aquella excusa endeble—, he de consultar el número en mi directorio, que por distracción he dejado en el hotel...

—Está bien, no queremos retenerle contra su voluntad —dijo ella—. Si se espera un segundo a que acabe de despachar con el doctor, le acompañaré a la puerta.

—Deja, yo mismo le acompañaré, para que no pierda más tiempo del que ya le hemos robado —dijo inopinadamente su padre abandonando una vez más sus presuntas ocupaciones.

Fábregas inició una protesta que el otro fingió no oír: de sobra se notaba que estaba aprovechando aquel pretexto de mil amores para dejar la compañía del doctor, que le ocasionaba una turbación patente. Fábregas se encontró cazado en su propia trampa: ahora se veía obligado a separarse de ella sin haber concertado una nueva cita.

—¿La podré ver luego? —le preguntó haciendo caso omiso de la presencia de testigos.

Ella, que disimulaba su enfado leyendo las recetas del doctor, enrojeció a su vez, enderezó la cabeza y le dirigió una mirada despectiva.

—No veo cómo —replicó secamente.

—Puedo esperarla... donde usted me indique.

Con el rabillo del ojo advirtió que el doctor contemplaba aquel coloquio con expresión cínica, como si su perspicacia le permitiera discernir en aquel enfrentamiento una estrategia general, cuya complejidad la hacía incomprensible a los propios contendientes. Sólo el padre, que rebuscaba en los cajones de su mesa, parecía ajeno por completo a lo que sucedía en el gabinete.

—Ah —exclamó de pronto mostrando a los presentes una linterna de aluminio—, ya la he encontrado.

—Tal vez antes de salir debería telefonear al hotel, para que me enviasen un taxi —dijo Fábregas, que se resistía a partir sin arrancar de ella un compromiso formal.

—No hace falta —dijo el padre con animación—. Saldremos a la plaza; desde allí puede ir a pie, si su hotel no está lejos, o tomar el vaporeto. Todo está muy bien indicado; no tiene más que seguir las flechas sin desviarse.

—Entonces —dijo él—, ¿la veré de nuevo?

—Es posible —dijo ella entre dientes, como si estuviese librando en aquel momento una batalla en su interior—; pero ahora debo atender al doctor. Discúlpeme.

El doctor le tendió la mano con una cordialidad a la

que respondió con frialdad deliberada. No hay duda de que me ha ganado esta primera escaramuza, pensó Fábregas, porque es evidente que entre nosotros hay una guerra abierta, por más que yo ignore todavía la razón y lo que anda en juego. Pero no debo darme por vencido tan fácilmente. Si es ella el motivo de nuestra rivalidad, cosa que dudo, yo tengo ahora muchas bazas en mi mano; ahora sé dónde vive y puedo volver aquí por ella cada día, a todas horas, si es preciso. Con estas lucubraciones en el ánimo iba siguiendo los pasos del padre, que se había adentrado en un corredor cuyo final parecía ser un tabique sin aberturas.

VI

Un viento húmedo atravesaba las estancias que iban cruzando: antecámaras vacías y salones enormes en los que naufragaban unos muebles de ocasión. A lo lejos oyeron pitar un tren. Fábregas preguntó si aquélla era la parte antigua del palacio, a lo que su acompañante respondió que no.

—La parte antigua es un puro escombro, ya verá —dijo—. Ésta, en cambio, aunque bastante deteriorada, todavía está presentable. A ver si funcionan las luces y puedo mostrarle el salón de recepciones... Quédese ahí, no vaya a tropezar y hacerse daño... ¿Dónde estará el interruptor? ¡Esto está más negro que los cojones de un grillo!

Desde que ambos habían salido del gabinete, se había vuelto locuaz y hasta alegre. Se sabía débil de carácter e incapaz por consiguiente de afrontar y resolver su vida de un modo global, pero como no era propenso a la desesperación ni al drama, aprovechaba cualquier circunstancia propicia para divertirse fugazmente; aquellos minutos de esparcimiento sustraídos a una existencia sembrada de fracasos, humillaciones y contrariedades tenían para él el gusto embriagador de la libertad, que apreciaba más sabiéndola casual e improrrogable.

—Ahora que nadie nos oye —siguió diciendo mientras pulsaba inútilmente un interruptor, que chascaba sin producir efectos visibles—, le confesaré que por mi gusto no viviría ni un solo día en esta porquería. No hay nada más incómodo que los palacios: grandes, desangelados y sin razón de ser —se había adentrado en las tinieblas, desde donde llegaba su voz con un tono algo metálico, como si hablara desde otra dimensión—. Por aquí tendría que haber otro interruptor —dijo; y añadió—: Yo no soy europeo, como mi hija quizá le haya contado, aunque mi familia... ¡epa!, ¡atención a ese desnivel!... mi familia era de origen polaco y, más remotamente, veneciano. Sin embargo, hace varias generaciones que nos afincamos en los Estados Unidos, donde siempre vivimos bien, con cierto desahogo económico. El apellido familiar, eso sí lo sabrá usted, es Dolabella, como el pintor homónimo, nuestro antepasado, según dicen; pero allí siempre fuimos conocidos por el apellido más sencillo de Dolly. Hasta que vine aquí, a los veinticuatro años, todo el mundo me llamó Charlie Dolly. Dolabella o Dolly es en realidad el apellido de mi madre, por el que opté al llegar a la mayoría de edad. Mis padres se separaron cuando yo tenía cinco años...

Había conseguido prender una luz. Ahora estaban en mitad de un salón de proporciones tan vastas que la bombilla exigua que colgaba del techo no alcanzaba a iluminar las cuatro paredes. Desde allí parecía que la oscuridad se extendiera hasta el infinito.

—¿Qué le empujó a venir a Venecia, Charlie? —preguntó Fábregas.

—¡Quién sabe! —respondió el otro—. Mire, le contaré algo que no le he contado nunca a nadie...

—Bien, pero, ¿es preciso que me lo cuente en este sitio tan inhóspito?

—Sí, sí, ha de ser aquí —dijo con énfasis—. Escuche: mis padres se separaron cuando yo tenía cinco años. Como eran católicos no pudieron divorciarse y por consiguiente no se pudieron volver a casar. Mi padre desapareció pronto de nuestra vida. Pronto dejó de enviarnos dinero y entonces el juez le privó del derecho a visitar a sus hijos: de este modo zanjó dos compromisos engorrosos de una sola vez. Mi madre tenía entonces treinta años y aunque tenía unos ojos risueños, una piel luminosa y un perfil de cierta distinción no era una belleza llamativa. Con todo, no tardó en trabar relación con un hombre de posibles llamado Luna. Él tenía un negocio pequeño pero próspero de compraventa de automóviles usados, y estaba casado. Mi madre debió de hacerle creer inicialmente que vivirían juntos un romance corto y fogoso; en realidad consiguió retenerlo a su lado muchos años, durante los cuales vivimos a su costa. Él nunca pensó en abandonar a su mujer y a sus hijos; supongo que no llegó a enamorarse de mi madre ni siquiera pasajeramente: nos seguía visitando por inercia y a desgana, como quien cumple una obligación familiar ineludible y onerosa. En estas ocasiones mi madre siempre acababa pidiéndole dinero; le pedía cantidades pequeñas, cuidadosamente calculadas para que no pudiera negárselas sin parecer mezquino. Debo decir en su descargo que siempre dio lo que se le pedía sin chistar, hasta que un día, al cabo de seis o siete años, se le ocurrió calcular someramente lo que le había supuesto aquella sangría durante un período tan largo. Entonces se puso furioso y juró no volver a poner los pies en aquella casa. Estuvimos sin verlo casi un mes. Luego volvió sin decir por qué y las cosas continuaron como antes. Era un hombre de buen corazón, aunque colérico y autoritario. A veces se empeñaba en inculcarnos disciplina, de la que nos creía faltos, a mi hermana y a mí. En realidad su sola compañía ya era un ejercicio de disciplina muy fatigoso, porque teníamos que poner toda nuestra atención en no cometer ninguna falta que pudiera servirle de pretexto para no volver más. Nunca le cobramos el menor cariño ni él hizo nada por congraciarse; aquéllos fueron años de disimulo y acomodo. Mi madre sufría además sabiendo que vivía en una situación incompatible con sus creencias religiosas. Seguía asistiendo a misa, pero permanecía alejada de los sacramentos. Al final, entre una cosa y la otra, perdió el juicio. Ahora mi hermana y yo aborrecíamos al señor Luna, pero esperábamos su presencia con verdadera ilusión, porque mamá sólo recobraba la cordura en su presencia. El resto del tiempo creía ser Santa María Egipciaca. Ya no se cortaba, lavaba ni peinaba el cabello, que le llegaba a las rodillas, y en varias ocasiones tuvimos que impedir que saliera de casa en cueros vivos, provista de un cayado, con intención de dirigirse a pie a Tierra Santa. Más tarde le entró la manía, por lo demás muy común, de que algunas emisoras de televisión utilizaban su imagen con fines innobles. Entonces enviaba cartas amenazadoras a los estudios diciendo que tal día a tal o cual hora habían emitido un programa de variedades en el que salía ella practicando el coito con algún animal, cosa que ella nunca había hecho ni se proponía hacer, con la salvedad de las cosas que debía hacer de cuando en cuando con el señor Luna por mor de la supervivencia; de esto último, añadía, bien sabía que debía rendir cuentas a Dios, pero no veía razón alguna para rendírselas también a los televidentes; por ello, concluía diciendo, esperaba recibir de la emisora correspondiente una disculpa escrita y una indemnización que podía ascender, según su estado de ánimo, a cientos de miles de dólares. Estas cartas, huelga decirlo, jamás tuvieron respuesta ni consecuencia, siendo habitual una correspondencia abundante de este tipo en todos los estudios de televisión del mundo, lo que no impedía que a nosotros nos produjeran una desazón constante, de la que, por supuesto, no podíamos hacer partícipe al señor Luna. Éste, por lo demás, había acabado adaptándose a la rutina de aquella familia suplementaria hasta tal punto que, llevado de su desinterés, no advertía que ahora mamá andaba arrastrando las greñas por la alfombra, que a menudo no llevaba otra prenda que una piel sin curtir o un pedazo de arpillera arrollado a las caderas y que, desde hacía meses, le llamaba Zósimo y le daba tratamiento de obispo.

»Cuando aquella situación empezó a hacerse insostenible, mi hermana, que era algo mayor que yo, consiguió atrapar a un incauto adinerado. No sé de dónde lo sacó, porque el círculo social en el que nos movíamos era ínfimo, ni cómo lo hizo, porque mi hermana nunca fue guapa ni particularmente simpática. Por supuesto, él también estaba casado, pero mi hermana debió de sorberle el seso, porque se divorció para casarse con ella. Mamá se resintió mucho de este desenlace: creía habernos inculcado una formación católica sólida y ahora veía casarse su hija con un protestante divorciado. Aquella boda agravó su mal. Por este motivo y otros varios, mi hermana y su marido, apenas casados, decidieron, con muy buen criterio, cambiar de aires y él, que tenía un cargo de cierta importancia en una empresa multinacional, consiguió que lo destinaran a Inglaterra. La despedida fue dolorosa. La noche anterior a su partida, mi hermana vino a casa. Cuando estuvimos a solas ella y yo, me echó los brazos al cuello y se puso a llorar: era obvio que se había casado con aquel pendejo para huir de casa y que ahora, ante los hechos consumados, se arrepentía de haber dado un paso tan trascendental. «Ven con nosotros, Charlie», me rogó.

Yo le dije que no sin dar ninguna explicación a mi negativa. Si le hubiese dicho que consideraba mi deber permanecer allí, al lado de mamá, ella lo habría interpretado como un reproche, y no lo era. Además, por lo que a mí respecta, decir eso habría sido mentir: yo también esperaba la oportunidad de huir de casa. Si no me valí de aquélla fue porque no me gustaba, sencillamente.

»Vivíamos en un barrio suburbial —continuó diciendo Charlie—, en una casita humilde, de dos plantas y un pequeño jardín del que nadie se había ocupado jamás y que, por consiguiente, había ido convirtiéndose en una mezcla de selva y vertedero. Transcurridos dos meses de la marcha de mi hermana, mamá se fue a vivir al jardín. Con cuatro trastos se contruyó allí una cabaña y se pertrechó de un crucifijo de palo, una calavera adquirida Dios sabe dónde y un devocionario. Se alimentaba de raíces e insectos y hacía penitencia. El señor Luna y yo no sabíamos qué hacer; le llevábamos comida y ropa y las rechazaba con tanta suavidad como firmeza; tendimos un cable eléctrico desde la casa hasta la cabaña para que pudiera enchufar una estufa, un hornillo o un televisor, pero no quiso saber nada de todo aquello. Muy espaciadamente se avenía a hablar con el señor Luna o conmigo. Así pasaron casi dos años. Los inviernos eran rigurosísimos y muchas mañanas acudía a verla con el temor de encontrarla muerta de frío o de inanición, pero la verdad es que parecía gozar de una salud excelente; había adelgazado hasta quedar escuálida, pero nunca enfermó ni la oí quejarse. Tampoco parecía aburrirse. Un día me contó que estaba tratando de hacer un milagro, no por presunción, pues no aspiraba a que nadie se enterase de ello, sino como prueba de que Dios había perdonado sus faltas y le había otorgado Sus favores. Había clasificado los milagros, según me dijo, en cuatro grandes categorías o grados ascendentes. Ahora se proponía recorrer toda la escala, empezando por lo más elemental. La clasificación, que todavía recuerdo, era como sigue: 1) Desplazamiento o elevación de objetos pequeños y curación de dolencias simples, como esguinces, uñeros u orzuelos; 2) desplazamiento o elevación de objetos medianos, curación de enfermedades víricas leves, transmutación de sustancias análogas, como agua en vino o pan en queso, o de animales de la misma especie, como moscas en abejas, y breve levitación; 3) desplazamiento o elevación de objetos grandes, transmutación de sustancias disímiles o de animales de distinta especie, curación de enfermedades graves y levitación prolongada; 4) traslación incorpórea en el tiempo o en el espacio, desplazamiento o elevación de inmuebles, don de lenguas, transmutación de seres humanos en animales o viceversa, alteración de accidentes geográficos, como mares, ríos o montañas, curación de enfermedades terminales o congénitas y aureola visible.

»Transcurridos aquellos dos años, recibimos una carta de mi hermana, de la que no habíamos tenido noticias desde que se había casado y se había ido a vivir a Inglaterra. Había enviudado de un modo insólito: como no deseaba tener hijos, por lo menos de su marido, por el que sólo sentía rencor y desprecio, había convencido a éste de que se sometiera a una operación de vasectomía, a lo que él había accedido, tras hacerse de rogar, y de resultas de la cual, por negligencia de los cirujanos que le intervinieron, había muerto en la mesa del quirófano, bajo los efectos de la anestesia, sin experimentar dolor ni angustia. Ahora mi hermana se encontraba libre de nuevo, con una pensión respetable y con la suma con que los tribunales habían obligado a los cirujanos a indemnizarle. A la carta adjuntaba un cheque a mi nombre. No especificaba el destino que debía dar a aquel dinero, pero recordé nuestra despedida y entendí que aquel cheque no era el inicio de unas remesas periódicas, sino la oportunidad única que yo había estado aguardando. Tenía entonces veinte años. Le dije al señor Luna que me iba, le confié el cuidado de mamá y cogí el primer autobús, camino de Nueva York. ¿Conoce usted Nueva York?

—Sí —dijo Fábregas.

—Yo viví allá cuatro años —dijo Charlie—. Entonces Nueva York era una ciudad dura, exigente, pero generosa. No sé si habrá cambiado. Tuve que luchar, trabajar y tolerar mucho, pero sobreviví sin pasar nunca hambre, aunque sí estrecheces. Desempeñé varios oficios ocasionales, como el de portero de cine, que ya he dicho, y sobre todo el de taxista, al que recurría cuando no había otros menos arduos y peligrosos a mi alcance. Llevaba una vida desordenada y disoluta, que entonces juzgaba reprobable y hoy añoro. Finalmente me entró la manía de cambiar de vida: pensaba que, de seguir como estaba, había de acabar mal.

En el último año había conseguido acumular algunos ahorros, con los que viajé a Europa, donde en aquella época quien dispusiera de dólares aún podía pasar por persona acaudalada y vivir bien. Antes de enloquecer mamá solía contarnos que descendíamos de un célebre pintor veneciano, cuyas obras todavía adornaban, según nos decía ella, los salones del Palacio ducal. Este relato había inflamado mi imaginación, por lo que vine aquí antes que a ningún otro sitio. Conocí a poco de llegar a la que hoy es mi esposa y todavía sigo aquí, como usted ve. Ahora recuerdo a veces con nostalgia los Estados Unidos, a donde no he vuelto desde entonces. Incluso de aquellos años terribles de mi niñez conservo algún recuerdo grato... ¡Hola!, ¿se puede saber qué demonios pasa hoy en esta casa embrujada?

VII

La exclamación que antecede venía motivada por un apagón, que acababa de dejarlos en la tiniebla más absoluta.

—Ea, no se mueva usted, que yo trataré de abrir los postigos para dejar pasar la luz del día —dijo Charlie.

Fábregas oyó sus pasos vacilantes, algún que otro traspiés y mucho mascullar improperios contra aquel palacio y sus inconvenientes. Finalmente los postigos fueron separados con gran violencia de sus marcos, donde los había encajado firmemente el desuso, y la estancia quedó bañada por la claridad proveniente del exterior que filtraban los cristales. Las campanas de una iglesia vecina anunciaban la hora del avemaría en aquel mismo momento. La luz crepuscular apenas traía fuerzas para vencer la suciedad que esmerilaba los cristales. Luego, una vez en la sala, aquella luz mortecina parecía dejarse llevar por el polvo que flotaba en el aire. Por esta causa allí todo parecía decrépito y espectral.

—Siempre ocurre este fenómeno desagradable cuando ponen a funcionar la lavadora y la plancha al mismo tiempo —explicó Charlie mientras se arreglaba precipitadamente el pantalón del pijama, por cuya abertura frontal, de resultas del esfuerzo que había realizado al tironear de los postigos, se le había salido la titola—... ¡y eso que se lo tengo dicho mil veces! Pero ¿se cree usted que aquí alguien me hace caso?

Fábregas aprovechaba la ocasión para examinar el lugar en el que se encontraban. Aquella pieza, que Charlie había llamado sala de recepciones, parecía tener forma circular a simple vista: en realidad su planta era un octógono en el que se alternaban lienzos de pared estrechos, cubiertos de espejos desde el zócalo hasta el plafón de una cornisa situada a media altura, con otros más anchos, en los que se abrían puerta y ventanas o estaban tapizados de damasco oscuro y a lo largo de los cuales corría un sofá de madera dorada y terciopelo verde. A partir de la cornisa, los ocho lienzos perdían sus vértices y se confundían en una bóveda de madera artesonada. Por supuesto, la madera de la bóveda se había desprendido en varios puntos, formando abultamientos, o se había abierto por efecto del calor o de la humedad y ahora presentaba horribles heridas erizadas de astillas; la tapicería de las paredes ya no era más que unos amasijos de harapos e hilachas, que recordaban los sudarios de algunas momias, y a través de los cuales se veían fragmentos irregulares de pared desconchada y enmohecida; el sofá había perdido más de la mitad de las patas y brazos y por las tajadas que el tiempo y la desidia habían hecho en el terciopelo asomaban muelles oxidados y manojos de la borra y la paja que rellenaban los cojines; los espejos estaban desportillados y sin azogue; allí donde existía un ángulo las arañas habían acumulado telas de un diámetro y espesor increíbles; donde antes había habido lámparas y candelabros ahora había únicamente ganchos y clavos, cables cortados y trozos de bronce o hierro rotos y torcidos, como si antes de entrar en decadencia aquel salón hubiera sido objeto de saqueo. En todas partes reinaba un olor penetrante a gato y a meados antiguos.

—Vea usted —dijo de pronto Charlie, que había guardado un rato de silencio para que su huésped pudiera examinar el lugar a su antojo—, vea usted lo que le andaba diciendo ahora mismo: ¡qué cochambre! Pero, ¡chitón! —agregó llevándose el dedo índice a los labios—; alguien se acerca. Si fuera mi mujer —susurró al oído de Fábregas, a cuyo lado se había colocado en dos zancadas—, no le diga que he estado despotricando del palacio: ella no debe saber lo que yo pienso.

Ambos habían clavado la vista en la puerta, a la que se aproximaban unos pasos leves, una luz vacilante y una tos intermitente que alternaba con aspiraciones sibilantes. ¿Qué farsa es ésta?, se dijo Fábregas; cuando estoy con ella, que es lo único que me importa en el mundo, me emperro en irme, y ahora, ¿qué hago aquí? Ante este majadero y esta enferma, ¿qué actitud debo adoptar?, se preguntaba, ¿qué pensarán ellos de mí?, ¿qué les habrá dicho su hija?, ¿cómo me habrán conceptuado? Ah, ¡si al menos estuviera en un terreno conocido y no en esta ratonera de la que no puedo salir por mis propios medios! Finalmente la figura de la enferma apareció en el vano de la puerta, donde se detuvo.

—Mujer, ¿qué estás haciendo en esta parte de la casa? —le dijo Charlie precipitadamente, como si fuera importante para él haber tomado la iniciativa en aquel encuentro—. ¿No te tiene dicho el doctor que hagas reposo?

—En eso estaba —respondió ella con una voz musical, pero apenas audible—, cuando oí un estrépito que me alarmó: temí que hubieran entrado ladrones.

—Y si efectivamente hubieran entrado, ¿qué?, ¿los habrías puesto en fuga con tu sola presencia? —replicó Charlie en tono de fingida regañina, como si, dirigiéndose a una persona de poco raciocinio, hubiese adoptado él mismo una actitud infantil.

Ella no aparentaba siquiera escucharlo: estudiaba atentamente a Fábregas con una mezcla de interés e ironía que incomodó a éste hasta que llegó a la conclusión de que en realidad él era el objeto del interés y de que la ironía iba dirigida exclusivamente a Charlie, así como el pretexto inverosímil con que ella acababa de justificar su presencia allí. Sin embargo, antes de que pudiera confirmar esta hipótesis, aquella expresión había desaparecido de la fisonomía de la enferma. Ahora ninguna expresión turbaba su semblante. Llevaba un salto de cama color de horchata, cuyo ruedo había ido dejando una huella irregular en el polvo del entarimado. Ahora solamente la ondulación que la corriente de aire imprimía a los pliegues de aquella prenda, los cuales, sin embargo, contagiados de la languidez de la enferma, parecían moverse con extrema lentitud y pesadumbre, y las sombras que abanicaban sus facciones conforme oscilaba la llama de la vela que sostenía a la altura del pecho alteraban su inmovilidad. Esta quietud repentina, sin embargo, no parecía producto únicamente de la debilidad o el cansancio, sino de una actitud innata o premeditada de antiguo, fruto de un ánimo frágil, pero muy firme, que ya había creído detectar en su hija, pensó Fábregas. En realidad sólo buscaba ansiosamente en ella un reflejo de su hija o una clave que, pudiendo ser descifrada en aquélla, le permitiera luego interpretar correctamente algunos aspectos desconcertantes de ésta. Sin embargo, no tardó en abandonar esta intención inicial, porque siempre se había considerado ciego a lo que pudiera tener de revelador o de sintomático la apariencia externa de las personas. De no ser así, otro gallo me habría cantado en los negocios y en el amor, pensaba a menudo. Ahora ya no intentaba traspasar la barrera de las apariencias, que tomaba en su significado más elemental: así disponía, cuando menos, de un dato cierto. De lo demás se prevenía desconfiadamente: por nada del mundo se comprometía sin disponer antes de una garantía objetiva y fehaciente.

Aquella situación estática, en la que cada uno parecía aguardar la iniciativa del otro, se habría podido prolongar de modo indefinido si Charlie no hubiera intervenido diplomáticamente.

—Le estaba enseñando el palacio a nuestro visitante —dijo en tono cohibido, como de disculpa.

Al oír estas palabras, que le abrían un campo ilimitado de posibilidades, la enferma pareció cobrar vida.

—Charlie ya le habrá dicho sin duda que éste era el salón de recepciones —dijo con volubilidad, abandonando el umbral y avanzando hasta el centro de la estancia con el mismo comedimiento con que lo habría hecho si en aquel momento se hubiese estado celebrando allí efectivamente una de aquellas recepciones a las que el salón iba destinado. Este desplazamiento majestuoso produjo a Fábregas la viva impresión de una pintura que, desprendiéndose de repente del lienzo, echase a caminar imaginariamente por el espacio de los vivos. El simulacro, sin embargo, no fue suficiente para conjurar otros fantasmas; por el contrario, la presencia de la enferma allí hacía todavía más patente la vacuidad y el estado catastrófico de la estancia.

—No vea usted la de saraos que se habrán celebrado aquí —dijo la efigie en un tono mundano, pero sin perder la suavidad de la voz y los modos— ni la de cosas que podrían contarnos estos espejos si supieran hablar. El siglo XVIII... ¡menudo siglo!

—Ya le he explicado —intervino Charlie, siendo al punto fulminado por los ojos tranquilos de la enferma— que ahora tenemos esta parte del palacio un poco abandonada.

—Todo palacio requiere una restauración constante y unos cuidados que nosotros, por desgracia, no podemos sufragar como deberíamos —dijo ella—. Sólo muy de cuando en cuando...

—Para mí todo esto tiene un gran interés —dijo Fábregas.

—Venga, entonces; aprovechemos la poca luz que nos queda todavía —dijo ella. Y, dirigiéndose a su marido—: Charlie, cariño, sé un ángel: adelántate y ve abriendo los postigos para que veamos.

Apagó la vela de un soplo y se la dio a su marido. Cuando éste se hubo hecho cargo de la vela, la enferma ofreció su brazo a Fábregas e inició una marcha lenta hacia la oscuridad. Charlie les precedía abriendo y cerrando postigos y levantando a su paso nubes de polvo que luego permanecía suspendido en el aire, como embebido de la luz acaramelada del atardecer. Así fueron recorriendo, sin detenerse en ninguna de ellas, estancias tan desmanteladas y tristes como la que acababan de dejar atrás. En todas ellas encontraron arañas, cucarachas y carcoma. Nada de todo aquello parecía afectar a la enferma, que debía de haberse acostumbrado a ver su casa de aquel modo o que había sido testigo de un deterioro gradual y no se había percatado del estado a que habían llegado las cosas poco a poco. Hecha ella misma un andrajo circulaba ahora por aquella desolación como si el palacio acabara de ser desalojado por quienes habían vivido en él sus años de esplendor. Allí donde no había sino mugre y soledad ella veía un comedor, un salón, un tocador, un baño y, en suma, todos los aposentos de una gran mansión como la que aquella misma sin duda tiempo atrás debía de haber sido.

—Esta parte del palacio —le iba diciendo—, como seguramente le habrá contado mi marido, fue edificada en el siglo XVIII. El primer palacio, que ahora no le podemos enseñar, por estar momentáneamente en obras, fue construido en el siglo XIV por un rico comerciante...

—Ya le he contado esta historia, mujer —dijo Charlie uniéndose a ellos en aquel punto e interrumpiendo el relato de su esposa—. Es —añadió para refrescar la memoria de Fábregas— aquel navegante que le dije, el que compraba cabezas a los salvajes.

—¿De qué cabezas hablas, Charlie? —exclamó la enferma con un mohín de disgusto—. Aquí nadie ha comprado nunca una cabeza ni nada por el estilo. ¿Cómo se te ocurren estos disparates?

—Vamos, vamos, no hay por qué avergonzarse de ello —replicó Charlie guiñando al mismo tiempo un ojo a Fábregas—. Todas las fortunas tienen orígenes parecidos y nadie les hace ascos.

Platicando de este modo llegaron nuevamente al gabinete de donde un rato antes habían salido dejando a María Clara en compañía del doctor. Ahora, sin embargo, no había rastro de ellos allí. Los últimos rayos del sol entraban horizontalmente por las ventanas. La enferma se dejó caer en una butaca y rogó por señas a Fábregas que ocupara el asiento contiguo a ésta. Cuando él se hubo sentado, Charlie hizo lo propio, cruzó las piernas, apoyó el codo en la rodilla y la barbilla en la palma de la mano y adoptó una actitud atenta, como si supiera que les iba a ser referida una historia cargada de interés. La enferma entornó los párpados, exhaló dos suspiros hondos, preñados de pena, e inició el siguiente relato.

VIII

—Como le contaba —empezó diciendo la enferma—, este palacio fue construido originalmente por un viajero en el siglo XIV. Luego, en el siglo XVI, arruinada la familia Pastoret al perder Venecia el monopolio comercial entre Oriente y Occidente, el palacio fue adquirido por los Roca, una familia antigua, pero sin nobleza de sangre, que se había enriquecido sirviendo al gobierno de la Serenísima en cargos de mucha responsabilidad.

»A mediados del siglo XVIII, Giuseppe Roca, que durante muchos años había desempeñado el papel de embajador de Venecia en Constantinopla, inició las obras de ampliación del palacio, que quedaron suspendidas a su muerte, ocurrida el año 1763, tras una larga enfermedad. Giuseppe Roca no dejó otra descendencia que una hija, a la sazón de 15 años, llamada Cecilia, de extraordinaria belleza. Desde muy pequeña Cecilia había mostrado una inclinación inequívoca a la vida piadosa y al recogimiento espiritual, por lo que nadie dudaba de que, muerto su padre, a cuyo cuidado había dedicado los últimos años de aquél con una abnegación ejemplar, entraría en religión, y por ello todas las órdenes de Venecia, creyéndola heredera de una fortuna considerable, se disputaban su devoción y su dote. Pero ella dejaba sin respuesta los requerimientos que se le hacían de continuo en este sentido. Siempre había sido tan callada que muchos pensaban que había hecho voto de silencio. Sólo se la veía salir de casa al despuntar el alba, cuando acudía a misa a San Pietro acompañada de su vieja nodriza y cubierta de la cabeza a los pies por una saya oscura, áspera y maloliente. En la iglesia la gente se agolpaba junto al altar, porque sólo allí, cuando ella se levantaba un instante el velo para recibir la Sagrada Forma, era posible contemplar fugazmente sus facciones celestiales. Fuera de estos momentos, nadie sabía en qué ocupaba sus horas.

»Una noche de invierno, cuando Cecilia estaba en su alcoba rezando las letanías de la Virgen, sonaron cinco aldabonazos en la puerta del palacio. La nodriza acudió a la llamada: en el quicio había un hombre embozado. «Decid quién sois y qué deseáis», le conminó. «Quiero hablar con la dueña de la casa», respondió el embozado, «id y decidle que mi nombre es Fiasco: ella me espera». No sin recelo la nodriza hizo entrar al embozado; luego avisó de su presencia a Cecilia, la cual, suspendiendo al punto sus devociones, lo recibió con grandes muestras de cortesía. «Aquí podéis quitaros el embozo», le dijo, «nadie nos ve». Luego ordenó a la nodriza que los dejara a solas. Una hora más tarde el misterioso embozado abandonaba alcoba y palacio. Temblorosa y acongojada corrió la fiel nodriza a la alcoba de Cecilia, a la que encontró presa de la desesperación: con los puños se azotaba los costados y con la frente golpeaba ruidosamente el travesaño del reclinatorio; el velo que le cubría el rostro estaba empapado de las lágrimas que brotaban a raudales de sus ojos preciosos. «Hija de mi alma, por el amor del cielo, ¿qué ocurre?», exclamó la nodriza prorrumpiendo a su vez en llanto; «di, ¿quién era ese hombre en cuya presencia he creído oler a azufre?». «¡Ay, Lisetta, qué va a ser de nosotras!», decía la doncella abrazando a la nodriza. Por fin, a instancias de ésta, se serenó aquélla y le refirió en pocas palabras la causa de su aflicción.

»Contrariamente a lo que todos suponían, micer Roca no le había legado al morir sino deudas, habiendo invertido en la reforma y ampliación del palacio el capital acumulado a lo largo de su carrera y habiéndose visto forzado más tarde a acudir a un prestamista para subvenir a los gastos ocasionados por el tratamiento de su penosísima enfermedad. Inexorablemente había vencido ahora el plazo fijado para la devolución de aquellos préstamos cuantiosos y Cecilia no sabía cómo hacer frente al cumplimiento cabal de sus obligaciones. Ya había vendido secretamente los pocos objetos de valor que poseía e incluso, al socaire de su ascetismo, toda su ropa, con excepción de las sayas asquerosas que en esos momentos la cubrían, para costear un entierro adecuado a la categoría de su difunto padre. No le quedaba nada por vender ni parientes a quienes acudir ni amigos a quienes apelar, pues la vida retraída que había elegido piadosamente le había privado de hacer amistad con nadie; estaba sola en el mundo, a merced de un usurero sin entrañas. Con súplicas y plañidos había conseguido enternecer un poco su corazón de piedra y arrancarle una prórroga brevísima, transcurrida la cual, de no mediar un milagro, aguardaba la deshonra.

»Después de oír este relato, la fiel nodriza meditó unos instantes y luego dijo: «¿Y no podríamos vender el palacio, pagar las deudas con el producto de la venta y tomar después los hábitos?» «¡Eso jamás!», exclamó Cecilia restañándose las lágrimas con la bocamanga. Al ver aquel cambio brusco y advertir la firmeza con que su sugerencia había sido recusada, la anciana Lisetta volvió a temblar. «Hija, ¿qué te propones?», preguntó. «El nuevo plazo vence dentro de una semana», dijo Cecilia; «rezaré y me mortificaré y Dios me ayudará». «¿Y si Dios, en Su Divina Sabiduría, te niega Su ayuda?», preguntó la nodriza. «Entonces recabaré Su perdón por lo que habré de hacer para reunir la suma que se me exige», dijo la doncella.

Un acceso de tos interrumpió aquí el relato de la enferma. Cuando hubo remitido, se llevó un pañuelo a los labios, miró a Fábregas tiernamente y le dirigió una sonrisa exculpatoria. ¡Qué comedianta!, pensó él. La enferma agitó el pañuelo en dirección a su marido.

—Charlie, amor, ¿por qué no enciendes alguna lámpara? Con esta oscuridad ya no veo la cara de nuestro invitado —dijo.

Sin hacerse de rogar, Charlie corrió a prender una luz de muy poca potencia y regresó luego a su silla, donde adoptó nuevamente la actitud embelesada con que había seguido la primera parte del relato que ahora la enferma se disponía a proseguir.

—Por aquellas fechas —siguió diciendo—, se celebraba en Venecia el legendario carnaval, que, como usted sabrá sin duda, empezaba en la festividad de San Esteban y se prolongaba hasta el primer día de la Cuaresma. Durante esos meses toda actividad productiva quedaba postergada; las calles y plazas eran guarnecidas de adornos; las embarcaciones eran pintadas y ornamentadas para convertirlas en alegorías pobladas de sirenas, tritones y monstruos marinos; todos los días había desfiles, bailes y mascaradas, y por doquier reinaban la confusión y el desenfreno. Como es lógico, mientras duraban estos festejos impíos, las personas decentes no osaban salir de sus casas ni dejarse ver.

»Aquel año habían caído sobre la ciudad fuertes nevadas y el frío era intenso. Por esta razón la comparsa había optado atinadamente por disfraces cálidos, como el de oso, gallina, arcángel, borrego o espantajo, y dejando para más entrado el año los atavíos bíblicos y mitológicos, más vistosos, pero más expuestos por su naturaleza y representación a los agentes atmosféricos. De ahí que aquel día la multitud que se agolpaba al paso de las carrozas quedara atónita al ver en una de ellas el cuerpo escultural que una mujer, pues un leve cendal que ondeaba al viento no ocultaba a las miradas ninguno de sus atributos, exhibía con doble atrevimiento. Ni siquiera en esta ciudad de vicio y liviandad, obsesionada por el culto enfermizo a la belleza habían sido vistas unas formas tan perfectas como las que ahora les era dado contemplar. Un silencio sepulcral rodeaba el paso de aquella diosa cuya blancura sin mácula sólo alteraba el lustre dorado de su vello primerizo y el pálido rosetón que coronaba sus senos. Por más que todos se hacían cábalas, nadie, ni siquiera el tristemente célebre *seigneur* de Seingalt, el corrupto y despiadado Giacomo Casanova, presente en Venecia, de quien se decía que podía reconocer cualquier hembra de Europa con sólo serle mostrado un fragmento o extremidad de ella, acertaba a barruntar la identidad de aquella diosa, cuya cabeza envolvía una caperuza de terciopelo negro sujeta por una gargantilla de perlas al cuello de alabastro. Pero más aún que el secreto de su persona conturbaba en aquellos momentos el ánimo de los venecianos, pese a estar habituados a que año tras año acudieran al carnaval meretrices y sarasas de todo el mundo, la insolencia con que la diosa pregonaba sus intenciones por medio de un letrero colgado de la parte posterior de la carroza, cuya leyenda, pintada en letra grande y clara, decía así: «Estoy en venta. Quien quiera saber más, acuda al anochecer a la taberna de San Cosme.» Poco podía sospechar aquel público salaz y malpensado que oculta por la tela tupida y asfixiante de la bolsa que velaba el rostro a su curiosidad la diosa seguía desgranando las letanías que la noche anterior había interrumpido el usurero con su llegada y que, como las imágenes sacras de las procesiones, sobre cuya serena majestad ahora trataba ella de modelar su porte, se sentía protegida de las miradas lascivas, que notaba en la piel como aguijones, por el manto invisible de la virtud.

»¿Hará falta decir que a la hora indicada en el reclamo más de cien crápulas bizarramente disfrazados dilucidaban en la taberna de San Cosme a estocadas y pistoletazos quién de entre ellos había de merecer para sí el galardón que aquél prometía? Malas consecuencias habría tenido para la ciudad el suceso si finalmente no hubiera comparecido en la taberna una anciana de aspecto bondadoso, aunque no exento de astucia, la cual, ateniéndose, según explicó a la concurrencia, a instrucciones muy precisas de su dueña, seleccionó al ganador de aquella puja. «El precio es alto», le advirtió. El elegido arrojó sobre el mostrador de la taberna un talego repleto de monedas con una mueca jactanciosa que ocultó la careta de raposa con que celaba sus rasgos. «Hay otra condición», dijo la vieja después de haber sopesado el talego. «Veamos de qué se trata», dijo el gentilhombre agraciado en la elección. «No habéis de hacer preguntas», dijo la vieja. «Eso es de rigor», dijo él. «También tenéis que venir a donde yo os lleve», dijo ella. «A la boca del averno, si es preciso», dijo él. «Con los ojos vendados», añadió la alcahueta. «Eso es mucho pedir», respondió el terne acariciando su daga, «pero confío en vos». Una góndola los depositó ante una portezuela que se abrió sigilosamente a su paso. Introducido en palacio, el gentilhombre fue conducido por cámaras, pasillos y vericuetos a una estancia caldeada. Un perfume denso le aturdía. Oyó una voz femenina, tan dulce como el perfume, que le decía: «Podéis mirar». El gentilhombre se arrancó la venda: recostada sobre cojines de seda bordada en oro, que su padre había traído como recuerdo de su estancia en Constantinopla, estaba la diosa, desnuda como él la había visto aquel mismo día en el desfile, con la cabeza todavía envuelta en aquella tela negra que ahora, frente a frente y a solas, le infundía espanto. «¿Quién sois?», preguntó olvidando la promesa que le había arrancado la vieja en la taberna. «Habéis pagado por gozar, no por saber», le respondió la diosa; «todo lo que tenéis a la vista es vuestro; lo que no veis, sólo me pertenece a mí. Si el trato no os satisface, os será devuelto el dinero y podréis marcharos». «El trato es justo», dijo el gentilhombre tras un instante de titubeo, obnubilado por lo que contemplaban sus ojos y lo que prefiguraba su imaginación. «Permitidme a cambio que conserve mi careta», dijo. Ella indicó su aquiescencia con un gesto y él empezó a desnudarse, pero a media operación se sintió de nuevo amedrentado por el misterio que rodeaba la aventura y se detuvo. «¿Y si en realidad esta funda ocultara un rostro monstruoso, horripilante?», dijo de pronto, incapaz de silenciar la razón de su zozobra. «Eso», dijo la diosa, «no lo sabréis jamás: así me habéis deseado y así me tendréis; en cuanto a mi cara, será hermosa o fea según sea de generosa o mezquina vuestra fantasía». «Veo que tenéis una respuesta discreta a cada cuestión», dijo el gentilhombre en un tono desabrido que hizo ver a la doncella la conveniencia de no mostrarse sensata ni aguda en demasía en semejantes circunstancias. Calló, pues, la réplica que habría podido dar al gentilhombre y, recurriendo de nuevo a la imaginería piadosa, a cuya contemplación había dedicado tantas horas, adoptó la actitud callada y sumisa aprendida en los retablos de la Anunciación. Al verla así, voluptuosa y a su merced, se disiparon los últimos vestigios de recelo del gentilhombre, que acabó de desnudarse a toda prisa. A través de unos agujeros practicados en la caperuza, la doncella miraba y no daba crédito a sus ojos:

nunca hasta aquel momento el azar le había despejado el enigma de la anatomía masculina ni su pudor le había permitido hacer siquiera conjeturas al respecto. Ahora, viendo a una distancia tan escasa el formidable mostrenco que le iba destinado, no pudo reprimir un gemido y un estremecimiento que no pasaron desapercibidos a la atención del gentilhombre. «¿Tembláis?», preguntó. «De anhelo», mintió ella. El gentilhombre se abalanzó sobre la diosa. Al instante ésta creyó fenecer, pero el recuerdo de la lanzada en el costado del Señor y de los siete puñales de la Dolorosa le ayudaron a no desvanecerse ni gritar. Cuando unos segundos más tarde el gentilhombre se desplomó a su lado, ella gateó hasta un pebetero situado a propósito en el rincón más oscuro de la estancia y allí, mientras fingía reavivar las brasas, enjugó con un paño la sangre que le resbalaba por los muslos. Luego regresó junto al gentilhombre que, tendido boca arriba en los cojines, recobraba al mismo tiempo el resuello y el brío. «¿Se puede saber qué estáis haciendo?», exclamó la doncella sorprendida. «¡Deteneos de inmediato! ¿No oís? Ya canta el gallo: vestíos y partid». «¡Cómo! ¿partir ahora?», gimió el gentilhombre; «pues, ¿seréis capaz de dejarme así: por dos motivos sobre ascuas?». «¿Tanto os ha gustado?», preguntó ella con verdadera curiosidad. El gentilhombre malentendió la pregunta. «¡Ah», exclamó incorporándose a medias en el lecho de cojines, «sois a la vez tierna y cortesana; vuestro cuerpo enloquece y apacigua, vuestra piel enciende y acaricia como los rayos del sol en primavera y exhaláis el perfume de las flores que encierran en su cáliz el más delicioso néctar. ¿Gustarme, decís? ¡Por mi vida que todas las culifrescas de Venecia juntas no valen ni la mitad que vos!... Pero todo esto de sobra lo sabéis». La doncella lanzó un suspiro de alivio. «No, no lo sabía; la verdad es que ésta ha sido la primera vez», dijo, «pero guardadme el secreto y siempre seréis bien recibido en esta casa. Y ahora, por cortesía, vestíos y dejad que os anude de nuevo la venda de los ojos: estoy terriblemente cansada». Cuando el gentilhombre hubo partido, la nodriza ayudó a la doncella a despojarse de la caperuza. «¿Cómo te encuentras, pobre hija mía?», le preguntó. La doncella se restregó los ojos y bostezó. «¿Sabes una cosa, Lisetta?», le dijo, «me parece que no lo hemos hecho nada mal. ¿Has contado las monedas que había en el talego?».

«Con cinco como éste se saldaría la deuda», respondió la vieja. «Se saldará, Lisetta, se saldará», dijo la diosa en voz baja, como si en realidad hablara únicamente para sí. Luego, reteniendo por la manga a la nodriza, que se disponía a abandonar la estancia, «¿Lo viste sin careta en la taberna?», preguntó con la voz alterada, «¿lo identificaste por su porte o su vestuario?, ¿dijo algo revelador mientras veníais?, ¿serías capaz de reconocerlo si lo volvieras a ver?, ¿te fijaste en la expresión de sus ojos? ¡Di!». La nodriza miró con perplejidad a la doncella, la cual, recobrando su habitual talante, añadió sin transición: «¡Bah!, no hablemos ahora de estas cosas. Ve y prepárame la tinaja: necesito bañarme y si no nos apresuramos, llegaremos tarde a misa.»

IX

—Ay, disculpe usted —exclamó la enferma en aquel punto haciendo un alto en el relato—, me cansa hablar tanto rato seguido. No tengo la costumbre, ¿sabe?; apenas recibimos y yo nunca salgo de casa, por mi mala salud... Todo me cansa al cabo de un rato: hablar, leer, ver la tele; también estar de pie, estar sentada, estar echada: cualquier postura que adopto se acaba convirtiendo en un verdadero tormento... Charlie, cielito, ¿qué hora es? —añadió dirigiéndose a su marido.

—Las siete treinta, querida —respondió éste.

—Ay, Charlie, ¡las siete treinta! ¿No podrías decir las siete y media, como se ha dicho siempre? Las siete treinta sólo lo dicen las personas ordinarias, que llevan relojes digitales. Las siete treinta, las veintiuna cincuenta y dos... ¡qué horror!

—Pues no veo yo qué tienen de malo los relojes digitales —replicó Charlie con firmeza, pero sin acritud—. A mí me gusta saber la hora exacta. Y odio los relojes antiguos, que siempre atrasan, cuando no se paran. Esta casa está llena de relojes antiguos y nunca hay modo de saber qué hora es. No sé si serán más elegantes que los otros, pero si yo no me ocupara de darles cuerda y de andar subiendo y bajando las pesas, como si ordeñara una vaca, ¿sabes para qué servirían? Para acumular polvo y para nada más. Odio los relojes antiguos y odio las cosas antiguas en general.

—Ay, Charlie, ¡eres tan tonto! —dijo la enferma con voz desmayada. Y luego, con la misma entonación, dirigiéndose a Fábregas, agregó—: Por supuesto, se quedará usted a cenar.

—¡Cómo! ¿A cenar? —dijo él. Hacía dos horas que estaba saliendo de aquella casa.

—Ya sé que la hora le parecerá absurda, sobre todo siendo usted español —dijo la enferma—. Nunca he estado en España, pero sé que allí tienen por costumbre cenar alrededor de la medianoche. Y según me cuentan, esta costumbre se va extendiendo por todas partes; pero nosotros seguimos aferrados al horario tradicional europeo. Si no le importa, por una vez, adaptarse a nuestras costumbres...

—Por Dios, no es eso, créame —se apresuró a decir.

—En tal caso, no hay más que hablar: se queda usted —dijo la enferma en un tono afectadamente triunfal.

Fábregas asintió y luego se deshizo en disculpas por las molestias que estaba causando y en muestras de gratitud.

—Ah, no espere usted grandes maravillas de nuestra mesa. Somos personas de gustos sencillos y desgraciadamente no sabíamos que íbamos a contar con el placer de su presencia —dijo la enferma.

—No se preocupe usted por ello en lo más mínimo. Estoy seguro de que me encantará lo que me den. En cambio, tiene que prometerme que acabará de contarme la historia que ha dejado en suspenso hace un momento.

—¡Pillín! —dijo la enferma.

Mientras hablaban, Charlie había estado repicando con una campanilla de metal muy deslucido, de resultas de lo cual y casi inmediatamente, como si hubiera estado todo el tiempo junto a la puerta esperando ser llamada, compareció la misma sirvienta que aquella tarde había abierto la puerta del palacio a Fábregas a su llegada. Con ella penetró también en el gabinete el vaho que desprenden las patatas en ebullición. La enferma le preguntó si estaba lista la cena y, habiendo recibido esta pregunta una respuesta afirmativa, aunque no del todo exenta de reserva, dispuso que fuera añadido un plato a la mesa.

—El señor se quedará a cenar —dijo señalando a Fábregas.

La sirvienta volvió a mirarlo con curiosidad, como había hecho antes, al verlo por primera vez. Fábregas advirtió que la sirvienta sólo se fijaba en él cuando alguien le señalaba su presencia. A cualquier cosa le llaman cena, parecía decir ahora la sirvienta con su mirada.

—Espero que haya comida suficiente para uno más —dijo la señora.

—Sí habrá —dijo la sirvienta—, porque la señorita María Clara no viene a cenar.

Esta respuesta dejó atónito a Fábregas, que no había aceptado aquella invitación tan embarazosa y poco atractiva por otra razón que la de volver a verla con certeza.

—Tendrá usted que disculparla —dijo la enferma cuando la sirvienta se hubo retirado—. María Clara es muy independiente, como lo son hoy en día todas las chicas de su edad, ya sabe... En fin, espero que no le importe cenar a solas con nosotros...

—De ningún modo —dijo.

En definitiva —dijo la enferma—, esta circunstancia nos permitirá seguir adelante con la historia de nuestra antepasada. Hay cosas que prefiero no contar delante de María Clara. En esto también somos chapados a la antigua, Charlie y yo. Es posible que hoy por hoy la vida no guarde ya secretos para una mujer joven y soltera, como sucedía antes...; seguramente la televisión y el cine les han ido revelando espontáneamente aquellos misterios que tanto nos atormentaban en mis tiempos y que sólo la vida, dolorosamente y con cuentagotas..., no lo sé. Sólo sé que en mi propia casa prefiero mantener el carácter reservado de algunas cosas. Yo misma no tuve un conocimiento cabal de esta historia hasta que me hube casado con Charlie. Antes de eso había oído hablar de ella, por supuesto. En aquellos años, cuando aún vivía mi padre, recibíamos con mucha frecuencia y era inevitable que yo, que entonces tenía una curiosidad muy viva y gustaba de pulular entre los invitados, fuera sacando conclusiones de comentarios y fragmentos de conversación cazados al vuelo, aquí y allá, en el transcurso de aquellas veladas a las que concurría toda Venecia...

Un nuevo ataque de tos obligó a la enferma a interrumpir otra vez su perorata. Fábregas pensó, como en ocasiones anteriores, que se trataba de una pausa artificiosa introducida para acrecentar el interés del relato o para subrayar algún punto de éste, pero esta vez el acceso de tos era tan prolongado y visiblemente tan doloroso para la enferma que dudó de que se tratara de un golpe de efecto, como él creía. Charlie y la sirvienta habían salido y él se encontraba ahora sentado a solas frente a una enferma que parecía a pique de sufrir un colapso sin saber qué cosa debía hacer desde el punto de vida médico y social. Por no fijar su vista sin descanso en los estertores de la enferma, miró distraídamente a su alrededor. Sus ojos se detuvieron en la pintura de la mujer desnuda y los ángeles que decoraba la bóveda del gabinete. Ahora esta pintura, que anteriormente había enjuiciado con espíritu crítico, revestía para él un significado nuevo. Ahora pensaba que aquel tema y aquella imagen, por más que respondieran a los usos y cánones de su época, no eran casuales: sin duda la cortesana que entonces habitaba el palacio y cuya historia le había estado siendo referida unos momentos antes había tenido que ver con la elección del tema y probablemente posado para el pintor encargado de ejecutar la obra. De ser así, la pintura no debía de haber sido realizada al inicio de sus proczas galantes, sino más tarde, cuando ya los años, el fastidio y la fatiga de su arte habían dejado las huellas de su paso en aquellas carnes mórbidas y cenicientas y en aquella mirada introvertida y fría. La sangre que había corrido por sus venas era la misma que ahora corría por las venas de la enferma, pensó Fábregas: una sangre gastada y macilenta. Ahora él se preguntaba si la infusión de sangre americana habría bastado para rescatar a María Clara de aquella decadencia. De esta reflexión le sacó la voz de la enferma, débil y confusa, acompañada de aquel silbido angustioso que parecía escapar por las fisuras de la tráquea.

—Perdóneme...

—Por favor, señora, no se disculpe usted. ¿Hay algo que yo pueda hacer? —dijo él.

—No, no... ya ha pasado... no es grave... no se inquiete. ¿De qué hablábamos?

—De la historia de...

—Los papeles escandalosos de nuestra antepasada, en efecto... Siempre supe, como le decía, que en algún lugar de la casa estaban guardados bajo llave, protegidos por el compromiso tácito de no darlos a conocer mientras siguieran en manos de la familia. Por supuesto, no había un secreto absoluto al respecto; era imposible que se mantuviera entonces algo en secreto aquí, en Venecia... Por eso yo había oído hablar... Pero no me fue permitido leerlos hasta que me hube casado con Charlie... Charlie, ratoncito, ¿te acuerdas?

Charlie, que acababa de entrar en el gabinete por una puerta distinta de aquella por donde había salido poco antes, dirigió a su mujer una sonrisa estúpida y solícita.

—Sí, cariño... ¿de qué tengo que acordarme? —dijo. Llevaba al brazo una chaqueta de punto desvaída, de la que colgaban no pocas hilachas—. Te he oído toser y te he traído una rebequita, no vayas a quedarte fría con esta humedad.

Le ayudó a ponerse aquella piltrafa y luego dejó la mano derecha en el hombro de la enferma, que apoyó un instante allí la mejilla. Verdaderamente, pensó Fábregas al confrontar la piel de la mano del hombre con el cutis de la enferma, ¡qué pálida está!

—Le contaba a nuestro amigo —siguió diciendo ella— de cuando leímos por primera vez las memorias de nuestra antepasada, te acuerdas, ¿verdad Charlie?... Hacía poco que nos habíamos casado... Una noche, después de cenar, mi padre nos hizo entrega del legajo con mucha prosopopeya. A ti te dirigió un guiño de complicidad y a mí me dijo: ahora ya no te sorprenderán estas diabluras. Yo ya te había puesto al corriente de lo que era aquello, pero tú te debías de haber olvidado, porque pusiste una cara muy rara y querías abrir allí mismo el legajo y empezar a leerlo en aquel momento preciso, ¿te acuerdas?, pero papá hizo un gesto y tú te quedaste paralizado, con la boca abierta, más rojo que un pimiento, mirando a papá. Estas cosas hay que leerlas en el dormitorio, dijo papá y yo cogí el legajo con una mano y con la otra cogí la tuya y te arrastré al dormitorio. Tú te resistías, porque aún no habías entendido nada; todavía eras muy americano para captar la elegancia y la desenvoltura de la vieja Europa, ¿verdad, Charlie?

—¡Cómo!, ¿otra vez albondiguillas? —exclamó Charlie en aquel instante, viendo entrar en el gabinete a la sirvienta con un puchero humeante cuyo contenido mostró a la enferma desde cierta distancia, como si temiera que ésta pudiera lanzar un zarpazo al condumio, pero en realidad para evitar que la vaharada espesa y pestilente que salía del puchero y se esparcía por el aire de la estancia, sin elevarse al techo, hiriera su olfato delicado.

—Se han pegado —musitó la sirvienta con aire resignado, como si aquel percance fuera en realidad cosa de todos los días y especialmente como si no esperase recibir de palabra ni de hecho solución al problema, como en efecto no recibió.

Con los párpados entrecerrados la enferma le hizo señas de que se fuera; como quien aventa una mosca común con la mano, sin parar mientes en ella, y cuando la sirvienta hubo salido y cerrado la puerta a sus espaldas, reanudó sus remembranzas ajena por completo a la interrupción de que éstas habían sido objeto.

—Aquella noche nos quedamos leyendo hasta rayar el alba, Charlie, ¿te acuerdas? Sólo entonces apagamos la luz. Tú te levantaste a correr las cortinas que habíamos dejado abiertas para ver el reflejo de la luna en el agua del canal; cerraste el paso a los primeros rayos del sol y volviste a tientas a la cama. Ese día no bajamos a desayunar...

La enferma escondió la cara entre las manos, como si se sintiera abrumada de pronto por la vergüenza de haber hecho público un suceso tan íntimo, y permaneció un rato con la cara cubierta, emitiendo un sonido gutural entrecortado y sacudiendo los hombros a intervalos cortos, sin que su marido ni Fábregas pudieran inferir de ambas cosas si la enferma sollozaba o si era acometida nuevamente por la tos.

X

En unos platos desportillados, puestos sobre un mantel cubierto por completo de manchas y salpicaduras y tan grasiento que se adherían a él los platos y los vasos y todos los objetos que lo tocaban, campaban las albóndigas que la sirvienta había conseguido salvar sin demasiado escrúpulo del desastre. Una salsa marrón, espesa como la brea, las cubría disimulando la socarrina. La servilleta que Fábregas se llevó a los labios olía a leche cuajada.

—No haga cumplidos y ataque sin ceremonial —le animó Charlie al advertir sus vacilaciones, que atribuyó a un exceso de urbanidad—. Mire que no sobran y que el que se distraiga se queda sin repetir.

Fábregas empezó a subdividir las unidades que componían su ración con unos cubiertos mellados y pringosos. No había comido nada desde la noche anterior y la sola visión de aquella bazofia le producía arcadas. Por fortuna, como descubrió en seguida, nadie le prestaba la menor atención: Charlie sólo tenía ojos para la comida y la enferma sólo los tenía para aquél.

—Charlie, mono, por lo que más quieras, ¿has de comerte las albóndigas dentro del pan? —le decía al ver cómo su marido vaciaba media barra de pan introduciendo la mano entera por un extremo de la barra y sacándola por el otro extremo con la miga apretada en el puño.

—Mujer, si a mí me gustan así, ¿qué más te da?

—A mí no se me da nada, Charlie, pero es una ordinariez. No sé cómo tengo que decírtelo.

—Así las comíamos en mi casa.

—Pues razón de más.

Mientras ellos mantenían este diálogo, Charlie no cesaba de dirigir a Fábregas miradas de inteligencia; a veces se llevaba a la sien un dedo untado en salsa, como dando a entender a su huésped que no todos los presentes estaban bien por igual de la cabeza. Como no hacía el menor esfuerzo por ocultar esta pantomima a los ojos de la persona objeto de ella, ésta se vio en la obligación de defenderse de las insinuaciones de su marido.

—La primera vez que traje a Charlie a cenar a casa, papá se llevó una impresión tan desfavorable de él, que en su propia presencia trató de disuadirme de que me casara con semejante bruto —dijo.

—Pero aquí estoy —dijo Charlie mientras introducía con ayuda del tenedor y los dedos una albóndiga tras otra en el canuto de pan que acababa de confeccionar con este fin.

—Papá era un caballero... en la mesa, en el vestir, en los modales... Nunca oí de sus labios una palabra grosera, ni una frase pronunciada en mal tono o de una manera estridente... o con retintín.

—Mire —dijo Charlie mostrándole un frasquito de cristal opaco—, le voy a ofrecer lo más preciado que hay en esta casa: *Barbecue devil sauce*.

—El nombre no me dice nada.

—Pruébela y ya no podrá decirlo nunca más. Le prevengo de que es fuerte. Si toma mucha podrá encender puros a eructo limpio. Ea, bromas aparte, en esta casa siempre se ha comido de maravilla. Hoy, la verdad sea dicha, la cena deja algo que desear, porque ha habido un pequeño accidente. La sirvienta, ya la ha visto usted, es una mujer entrada en años. Pierde facultades de día en día. Naturalmente, no la podemos despedir por esta razón. Lleva aquí desde tiempo inmemorial. Dicen que cuando edificaron el palacio, ella ya estaba aquí; que lo fueron construyendo a su alrededor. Con esto quieren decir que es muy vieja y que lleva mucho tiempo en esta casa... Bueno, no hablemos más. ¡A comer se ha dicho! —concluyó diciendo, y a continuación propinó un mordisco al canuto de pan con tanto brío que una albóndiga salió disparada por el extremo opuesto y aterrizó en el mantel— ¡Diantre! —exclamó Charlie sorpendido por este fenómeno en plena masticación.

Fábregas fingía comer poniendo buen cuidado en no introducir por error en la boca ni un átomo de aquella vianda espantosa. Con mucha parsimonia iba desmenuzando la parte sólida, esparciéndola por todo el plato y cubriéndola de salsa. Por este método llegó a formar una masa uniforme que la sirvienta retiró junto con los demás platos sin dar muestras de extrañeza.

—Tomaremos el café en el gabinete —le dijo a aquélla la enferma, dando a entender así que la cena había concluido.

—No, no, nada de café —atajó Charlie antes de que la sirvienta saliera a cumplir la orden que acababa de serle dada—. A ti no te conviene el café. Ya sabes lo que te tiene dicho el médico: el café, ni olerlo. Si quieres, una infusión. Yo también tomaré una infusión. Temo haber abusado de la salsa picante. La verdad es que estaba todo tan bueno que no habría sido humano resistirse a la tentación, ¿no le parece?

—Una cena exquisita —dijo Fábregas.

—Y eso no es nada. Espere a que mi mujer se ponga buena y esté otra vez en condiciones de cocinar. Le hará un hígado a la veneciana que no tiene parangón. ¡Un hígado de rechupete!

—Lo creo —dijo Fábregas.

En el gabinete estuvieron esperando en silencio a que la sirvienta trajera las infusiones. Había oscurecido por completo y de la plaza ya no llegaba ningún sonido. Fábregas se asomó a la ventana: no se veía un alma. En una ventana, al otro extremo de la plaza, parpadeaba el resplandor de un televisor. En aquel momento echó de menos los ruidos y las luces de la circulación rodada. Suspiró y se alejó de la ventana. La enferma le indicó que se sentara a su lado. Charlie se había desplomado en un sillón y parecía dormir con los ojos muy abiertos, fijos en el techo.

—Este gabinete, donde estamos ahora, fue en su día la alcoba de mi célebre antepasada... la del manuscrito, ya sabe cuál digo.

—Sí —dijo Fábregas sintiendo de pronto sobre sí el peso entero de aquella jornada interminable.

—Aquí —prosiguió diciendo la enferma en voz muy baja— recibía a sus visitantes... En el manuscrito aparecen todos consignados, sin citar sus nombres ni sus cargos, por supuesto, pero con muchos detalles particulares. Por aquí pasó todo el que entonces era alguien en Europa: príncipes, prelados, políticos, generales, artistas y banqueros. Los hombres más ricos de su tiempo, o los más atrevidos. Pero ¿sabe qué es lo más curioso?

—Sí —repitió Fábregas, que no prestaba atención a lo que oía. Ahora aquel relato, que en sus inicios le había suscitado cierta curiosidad, se le antojaba abyecto y grosero; experimentaba la sensación casi física de envilecerse al escucharlo y le habría puesto fin sin dilación de haber sabido cómo hacerlo razonablemente.

—No me ha entendido. Yo le preguntaba si sabía qué era lo más curioso de toda aquella lista de visitantes —dijo la enferma.

—Perdón. No; no sé lo que era curioso.

—Que ninguno de aquellos hombres volvió jamás —dijo ella. Y agregó tras una pausa—: ¿A qué lo atribuye usted?

—¿Cómo quiere que lo sepa?

—Pensé que siendo un hombre podría darme una respuesta satisfactoria —dijo ella.

—¿Qué respuesta le dio Charlie?

La enferma miró con perplejidad a Charlie, que roncaba con la boca y los párpados abiertos de par en par, bizqueando horrorosamente.

—Charlie es muy inocente —dijo.

—¿Lo dice con cariño o con un resentimiento? —preguntó Fábregas.

—A veces lo veo dormir y pienso: ¿quién será este hombre? —dijo ella como si no hubiera oído lo que él le preguntaba—. Por supuesto, cuando me casé con él no le amaba. Ninguna mujer ama al hombre con el que se casa. Pero, ¿sabe lo que me ocurrió? Que caí en una trampa idéntica en todo a la trampa del amor. Pensé: lo que ahora siento por él lo sentiré siempre: la ternura, el interés, la atracción... Por supuesto, me equivocaba... La atracción física desaparece sin que sepamos cómo. Un día la pasión nos arrebata y al día siguiente ya no es así. Las cosas no suceden paulatinamente: de repente vemos que han pasado semanas y hasta meses sin... sin efecto... ¿Qué ha ocurrido?, nos preguntamos, ¿a dónde ha ido a parar aquella fantasía, aquella fogosidad? Y no hay respuesta... Usted está casado, por supuesto.

—Lo estuve —dijo él.

De repente se sintió presa de un furor vesánico, no tanto por haberse visto forzado a poner de manifiesto su situación personal, de la que, por lo demás, no hacía misterio, sino por la certeza de haber sido manipulado por aquella mujer con fines que él ignoraba. Ahora todo lo hablado con él o incluso con terceros en su presencia le parecía un embuste encaminado a sonsacarle. De repente se puso de pie.

—¡Bueno, ya está bien! —dijo sin dirigirse a nadie en particular—. Llevo demasiado tiempo en esta casa. Me voy de una vez.

—Hum —exclamó Charlie, que salía en aquel momento de su letargo—, definitivamente la cena me ha producido un desarreglo.

—¿Se puede? —dijo una voz desde la puerta.

—¡Vaya, qué sorpresa! —dijo la enferma recuperando súbitamente aquella voz cantarina que Fábregas había advertido en ella en un primer momento, pero que luego se había ido convirtiendo en una cantinela monótona y destemplada—. Yo le hacía en otro sitio. No me diga que ha estado en la casa todo este tiempo.

—Oh, no, qué va —respondió el doctor Pimpom lanzando miradas de soslayo a Fábregas. Ahora sus facciones rechonchas reflejaban el cansancio de la jornada—. He salido a evacuar unos asuntos y ahora, antes de retirarme definitivamente a mis soledades, se me ha ocurrido dejarme caer para ver cómo seguía usted —levantó a la altura de la cara el maletín que llevaba en la mano, como si la posesión de este utensilio bastara para demostrar la veracidad de su afirmación o como si la condición de médico que simbolizaba el maletín pusiera todos sus actos a cubierto de sospecha—. Y también, ¿por qué no decirlo todo?, para ver si me invitaban a una taza de café, aunque veo que no soy oportuno.

—Si lo dice por mí, me estaba yendo —dijo Fábregas secamente.

Iba efectivamente hacia la puerta cuando vio en ésta a María Clara, que al punto reculó, como si buscase escondite en la penumbra de la sala contigua. El gesto, sin embargo, había sido realizado tardíamente y ella, al percibirlo, desistió de su primera intención y optó por plantarle cara.

—Así que usted también estaba aquí todo este tiempo —dijo ella.

—Yo también estaba a punto de retirarme —anunció Charlie desperezándose de su sillón.

—Parece que la casa ha estado muy concurrida todo este tiempo —dijo Fábregas con ironía mal disimulada.

El doctor Pimpom se había sentado en la silla que aquél acababa de dejar vacante y ahora colocaba a la enferma un brazalete inflable para verificar su tensión arterial.

—¿Ya te quieres acostar, Charlie? —preguntó la enferma mirando a su esposo con desamparo, como si estuviese a punto de serle practicada una intervención quirúrgica de gran envergadura.

—Casualmente su hija y yo nos hemos encontrado en la puerta —dijo el médico sin que nadie le hubiese pedido justificación de aquella coincidencia—. Ella me ha abierto la puerta; por esto no me han oído tocar —añadió riéndose como si le pareciera muy cómico este hecho trivial o como si le dieran risa los datos que en aquel momento le iba proporcionando su instrumental.

—Todavía no, mi vida —dijo Charlie—. Es que me ha venido caca de repente.

—Y qué, ¿qué tal hemos cenado hoy? —dijo el médico dirigiéndose a la enferma, pero sin apartar los ojos de la esfera de su reloj: tomaba el pulso a la enferma y mientras hablaba seguía con un balanceo leve de cabeza el avance sincopado de la segundera.

—Sin ganas, doctor, como siempre —respondió la enferma.

Fábregas, que acababa de ver con sus propios ojos que todo lo que ella decía respecto a su inapetencia era falso, se preguntaba si la desfachatez con que ahora mentía era inconsciente o si también tenía la finalidad de transmitirle algún mensaje.

—Hay que hacer un esfuerzo, mujer —le dijo el médico.

—Ya lo hago, doctor, pero créame que cada bocado me cuesta un verdadero calvario.

—Aprenda de su marido, que no le hace ascos a nada.

—Calle, calle, doctor —intervino Charlie—, que de un tiempo a esta parte, no vea usted las flatulencias que me marco.

—Vete si te tienes que ir, Charlie —dijo su mujer—; por el doctor ya sabes que no tienes que hacer cumplidos... pero despídete de nuestro huésped.

Charlie, que ya estaba a punto de salir del gabinete, volvió sobre sus pasos y se dirigió a la puerta que Fábregas llevaba rato queriendo cruzar, pero que María Clara se obstinaba en no franquearle, obstruyéndola con su cuerpo sin que aquella actitud pasiva pareciera conducir a nada.

—He tenido mucho gusto en conocerle —dijo Charlie tendiéndole la mano—. Siempre que quiera, ya sabe.

—El gusto ha sido mío —respondió él estrechándosela—, y permítanme que la próxima vez sea yo quien les invite a cenar en mi hotel. No puedo garantizarles una cena tan opípara, pero no tengo otro medio de corresponder a su hospitalidad —dijo Fábregas sin apartar los ojos de María Clara, a quien iba dirigida la sorna con que había sido pronunciada aquella fórmula de cortesía.

Ella enrojeció de súbito.

—Lamento que se haya visto forzado a pasar una velada con mis padres —susurró de modo que sólo el pudiera oírle.

—Créame que no tenía otra cosa mejor que hacer —replicó él en voz alta.

—¿Qué le ocurre? —dijo ella—, ¿se puede saber qué le hecho yo?

Fábregas cerró los ojos para no verla. No hay duda de que el doctor la ha hecho su amante, pensó; incluso es probable que el muy canalla tenga acceso por igual a la madre y a la hija; de no ser así, ¿a qué tanta farsa? La sen-

118

sación de ridículo le hizo enrojecer. No hay duda de que en este mismo edificio, separada de nosotros por un simple tabique y mientras sus padres me inflingían aquella cena atroz, ella estaba emulando las hazañas de su tatarabuela, pensó.

—Créame que siento por usted un profundo desprecio —masculló como si hablara sólo para sí mientras asiéndola del brazo la hacía a un lado y ganaba la pieza cuya entrada ella le había venido obstaculizando hasta entonces. Una vez fuera del gabinete echó a correr.

—¡Estirpe de furcias! —gritó alejándose. El ruido de sus pasos precipitados en el mármol cubrió sus palabras. En realidad había bastado el contacto de su mano en el brazo de ella para que se disipara de golpe toda su ira. Ahora sentía cómo el arrebatamiento que le poseía huía de él, dejándolo sumido en el cansancio. Quiera Dios que no haya oído lo que le acabo de decir, iba pensando mientras corría dando traspiés, como un beodo. A medida que se adentraba en aquel laberinto de estancias vacías, la oscuridad se iba haciendo más densa. Finalmente llegó a un punto en el que ya no le era posible seguir adelante sin grave riesgo. Al retroceder chocó con la arista de un mueble y se hizo tanto daño que hubo de sentarse en el suelo y permanecer allí un rato, frotándose la parte magullada y recobrando fuerzas. Ahora ya no le quedaba resto de enfado, salvo el que sentía contra sí.

XI

Iba arrastrándose a lo largo de las paredes, buscando a tientas una abertura por la que salir de aquella estancia y pensando: ¡Hay que ver lo que cuesta salir de esta casa! De cuando en cuando trataba de ponerse de pie, pero de inmediato volvía a caerse: unas veces le flaqueaba la pierna que acababa de magullarse y otras veces, la pierna indemne. Finalmente consiguió abandonar aquel lugar, pero sólo para encontrarse en otro de idénticas características. Quizá la muerte sea así, pensó. Vagaba a ciegas, procurando no derribar a su paso algún candelabro u otro objeto inestable. En una ocasión oyó una voz que parecía provenir de una pieza cercana. Reconoció la voz de Charlie que canturreaba: *There'll be no teardrops tonight*; luego el ruido del agua acumulada en la cisterna inundando la letrina tapó su voz. Si gritara ¡auxilio! tal vez él me oyera, pensó; pero no, no puedo ser visto de nuevo por esta familia, a la que acabo de ofender irreparablemente. La vergüenza le abrumaba y prefería morir allí de inanición a pedir auxilio. Luego, sin embargo, cuando se hubo restablecido de nuevo el silencio, se arrepintió de no haberlo hecho cuando aún estaba a tiempo. Ahora le parecía que toda su vida había transcurrido de este modo, entre la indefensión y el orgullo. En realidad no entendía cómo había logrado mantener las apariencias hasta entonces. Nunca se había sentido seguro, frente a ninguna eventualidad. En el trabajo, especialmente desde que se había hecho cargo de la empresa, siempre había pensado que sus decisiones eran arbitrarias, sin ningún tipo de fundamento que las hiciera preferibles a otras opuestas o simplemente distintas. No sabía por qué hacía las cosas. Luego, una vez hechas, esperaba los resultados con un nerviosismo que era mezcla de temor y curiosidad. Estos resultados, que podían ser catastróficos o casualmente afortunados, resultaban siempre decepcionantes, porque no eran ni una cosa ni la otra. A menudo tenía la sensación de que alguien en la sombra gestionaba sus asuntos y de que sus actos eran una mera figuración. Todo lo que yo haga es indiferente, pensaba entonces, tanto da que exponga el balance consolidado de la empresa ante el consejo de administración como que devore mis propios calzoncillos en su presencia. Convencido de que realmente no había nadie en la sombra que velara por él, había llegado a la conclusión de que el mundo caminaba solo y de que los planes y programas de los hombres eran tan inútiles como sus sueños. Tres cuartos de lo mismo ocurría en el amor: ni de sus fracasos ni de sus éxitos sentimentales se sentía autor; tampoco achacaba a sus sucesivas parejas la responsabilidad de los unos ni de los otros. Las cosas habían sucedido simplemente de aquel modo, como podían haber sucedido de otro. Entonces, ¿qué?, se preguntaba. Pocos meses antes parecía que su ausencia inexplicable iba a causar la bancarrota de su empresa; ahora, sin embargo, la empresa, por causa de una coyuntura propicia, continuaba funcionando bien que mal, como movida por una inercia contra la cual ni los aciertos ni los errores podían nada. Al final, pensó, la empresa seguirá a flote y yo me habré muerto aquí, en este laberinto, cubierto de polvo, telarañas y vergüenza.

Pensando estas cosas y recibiendo coscorrones de ménsulas traicioneras que por carecer de patas no permitían que fuera detectada su presencia por la mano previamente, seguía recorriendo estancias sin saber si esta trayectoria mortificante le conducía a la salida o si estaba recorriendo repetidamente los mismos lugares sin darse cuenta. La oscuridad era absoluta y tan opresiva a sus ojos, que se afanaban en vano por taladrarla, que a veces creía ver ante sí de repente un resplandor vivísimo, como si a pocos pasos de donde él se encontraba en aquel momento se hubiera materializado un ser luminoso, aparecido portentosamente allí no para alumbrar su camino, sino para amedrentarlo o para hacerle partícipe de una gran revelación. Estos fogonazos, que eran solamente ilusiones ópticas, fenómenos que tenían lugar solamente en el nervio óptico, se desvanecían con tanta rapidez como se habían manifestado, de tal modo que, una vez pasados, no sabía si los había presenciado realmente o si sólo estaba reconstruyendo, a partir de una falsa impresión en la retina, otra impresión externa inexistente. Esta confusión, lejos de distraerle de sus penalidades verdaderas, se agregaba a ellas y le infundía un miedo irracional y nuevo. Nunca había tenido miedo a la oscuridad, ni siquiera de niño. Había temido, lógicamente, los peligros que hubieran podido acecharle ocultos en la oscuridad, pero no la oscuridad en sí: le bastaba asegurarse de que tales peligros no existían para que sus temores se disiparan de inmediato. Entonces podía permanecer a oscuras por tiempo indefinido, sin que su escasa fantasía poblara aquella oscuridad de fantasmas o alimañas amenazantes. Ahora, en cambio, aquella ecuanimidad parecía haberle abandonado; se sentía invadido por un miedo cerval que en vano trataba de desechar tachándolo de patarata. Ahora creía sentir a cada instante un tacto frío y viscoso en la piel o un aliento cálido y cargado de miasmas en el cogote. En cierta ocasión, cuando él contaba cinco o seis años de edad, sus padres le habían llevado de excursión al campo. Otras personas habían participado también en la excursión, pero él nunca había sabido quiénes eran o, si lo había sabido entonces, lo había olvidado luego. En cambio recordaba vivamente la presencia de su padre, que en aquella época participaba muy poco de la vida familiar, al parecer alejado de ella por otros asuntos, y a quien sólo veía ocasional y fugazmente, de un modo precipitado y tangencial, como él mismo había de hacer más tarde con su propio hijo. Ahora sin embargo no era la compañía excepcional de su padre lo que evocaba, sino un suceso terrible ocurrido durante aquella excursión. Una mujer, que a él entonces se le había antojado muy mayor, pero que probablemente fuera todavía joven, había dejado caer un objeto en un arbusto e inmediatamente y sin parar mientes en lo que hacía había metido la mano en el arbusto con intención de recuperarlo. Al instante había proferido un grito y había retirado la mano, en cuyos dedos aparecía ahora enroscada una serpiente pequeña, de color pardo. Ante el estupor de todos los presentes, que no acertaban a socorrerla de ningún modo, la mujer había tratado de sacudirse primero la serpiente agitando el brazo y luego, como ésta continuara allí, había tratado de expulsarla forcejeando con la otra mano. Finalmente la serpiente, que probablemente deseaba también verse libre de aquel asidero al que se había encaramado por error, se había dejado caer de nuevo en el arbusto de donde había salido y la mujer, que hasta ese momento había mostrado tanta entereza, había sufrido un desmayo. Mientras las mujeres la atendían, los hombres empezaron a perseguir la serpiente con mucha cautela, propinando grandes golpes al arbusto con sus bastones y hundiendo en él las puntas metálicas de éstos, sin duda con la esperanza de sacarlos con la serpiente ensartada en ellos. Pero el animal debía de haberse puesto a salvo bajo una piedra o había huido de allí sin ser visto, porque la cacería no dio fruto. Nadie sabía si la serpiente era venenosa, en cuyo caso la vida de la mujer corría grave peligro, o si se trataba de un ejemplar inofensivo. Trasladada al pueblo de donde había partido la excursión, la mujer fue atendida por un médico local, que se abstuvo de pronunciarse en un sentido o en otro. La mujer no parecía presentar signos de mordedura reciente, dijo, pero no podía descartarse la posibilidad de una mordedura muy superficial, invisible, pero igualmente mortífera. Aquellas serpientes, dijo, tenían a veces unos dientes afiladísimos y mordían a sus víctimas con tanta rapidez y limpieza que éstas no se percataban de lo ocurrido hasta que empezaban a notar los primeros efectos del veneno. Sólo cabía esperar y confiar en la suerte. Aquel doctor era un hombre bajo, grueso, de cuello corto y pelo cano, cortado al cepillo; vestía una bata blanca muy limpia, pero arrugada y zurcida, como si nadie se ocupase de él o como si alguien lo hiciera con eficacia, pero sin cariño. Tenía aspecto de viudo y hablaba en el tono monótono de quien no está acostumbrado a dialogar. Al hablar usaba palabras altisonantes; parecía que quería impresionar a los presentes más de los que éstos ya estaban. Al final la historia había terminado de un modo feliz, pero deslucido: con el paso de las horas y los días el estado de la víctima, recuperada del desmayo y del susto, no había experimentado cambio alguno. Finalmente el hecho había quedado reducido a la categoría de anécdota trivial y hasta jocosa. Ahora, sin embargo, este incidente tan remoto, que durante muchos años creía haber relegado al olvido, se le representaba con toda viveza, como si en ese mismo instante sus protagonistas de entonces, muertos ya la mayoría de ellos, lo estuvieran reinterpretando con toda exactitud en su beneficio. ¿Qué haría yo si en este momento sintiera que al amparo de esta oscuridad se me enrosca una serpiente en la mano?, se preguntaba con un escalofrío. Al mismo tiempo no lograba disociar este temor de la imagen de aquella mujer en el acto de caer al suelo desmayada, con revuelo de faldas y los cinco dedos de la mano muy abiertos a la altura de los ojos.

XII

No sabía a ciencia cierta cuánto tiempo llevaba allí y ya daba por perdida toda esperanza de abandonar aquel encierro, cuando oyó el tableteo de un motor no lejos del punto en que se hallaba. Este tableteo, sin duda producido por una embarcación, le reveló encontrarse relativamente cerca del canal y por consiguiente de la salida. Un último esfuerzo le permitió localizar la puerta de entrada al palacio, abrirla y salir al embarcadero dominado por los dos colosos de piedra percudida: allí había llegado con ella varias horas antes con un propósito incierto, que tal vez se había cumplido o tal vez no. Una vez allí suspiró aliviado; ahora, fuera del laberinto, todo le parecía bello:

las losas resbaladizas del embarcadero, el agua muerta del canal, incluso la compañía tenebrosa de aquellos dos colosos severos, inmóviles y erosionados. Pronto comprendió, sin embargo, que su situación sólo había mejorado en apariencia. Por aquel canal estrecho y sombrío no transitaba ninguna embarcación y aunque a corta distancia podía ver otro canal más ancho, en el que todavía se apreciaba un tráfico regular, ni sus gritos ni sus aspavientos llegaban a oídos de quien pudiera acudir a recogerle o, si llegaban, eran tomados por los desafueros de un orate. Al final, convencido de que nadie iba a acudir en su busca y habiendo desechado de nuevo la idea de llamar a la puerta en petición de ayuda, se sentó en el suelo, apoyó la espalda en la pantorrilla de uno de los colosos y se dispuso a permanecer allí, como un náufrago, hasta que el azar dispusiera de su suerte. El cielo estaba estrellado y se entretuvo un rato contemplando aquel espectáculo raro. Una vez, de pequeño, alguien había intentado iniciarle en los rudimentos de la astronomía, pero él, advirtiendo en seguida que lo que de antemano prometía ser un periplo fascinante en realidad era una ciencia árida y sin sorpresas, se había desinteresado pronto del tema. Ahora, desprovisto de toda referencia científica, el firmamento se le presentaba como algo familiar y tranquilizante, del todo extraño a las magnitudes disparatadas que se le atribuían para desconcierto del profano. Por suerte la noche era tibia. Después de todo, pensó, no se está tan mal aquí. Le dolían las articulaciones y se sentía débil, pero ninguna de ambas sensaciones le resultaba molesta. Perdido su pensamiento en la contemplación del cielo, no experimentaba ni sueño ni cansancio, sino una mezcla de laxitud corporal y agudeza perceptiva que le sorprendía grandemente. Esta perceptividad exacerbada no se concretaba en nada: no era una herramienta que le permitiera analizar las cosas con provecho ni un vehículo mediante el cual llegar a conclusiones radicales; en realidad era un estado de gracia, una especie de pasmo beatífico y, en definitiva, un despilfarro de sus facultades.

—¡Córcholis! —exclamó una voz a sus espaldas, sacándole bruscamente de su arrobamiento.

Se volvió sobresaltado hacia la puerta del palacio, de donde procedía aquella exclamación, e involuntariamente ofendido de que alguien osara perturbar así su exaltado sosiego. En aquel instante debía de parecer un demente o un perro furioso, porque el doctor Pimpom retrocedió unos pasos prudentemente. Entonces se le hizo patente lo absurdo de su actitud y lo grotesco de su situación, enrojeció y recobró su talante habitual.

—Buenas noches, doctor Pimpom —dijo con suave urbanidad—. La verdad es que no esperaba verle de nuevo tan pronto.

—Ni yo, a fuer de sincero —respondió el médico—. Pero, dígame, ¿qué está haciendo en este lugar a estas horas?

—Estaba esperando que pasara alguna embarcación para pedirle que me llevara al hotel —dijo él después de buscar en vano alguna justificación menos bochornosa a su desvalimiento.

—Pero, hombre, ¿no sabe que por aquí no pasa nadie nunca? —dijo el médico—. Si quería que vinieran a buscarle, ¿por qué no pidió por teléfono que le enviaran un taxi?

—Porque soy forastero y porque nadie tuvo la amabilidad de indicarme lo que había que hacer.

—Ah, vaya —dijo el médico—. La verdad es que, al verle salir con tanta decisión, pensé que disponía de medios propios de locomoción. De todos modos, acabo de llamar un taxi; con mucho gusto le depositaré donde más le convenga.

—Es usted muy amable, pero no quisiera desviarle de su ruta.

—No tengo ruta —dijo el médico—. En realidad, voy de retirada. Hoy he tenido una jornada larga y tediosa. Pero, dígame, ¿verdaderamente ha estado aquí todo este tiempo?, ¿de veras? Y, ¿qué hacía? ¿Miraba las estrellas? —preguntó coligiendo la verdad de la mirada que su interlocutor dirigió al cielo—. ¡Qué cosa extraordinaria! Le confesaré que a mí me produce vértigo todo lo referente al cosmos. Antes no era así, pero ahora, con estos programas de divulgación científica que echan a veces en la televisión... ya no sé. ¿Sabía que algunas de estas estrellas que ahora mismo están ahí, en realidad se extinguieron hace miles de años, pero que, debido a su lejanía, continuamos percibiendo su luz y admirando, por consiguiente, lo que ya no existe? Esto demuestra hasta qué punto son engañosos los sentidos y hasta qué punto nos es fácil engañar y

125

ser engañados. Y, sin embargo, ¡cuánta importancia damos a la verdad!, ¿no le parece?

La llegada de una lancha motora interrumpió en este punto la plática del médico sin dar tiempo a que Fábregas decidiese para sus adentros si en aquellas frases convencionales había una intención específica o si en realidad no tenían más objeto que amenizar un intervalo forzoso en compañía de un desconocido. Cháchara de médico, se dijo mientras éste saltaba a bordo de la lancha motora con una agilidad notable, aunque no insólita en un habitante de aquella ciudad acuática. A instancias del médico, Fábregas hizo lo propio con gran dificultad.

—¿Qué le ocurre? —preguntó el médico, a cuyo ojo experto no había escapado la torpeza del otro—. ¿Cojea usted? ¡Qué raro! Hace un rato no cojeaba. ¿Reúma, tal vez?

—Acabo de darme un buen trastazo —admitió Fábregas.

—¡Atiza!, ¿quiere que le eche una ojeada?

—No es preciso: no me he roto ningún hueso.

—A la plaza de San Marcos, por favor —dijo el médico dirigiéndose al taxista—. Mañana tendrá un moretón.

—Eso de fijo —dijo él.

Al llegar a su destino Fábregas insistió en abonar la carrera del taxista, pero el médico no se lo consintió. Luego anduvieron un rato en silencio por la plaza. A aquella hora tardía todavía quedaban algunos grupos de turistas que deambulaban cansinamente. De los bares y cafés salía un humo aceitoso y ruido de platos.

—Venga —dijo de repente el médico cogiendo a su acompañante por el brazo—. Le invito a un helado, salvo que tenga algún compromiso.

—No lo tengo, pero no quiero abusar más de usted.

—Le dejaré pagar —dijo el médico.

Fábregas asintió por puro agotamiento y se dejó guiar por el otro, que se le colgó familiarmente del brazo y pareció recobrar su campechanía habitual, como si acabara de reponerse repentinamente de su cansancio.

—Salgamos de esta zona cursi, infestada de cafés artificiales —le dijo—. Son trampas para desplumar incautos y verdaderas engañifas arquitectónicas. Cuando yo era niño, poco después de acabada la guerra, estos cafés estaban más o menos como están ahora. Entonces, en vista de que escaseaba la clientela, fueron transformados en cafeterías modernas, al estilo americano: *self service* y *rock and roll,* usted ya me entiende. Luego empezó a llegar esta masa de pazguatos en busca de antiguallas y hubo que reproducir lo que había antes a toda prisa. Naturalmente, los materiales originales se habían perdido irremisiblemente: quien más, quien menos, todos habíamos usado la madera de los artesonados para caldear las casas; de modo que hubo que improvisar, como siempre. A puntapiés avejentamos cuatro tablones, desportillamos unos mármoles y el resultado, a la vista está. Ésta es una ciudad de tramoya y sablazo. No crea nada de lo que ve ni escuche nada de lo que le cuenten. Mire, entremos aquí: éste es un buen sitio; un auténtico bar veneciano.

Entraron en un local largo, estrecho y desolado. La luz de los fluorescentes que colgaban del techo, reflejada en la superficie de las mesas de aluminio, daba un tinte cadavérico a los escasos parroquianos que las ocupaban. En el local flotaba un olor acre y penetrante, mezcla de cerveza, vinagre y pis. El espejo que cubría enteramente una de las paredes laterales aparecía tachonado de moscas. Escrita en tiza sobre el espejo podía leerse la lista de los números premiados en el sorteo de alguna lotería provincial. Fábregas y el doctor Pimpom ocuparon una mesa, lejos de la entrada y cerca de las puertas batientes que conducían al retrete, en la cual había un paraguas abandonado. El médico examinó el paraguas detenidamente, dándole muchas vueltas y flexionando las varillas y acercándose a las gafas la empuñadura primero y la tela después y olfateando finalmente la contera, como si buscase allí huellas digitales u otros indicios de los que deducir los avatares que habían conducido el paraguas hasta aquella mesa. Acabada la investigación, lo dejó apoyado contra la pared sin hacer ningún comentario.

—¿Hace mucho que conoce a la familia Dolabella? —preguntó de sopetón.

—No, mucho no —dijo Fábregas. La vaguedad de la pregunta del doctor Pimpom permitía una respuesta igualmente cautelosa. Éste, sin embargo, no pareció quedar insatisfecho. Quizás en el fondo aquella pregunta no era un cebo, sino una sonda, pensó Fábregas. Y como el otro guardaba silencio, agregó—: De hecho hoy he visitado su palacio por primera vez, según demuestra mi ignorancia respecto del taxi.

—No me refería a eso —dijo el médico sin mirarle a los ojos.

—Pues ¿a qué? —preguntó Fábregas.

El médico no respondió. Parecía buscar afanosamente un camarero y, viendo que ninguno de los que había en el local se ponía al alcance de su voz, hizo señas al que atendía la barra, el cual acogió esta seña con un encogimiento de hombros cargado de desdén.

—Hoy por hoy el servicio en esta ciudad deja mucho que desear —masculló el médico.

—Doctor Pimpom, le he preguntado algo —insistió Fábregas.

—Ah, sí —se apresuró a decir el médico advirtiendo un deje de impaciencia en la voz de su interlocutor—. Ella es una buena chica.

—¿Ella? ¿Quién es ella?

—María Clara, ¿quién va a ser? —dijo el médico. Y repitió balanceando la cabeza de atrás a delante, como si estuviera emitiendo un dictamen largo tiempo meditado—: Es una buena chica.

—¿Quién lo pone en duda? —preguntó Fábregas.

—Usted —dijo el doctor Pimpom—. Ahora bien, sus padres son otra cosa: eso no se lo discuto. Harina de otro costal, podríamos decir. ¿En qué sentido? En varios sentidos... ¡Bueno, albricias, por fin se nos hace caso aquí! —exclamó señalando con el pulgar a un individuo malcarado y ceñudo que por la suciedad de su delantal más parecía un matarife que un camarero y que se había colocado junto a la mesa sin proferir palabra.

Fábregas pidió un botellín de agua mineral sin gas y el doctor Pimpom, una bola de helado de vainilla.

—Tendrán que ser dos bolas —dijo el camarero.

—No veo razón —replicó el médico.

—Pues la ración son dos bolas.

—Pues yo quiero una sola bola y no tengo por qué comerme lo que no quiero, ni tirarlo, ni mucho menos pagarlo, especialmente si de antemano le advierto de que no lo quiero. Por lo demás, me consta que las bolas de helado no vienen pegadas de dos en dos, por lo que mi petición no les causa ningún perjuicio y es, por consiguiente, del todo razonable. De forma que haga el favor de traerme exactamente lo que le he pedido y no se insolente conmigo, mozalbete.

El camarero se alejó refunfuñando y el médico esbozó una sonrisa de triunfo.

—Abusan de los clientes, porque saben que nadie se atreve a plantarles cara —dijo—. Hoy por hoy todo el mundo vive amilanado por los terroristas, por los delincuentes y por los sindicatos. Todo el mundo intenta pasar desapercibido, evitar todo lo que pueda ser tomado por una provocación. Piensan así: chitón, no vayan a descerrajarme cuatro tiros en la cara por decir que hay una mosca en la sopa; y se toman la sopa y se comen la mosca y aún cazan al vuelo tres o cuatro moscas más, que ingieren con delectación, como si éste fuera su manjar favorito. En esto nos han convertido el comunismo y sus secuelas.

—Hablábamos de los Dolabella —dijo Fábregas.

—Su padre era un mangante —dijo el médico recobrando el hilo de su discurso—. Me refiero al padre de la madre, al abuelo de María Clara, el último de los Roca: un hombre guapo y simpático como pocos, pero un verdadero tarambana. Mujeriego, jugador, holgazán y petardista. Nunca ganó una lira y dilapidó en un abrir y cerrar de ojos los flecos de una fortuna familiar ya muy menguada. Fue él quien inventó y puso en circulación todas las leyendas que aún se oyen acerca del palacio: la del navegante que lo construyó y la del santo o la santa cuyas reliquias todavía permanecen escondidas en algún recoveco del edificio, en un relicario de oro y piedras preciosas, esperando que alguien las encuentre. Era un embustero profesional y hacía correr estos bulos en los años de prosperidad en que por fin las familias pudientes de Venecia pudieron deshacerse de sus palacios decrépitos e instalarse en apartamentos confortables, de techo verdaderamente bajo, con armarios empotrados y un buen sistema de calefacción. Roca inventaba aquellas leyendas para que algún mentecato podrido de dólares se encaprichara de la ruina que habían ido creando sucesivas generaciones de parásitos y gandules.

El camarero dejó sobre la mesa lo que le habían pedido y se fue.

—¿Ve usted lo que le decía? Una sola bola de helado. Basta con demostrar que uno tiene agallas. Plantarse y decir: de aquí no me muevo. Nadie lo hace, por supuesto: la gente tiene prisa, piensa que no vale la pena, que es una pérdida de tiempo, que por unas pocas liras no se justifica el escándalo... y así vamos claudicando de nuestra dignidad. ¿Qué le estaba contando?

—Las trolas del abuelo Roca.

—Eso es —dijo el médico comiéndose el helado con fruición—. Luego, cuando su hija hubo crecido un poco —añadió limpiándose los labios con un triángulo de papel que hacía las veces de servilleta—, hizo correr el bulo de que había sido encontrado un manuscrito en el que una antepasada imaginaria relataba sus devaneos con toda minuciosidad. Una patraña soez que en su momento llegó a gozar de cierta popularidad. Pronto empezaron a circular por la ciudad varios ejemplares del presunto manuscrito... yo mismo recuerdo haber tenido uno en mis manos. En realidad era un triste refrito de la literatura pornográfica al uso. El planteamiento era el habitual en estos casos: una mujer joven, bella y de conducta intachable se ve forzada a obtener dinero a cambio de sus encantos. A esto sigue una serie tediosa de encuentros donde se llevan a cabo todas las piruetas y desvaríos a que dé lugar la fantasía de un degenerado o un imbécil. Aparecen hombres y mujeres dotados de verdaderas curiosidades anatómicas y todos están dispuestos a hacer o dejarse hacer cualquier majadería. Recuerdo que abandoné la lectura del manuscrito al llegar a un episodio particularmente desapacible en el cual a alguien le cosían una rata al culo o algo por el estilo. ¡Caray, qué bueno estaba este helado! ¡Camarero, tráigame otra bola de vainilla, tenga la bondad!

—Doctor Pimpom, no se vaya por las ramas —dijo Fábregas—. Usted acaba de decir que ese tal Roca inventó las memorias de una cortesana cuando hubo crecido su hija. ¿Qué relación había entre una cosa y la otra?

XIII

—No tome lo que le digo necesariamente al pie de la letra ni se precipite en sus juicios —continuó diciendo el doctor Pimpom mientras atacaba con bravura la segunda porción de helado, que el camarero había dejado sobre la mesa con brusquedad y desabrimiento, pero sin protestas audibles—. Los venecianos siempre hemos sido comerciantes. Tampoco he querido decir que las cosas pasaran a mayores, ni lo ha dicho nadie. Vea usted: por aquellas fe-

130

chas, y al amparo de lo que los periódicos llamaban el plan Marshall, Italia trataba, no sin cierto éxito, de insuflar nueva vida a una industria cinematográfica que se había desarrollado mucho en las décadas anteriores a la guerra gracias a la protección de nuestro Mussolini, hombre aficionado al cine, como el Hitler de los alemanes y como su propio Franco de ustedes, pero que la guerra había malbaratado, como tantas otras cosas. Con este fin, y para competir con la gran industria cinematográfica norteamericana, se nos ocurrió comercializar lo único que teníamos: unas actrices aparatosas, hembras de culo y teta, como las que producen las razas verdaderamente hambrientas... Había una en particular, que usted con toda certeza no recordará, pero que alcanzó bastante fama en su día. Se llamaba, si la memoria no me es infiel, Sofía Loren: una mujer verdaderamente garrida... Es posible que ya haya muerto, aunque espero que no sea así; deseo que viva muchos años y que sea feliz... Por supuesto, había otras actrices de características muy similares, pero sus nombres en este momento no me vienen a la memoria... En definitiva, éste era uno de los medios de subsistencia de que nos valíamos y no el peor de ellos. La guerra había trastocado todas las cosas y nos teníamos que adaptar una vez más a los nuevos tiempos: ahora nos tocaba la democracia y el liberalismo y ¡ay de aquel que no supiera jugar a ese juego! Claro, muchos pensaban, y siguen pensando todavía hoy, que la democracia consistía en trabajar menos y ganar más. Eran los comunistas los que al socaire de las libertades civiles le metían estas ideas locas en la cabeza a la clase obrera, con los resultados que a la vista están: huelgas todos los días, sabotaje y salvajismo, cuando no atentados y otros hechos de sangre... Pero lo que a usted le interesa saber es si la chica se ganaba el pan en cama ajena y yo a eso le responderé: puede que sí, puede que no. De todos modos, le diga lo que le diga, ¿por qué me iba a creer? En estos asuntos es donde más inciertos son los hechos: unos saben y callan, otros no saben y hablan por los codos; en definitiva, los que más podrían decir son los primeros en guardar silencio y los que más meten el palo en candela a menudo lo hacen por envidia o por malicia. Así que de fijo no puedo decirle nada. Desde luego, fama de remilgada no tenía la chica, pero la fama, ¿qué es?

»Finalmente, y para no alargar la historia, el padre Roca murió de repente y en forma imprevisible: inadvertidamente comió un producto enlatado en mal estado y eso lo mató. Ya tenía el hígado muy trabajado; había malgastado la salud en francachelas y cuando la necesitó, ya no le quedaba bastante, de modo que se fue al otro mundo. Tenía cuarenta y seis o cuarenta y siete años cuando ocurrió lo que le estoy contando.

»—Con esto la chica se encontró sola y su situación cambió de la noche a la mañana: mientras su padre vivía, ella podía pasar por una hija rebelde y algo casquivana, pero ahora, sola en el mundo, la menor prueba de liviandad habría sido suficiente para convertirla en una profesional de la cosa a los ojos de la opinión. Así que tuvo que buscarse un marido a la carrera, aprovechando la apariencia de honorabilidad que le daban el luto, la orfandad y el desamparo. Y en ese momento preciso el pobre Charlie Dolabella tuvo a bien hacer su entrada en escena. De aquel encuentro sólo podía salir lo que usted mismo ha podido comprobar: una serie interminable de desaciertos y calamidades.

—Y María Clara —dijo Fábregas.

—Tal vez —dijo el otro con un asomo de sonrisa en las comisuras de los labios.

—Hum —dijo Fábregas advirtiendo el gesto.

—Dejemos eso por ahora —continuó diciendo el médico— y vayamos a las cosas tal como sabemos que sucedieron. Charlie llegó a Venecia buscando un pasado que sólo había existido en la imaginación atormentada de su pobre madre, una loca que vegetaba y que quizás aún siga vegetando en la celda acolchada de algún hospital público. Yo no digo que no pueda haber algún nexo de parentesco entre él y el Dolabella que pintó unos cuadros en Venecia y luego emigró a Cracovia, pero, aunque así fuera, ¿qué demonios esperaba encontrar aquí? Hay que ser ingenuo como un americano para pensar que el pasado es un objeto encontrable.

—Sin embargo —dijo Fábregas— no puede negar que algo encontró.

—Lo que se merecía: un saco de mentiras —replicó el médico con desprecio. La interrupción o el propio relato que iba desgranando parecían haberle contrariado. Dio un puñetazo en la mesa que hizo tintinear la copa de helado, el plato y la cucharilla. Luego resopló, como para dar salida a los vapores de su ira, y prosiguió diciendo—: En el fondo el engaño fue impremeditado, mutuo y completo. Ella pensó haber encontrado un multimillonario, un verdadero rey del petróleo; él, una aristócrata de película. Ambos creyeron ver materializados en su oponente sus sueños de clase media. En realidad, ella era un golfa y él, un taxista. Y lo peor era que ninguno de los dos sabía disimular su propia condición. Carentes de interés humano, arruinados y sin ínfulas, pronto se quedaron solos, y cuando esto sucedió, ni el diablo se apiadó de ellos.

—A lo mejor en el fondo se amaban —apuntó Fábregas.

El doctor Pimpom lo miró fijamente. Ahora sus ojos parecían más vidriosos que las propias lentes de sus anteojos, en cuyas superficies titilaba ocasionalmente el resplandor violáceo de los tubos fluorescentes.

—Ella nunca debió pertenecerle —sentenció al fin en voz muy baja. Luego se pasó la mano por la boca. Al retirarla sus labios habían recobrado la sonrisa irónica que hasta entonces había venido enmarcando sus palabras—. Además, permítame discrepar, como hombre de ciencia, de eso que usted llama amor.

—Dicen que hay quien se muere de eso —apuntó Fábregas.

—Más bien hay quien se aferrra a esa quimera cuando se siente morir de otras causas más crudas —replicó el médico—; pero dejemos eso también: es algo abstracto, un asunto académico que podría conducirnos a una discusión eterna y sin objeto. Yo le cuento lo que hubo y luego usted lo adereza como mejor le plazca, ¿qué?

—No sé si me interesan tanto los hechos —apuntó Fábregas.

—No hay otra cosa —replicó el médico—. Yo le cuento lo que hubo. Charlie y ella se casaron. Ella presentaba ya un estado de gestación avanzado que hizo de la ceremonia un verdadero escarnio por el que muchas sensibilidades fueron heridas. Con aquel acto absurdo se desvaneció toda ilusión y toda esperanza: ambos se convirtieron de la noche a la mañana, en un santiamén, por así decir, en aquello que estaban destinados a ser fatalmente. Charlie se volvió un muñeco fofo y peludo y ella, una enferma imaginaria.

—A la que usted, sin embargo, trata como si verdaderamente lo fuera —dijo Fábregas.

—Como si fuera qué cosa... ¿Una enferma? —dijo el médico— ¡Y quién dice que no lo es!

—Usted mismo acaba de decir que se trata de una enfermedad imaginaria —exclamó Fábregas—. Yo no invento sus palabras. ¿Por qué se empeña en contradecirme todo el tiempo, doctor Pimpom?

—Y usted, ¿por qué se empeña en llamarme de esta forma ridícula? —exclamó a su vez el otro—. ¡Yo no me llamo doctor Pimpom! ¿De dónde ha sacado este nombre grotesco e incluso degradante? Mi verdadero nombre es Scamarlán, doctor Scamarlán. Pero dejemos eso. Voy a contarle un caso horripilante al que hube de enfrentarme apenas iniciada mi carrera de médico. Escuche.

En aquel momento los clientes del bar empezaron a pagar sus consumiciones respectivas y abandonar aquél como movidos unánimemente por una llamada tácita. Al verlos de pie Fábregas advirtió que muchos de ellos vestían uniformes distintivos de su oficio o del lugar donde trabajaban: eran los cocineros, camareros y empleados de los restaurantes, los cafés y los hoteles del vecindario, que concurrían a aquel bar en sus horas libres, antes de recogerse por el día. Ahora algunos de ellos, viendo en él un turista, le dirigían miradas de displicencia o de fastidio; otros, por el contrario, reconocían al doctor Pimpom, al que saludaban con respeto, y hacían partícipe de aquel respeto a su acompañante, por deferencia hacia él.

—Estaba un día en mi consulta, que acababa de abrir, pues, como le venía diciendo, me había iniciado hacía poco en el ejercicio de la medicina, cuando vino a verme un hombre joven, de aspecto saludable e inteligente, que dijo precisar de mis servicios, ya que, de un tiempo a aquella parte, no se encontraba nada bien —continuó diciendo el doctor Pimpom una vez hubo saludado al último parroquiano que abandonaba el bar—. Yo, como debe hacerse en estos casos, le pedí que me describiese los síntomas de su dolencia con la máxima exactitud, pero él sólo supo dar a mi ruego respuestas imprecisas: fatiga, inapetencia, desánimo y un malestar general que no se concentraba en ningún dolor determinado ni quedaba localizado en ninguna parte de su organismo. Lo sometí a un reconocimiento detenido, del que no pude sacar nin-

guna conclusión, le pregunté si había sufrido recientemente algún disgusto grave que hubiera podido influir en
su estado físico, si tenía problemas en su trabajo, si su
vida personal le resultaba satisfactoria, etcétera, y él me
contestó que nada le había perturbado de un modo anómalo en los últimos tiempos, que estaba contento con su
trabajo, en el que todos le auguraban un futuro brillante, y
que hacía poco menos de un año se había casado feliz-
mente con una mujer a la que amaba y por la que creía de
fijo ser amado. En vista de ello, me limité a recomendarle
sin demasiada severidad que dejara de fumar, que co-
miera y bebiera con moderación y que hiciera algo de
ejercicio, y le dije que, de no mejorar su estado, volviera a
visitarme al cabo de quince días. Con esto le dejé ir; una
semana más tarde había muerto. Aunque en rigor no podía considerarlo como uno de mis pacientes, tan pronto
como la noticia de su muerte llegó a mis oídos me sentí en
la obligación de acudir a la casa mortuoria, donde encontré a su mujer en tal estado de alteración nerviosa que al
punto hube de administrarle un sedante. El cadáver del
marido, al que velaban familiares, amigos, compañeros y
vecinos, no presentaba síntomas de emaciación. En la partida de defunción que firmé, a instancias de la familia,
consigné como causa probable del fallecimiento un paro
cardíaco. No obstante mis temores, ningún allegado del difunto parecía dispuesto a atribuir aquel infortunio a mi
impericia o a mi negligencia. En las exequias se me instó a
que ocupase un lugar de honor, al lado de la viuda, que
tuvo que apoyarse en mi brazo en varias ocasiones para
no caer exánime.

»Un mes más tarde, obsesionado todavía por este caso,
al que mis conocimientos no lograban dar explicación satisfactoria, lo expuse prolijamente ante un grupo de cole-
gas con quienes tenía entonces tertulia esporádica en el
grill del antiguo hotel Ambassador. Después de oír mi relato, uno de los contertulios, médico forense, se echó a reír
a grandes carcajadas, como suelen hacer los médicos de
esta especialidad, quizá para combatir así en cierto modo
el ambiente algo tétrico en que se mueven. Yo le pregunté
la causa de su hilaridad y él me respondió diciendo que el
caso que acababa de referir no ofrecía a su juicio la menor dificultad y que, por si me interesaba saberlo, mi pobre paciente había muerto sin duda alguna envenenado.

Al principio creí que trataba de gastarme una broma, pero él aseguró hablar muy en serio. «Os quedaríais de piedra si supierais la cantidad de hombres que mueren a diario envenenados por sus mujeres, especialmente en el primer año de matrimonio», nos dijo sin dejar de reír a mandíbula batiente, pese a ser él mismo hombre casado.

»Posteriormente datos sueltos, recogidos de aquí y de allá, vinieron a corroborar la afirmación de mi colega y contertulio. En efecto, pocas semanas después del entierro, la viuda de mi paciente, habiendo percibido el monto correspondiente al seguro de vida de su difunto esposo, abandonó Venecia inesperadamente. Alguien dijo haberla visto luego en Suiza, casada con un pariente del difunto, cuya esposa había fallecido casualmente un año antes que aquél, y en circunstancias muy similares. Por supuesto, estos hechos no demostraban nada ni era cosa de ponerlos en conocimiento de la policía: una exhumación tan tardía de los dos cadáveres difícilmente habría podido arrojar ya ninguna pista y, por otra parte, los culpables, si verdaderamente lo eran, habían tenido buen cuidado en ponerse fuera del alcance de la justicia.

»¿Por qué le cuento este caso? Le cuento este caso para demostrarle que la práctica de la medicina, a diferencia de la de cualquier otra ciencia, no puede limitarse únicamente a aquello que constituye su objeto, es decir, a los trastornos del organismo, y que el buen médico no es el que acierta en sus diagnósticos, sino aquel que, por cualquier método, consigue prolongar al máximo la vida de sus pacientes. Las enfermedades, incluso las más graves, sólo son uno de los muchos enemigos de la vida. Así, por ejemplo, una persona que lograse evitar un accidente de aviación o un naufragio sería mejor médico que otra que hubiera dedicado su vida entera al estudio y la práctica de la medicina convencional. ¿Sigue usted mi razonamiento?

—Sí —dijo Fábregas—, y no estoy de acuerdo con él, aunque en este mismo momento no sabría razonar adecuadamente esta discrepancia.

Una sonrisa condescendiente bañó el rostro del doctor Pimpom.

—Es natural que lo que le vengo diciendo le pille de nuevas —dijo con suavidad—. Usted seguramente piensa que la vida consiste en el correcto funcionamiento de los órganos corporales; ¿no es así?

—Pues... sí —admitió Fábregas tras reflexionar un instante—; eso pienso.

—Es natural —repitió el otro—. Pero piense también esto: que desde los tiempos más remotos el ser humano ha creído que la vida era algo distinto del cuerpo: un soplo, un hálito exterior, algo dado y eterno. ¿No será esto más cierto y en todo caso más científico que atribuir el secreto de la vida al funcionamiento mecánico de una docena de vísceras? ¡Por lo que más quiera! Hay que ignorarlo casi todo para pronunciar juicios tan taxativos. ¿Ha asistido alguna vez a una autopsia?

—No —dijo Fábregas—, ni ganas.

—Eso salta a la vista —dijo el doctor Pimpom—: nadie que haya tenido en la mano un hígado, un corazón o un bazo puede seguir pensando que la vida gira en torno a unas cosas tan ordinarias y elementales. Por supuesto, los que no saben nada de estas cosas pretenden que la medicina ha de limitarse a velar por el funcionamiento correcto de semejantes porquerías. ¡Pamplinas!

—No se enoje de nuevo —atajó Fábregas—. Efectivamente, no sé nada de este asunto ni creo que éste sea el momento adecuado para iniciarme en él. Estábamos hablando de otras cosas: le ruego que vuelva a ellas.

El doctor Pimpom miró de hito en hito a su oponente, pero como una luz que se aleja, el brillo colérico de sus ojos se fue atenuando hasta ser reemplazado por una mirada serena, cansada y algo perpleja.

—Pues qué, ¿ya no puede uno esgrimir sus argumentos con vehemencia? —dijo en el tono compungido de quien considera un infortunio inmerecido el verse inopinadamente cogido en falta—; después de todo, ha sido usted el que me ha reprochado hace un rato el incumplimiento de mis deberes profesionales...

—Yo sólo he dicho...

—Y en un tono que deploro.

—No era ésa mi intención; tal vez me expresé mal...

—Todos nos dejamos llevar a veces por la impaciencia —dijo conciliador el doctor Pimpom—. Usted quería que yo siguiera hablando de los Dolabella, aunque el tema que yo he sacado a colación es mucho más interesante..., o quizá no. Mire, le resumiré la cosa en dos palabras: ella, que creía haber cazado al pobre Charlie, resultó ser en definitiva la víctima de una estafa. En el fondo, ¿quién es más digno de compasión? En cuanto a las enfermedades de ella, ¿qué quiere que le diga? Desde luego, reales no son, pero, ¿qué sucedería si no se les diera tratamiento? ¿Quién nos asegura que ella no renunciaría a seguir viviendo en ese caso? ¿Qué es lo que nos mantiene con vida, después de todo? Esto le preguntaba yo a usted hace un momento, pero usted ni siquiera ha querido escuchar la pregunta.

—Doctor, a usted le consta lo que a mí me interesa —dijo Fábregas.

—Han cerrado hace rato —dijo el doctor Pimpom levantándose—. Habíamos quedado en que invitaba usted, de modo que vaya pagando mientras yo visito los servicios.

El local en efecto estaba vacío y el único empleado que aún permanecía allí, después de haber apilado las sillas en dos columnas inestables, esperaba cruzado de brazos junto a la puerta metálica a medio bajar. Fábregas le hizo señas. Era el mismo camarero que les había atendido; ahora se había despojado del delantal e incluso de la camisa, que había reemplazado por una camiseta azul sin mangas. También llevaba una boina pequeña, que le hacía parecer orejudo. Fábregas pagó las consumiciones y agregó una propina generosa.

—Disculpe las molestias —dijo.

—Cada noche la misma historia —dijo el camarero señalando la puerta del retrete—; primero arma una trifulca y al final acaba comiéndose las dos bolas de helado.

—Y eso ¿qué tiene de malo? —preguntó él.

—Y él ¿por qué diantre tiene que salirse siempre con la suya? —respondió el camarero.

XIV

Al quedarse de nuevo a solas con sus pensamientos, tuvo la impresión de que las palabras casuales del camarero habían sido dichas de un modo providencial. Ahora, en ausencia del doctor Pimpom, se arrepentía de haber aceptado la compañía de éste. Al hambre y al cansancio se unía ahora la sensación incómoda de haber estado cediendo terreno en contra de su voluntad. Esperando obtener de su interlocutor una información que éste a todas luces no estaba dispuesto a suministrarle, había acabado por sincerarse con alguien de quien sólo podía esperar deslealtad si ella, como todos los indicios y en especial la actitud, las propias palabras y evasivas del doctor Pimpom parecían confirmar, era en efecto su amante. Ahora estaba seguro de haber sido un juguete en manos de aquel avispado micifuz, al que imaginaba en aquel preciso instante haciendo balance de la situación, felicitándose por el éxito de sus argucias y carcajeándose en la soledad del retrete, agarrado con ambas manos al borde de la taza y echando las piernas al aire en señal de júbilo. Con todo, Fábregas no podía dejar de preguntarse qué objetivo perseguía realmente el médico y a dónde pretendía llevarle, qué mensaje encerraban en sí aquellas digresiones aparentemente absurdas y qué había querido insinuar con sus pretendidas confidencias y chismorreos. ¿Acaso venía a decirle con sus historias escabrosas que todos los miembros de la familia Dolabella estaban en venta? ¿Actuaba el médico de mediador en una transacción iniciada bajo buenos auspicios meses antes, pero todavía inconclusa por la confusión introducida en el asunto por unos sentimientos extemporáneos?

—Emprendamos la retirada —dijo el médico sobresaltando con su llegada a Fábregas, que, perdido en sus cábalas, había olvidado por un momento el lugar en que se encontraba y el motivo de su presencia allí—. Yo he tenido un día bastante movido y a estas alturas usted tampoco parece muy lozano. Venga, le acompañaré a su hotel.

—No se moleste.

—Me servirá de paseo —dijo el doctor Pimpom.

El odio súbito que Fábregas sentía hacia aquél le producía un frenesí que sólo la debilidad extrema de su estado le prevenía de exteriorizar violentamente. Luego, sin embargo, a ratos, aquella inquina se volatilizaba repentinamente y sin motivo; entonces miraba a aquel hombre ridículo y petulante con una ternura inexplicable. En estas ocasiones la convicción de que el doctor Pimpom obtenía de ella inmerecidamente aquellas cosas a las que él en justicia se creía acreedor por la magnitud de su amor, en lugar de constituir una causa de odio, acrecentaba su estima por él. Entonces sentía un deseo irreprimible de abrazarle, de colmarle de obsequios y de desvivirse por él. Al mismo tiempo, esta actitud impremeditada, que tenía tanto de magnánimo como de estúpido, no podía menos de irritarle. Así, en un abrir y cerrar de ojos, renacía todo su encono con más virulencia. Este vaivén de las pasiones, que su porte exterior no traslucía, le producía una ansiedad descomedida: el corazón le latía entonces con tanta fuerza que podía percibir claramente en el cerebro el eco de cada latido. Las piernas le flaqueaban y por un instante, al salir a la calle, creyó que la vista se le nublaba. En realidad esto último no tenía nada de patológico: mientras se encontraban en el bar, la ciudad había sido cubierta por una niebla tan baja que parecía provenir del subsuelo. Los escasos transeúntes que todavía circulaban a esa hora lo hacían con la mitad inferior del cuerpo sumergida enteramente en la niebla, invisible a los demás e incluso a sí mismos. Más arriba, la niebla se deslía formando un bosque tupido de columnas sinuosas e imprecisas que se fundían con la oscuridad a medida que ganaban altura. Fábregas avanzaba temerosamente a través de esta masa insustancial, cuyos girones parecían sugerir a sus ojos formas extrañas y amenazantes, esbozos de esqueletos y seres de ultratumba que acechaban al viandante y le hacían señas y cuchufletas desde las esquinas y los soportales. Como si fuera un ciego, había colocado la mano sobre el hombro del doctor Pimpom, que le guiaba tanteando el pavimento con su bastón. Las farolas alineadas a lo largo de las ribas producían una fosforescencia opaca y como de ámbar, que no penetraba la niebla ni la oscuridad. En un momento dado sintió en los pies el peso leve y fugaz de lo que podía haber sido un gato o una rata. De este modo llegaron ante la puerta del hotel. Allí el doctor Pimpom le tendió la mano y cuando Fábregas se la estrechó, retuvo la de éste en la suya con fuerza mientras le miraba fijamente a los ojos, como si allí pudiera leer la clave de un secreto.

—No sé si este encuentro habrá servido para algo —dijo al cabo de un rato.

—Quizás hemos estado hablando de cosas distintas —dijo él.

—Quizás —repitió el médico soltándole la mano.

—Buenas noches, doctor; y muchas gracias por haberme acompañado —dijo él subiendo con esfuerzo los tres peldaños que conducían a la puerta giratoria. Hacía rato que el portero nocturno del hotel, advertido de la presencia de un huésped, hacía girar la puerta a la espera de que éste se decidiese a entrar. En cada giro un retazo de niebla quedaba atrapado entre las hojas de la puerta y era trasvasado por este conducto al *hall* del hotel, en cuya penumbra se quedaba flotando unos instantes, como un espíritu de poco rango.

—¡Espere! —dijo de pronto el doctor Pimpom—. Si hemos de separarnos ahora quizá definitivamente, satisfaga antes al menos mi curiosidad. Con respecto a María Clara...

—Sí, ¿qué pasa con respecto a ella? —preguntó él deteniéndose tan cerca de la puerta giratoria que el canto de goma de una de las hojas pasó rozándole la cara.

—Nada —respondió el médico amedrentado por el rencor y la furia que pudo advertir en la voz del otro—. Dígame solamente por qué esta tarde la ha ofendido usted de un modo tan arbitrario.

Fábregas bajó de nuevo los peldaños dispuesto a golpear a su interlocutor de permitírselo sus fuerzas, ya completamente consumidas. Hundido en la niebla hasta la cintura, la figura diminuta del doctor Pimpom habría podido resultar grotesca si aquella misma niebla, impregnada extrañamente de la luz remota de las farolas, no hubiera envuelto su cabeza en una especie de nimbo, imprimiendo a su fisonomía un resplandor que parecía provenir de su ánimo ecuánime e intrépido. Esta inesperada imagen de bravura impresionó a Fábregas, que se detuvo frente a él de un modo abrupto, pero sosegado.

—¿Usted qué cree? —preguntó secamente.

—Bueno —respondió el médico con inseguridad—, yo tengo formada una idea..., pero no sé si usted quiere oírla o si yo debo realmente revelársela.

—No se ande con rodeos —dijo Fábregas—. ¿Qué idea es ésa?

—Que usted se comporta así porque está enfermo.

—¡Cómo! —exclamó Fábregas—. ¿Enfermo yo? ¡Qué disparate!

—Ya le dije que era sólo una suposición.

—Vamos, doctor Pimpom, no escurra el bulto: ¿A qué tipo de enfermedad se refiere?

—Ah —respondió el médico—, eso es usted quien debe decírmelo.

—¿Yo? Pero ¿no es usted el médico?

141

—Y eso, ¿qué tiene que ver? —dijo el doctor Pimpom con un deje de impaciencia en la voz—. ¿Piensa usted que los médicos lo sabemos todo? ¡No sea pueril! Los médicos vamos a tientas y sólo ocasionalmente acertamos en algo... No, no, es usted quien tiene que saber dónde le aprieta el zapato.

—No sé si debo fiarme de su honradez —dijo Fábregas.

—Bien; ya veo que ahora es a mí a quien pretende insultar —respondió el médico con una calma impropia de su carácter—. Haga usted lo que le venga en gana. Yo ya le he dicho lo que le tenía que decir. Si quiere hacerme caso, cuídese o, mejor aún, sométase a un reconocimiento cabal cuanto antes. Buenas noches.

Sin aguardar respuesta, el doctor Pimpom giró sobre sus talones, dio unos pasos en dirección opuesta al hotel y fue tragado por la niebla antes de que Fábregas acertase a reaccionar. Arrepentido de la injuria que acababa de cometer y que sabía motivada por razones ajenas a la ética profesional del médico, de cuya rectitud no tenía fundamento alguno para dudar, pensó primero en darle alcance y pedirle disculpas, pero pronto comprendió que tal cosa ya no era posible en las circunstancias atmosféricas imperantes. Avergonzado de su impetuosidad, volvió a subir los peldaños del hotel, empujó la puerta giratoria, que el portero noturno había abandonado discretamente para no verse involucrado en el altercado que presintió fraguarse ante sus ojos, y entró en el *hall*. Allí el portero nocturno, que le aguardaba detrás del mostrador, le tendió con una mano la llave de su habitación y con la otra un papel doblado.

—Una señorita ha venido esta tarde o, para ser exactos, vino en la tarde del día de ayer, y dejó este mensaje para el señor —dijo.

Era un hombre joven, afectado de gestos y muy redicho; una obesidad incipiente restaba todo atractivo a sus facciones correctísimas, y una expresión de necedad ufana, a sus ojos.

—¿Una señorita? —preguntó Fábregas desconcertado.

—La de costumbre —dijo el portero; y enrojeciendo añadió para corregir lo que consideró una falta de respeto—; quiero decir la que el señor usa habitualmente.

—No es posible —replicó Fábregas—. ¿A qué hora estuvo aquí?

—No puedo informar al señor de preciso, por no haber estado yo de servicio durante esas horas —respondió el portero nocturno—, pero al relevar a mi compañero del turno anterior, éste me dijo, por si el señor lo preguntaba, que la señorita había venido varias veces en el curso de la tarde a preguntar por el señor, hasta que finalmente hubo de desistir de sus propósitos de verle y que fue entonces cuando dejó este mensaje.

—Ah —exclamó Fábregas tomando la llave y el mensaje de manos del portero nocturno y encaminándose hacia el ascensor sin despedirse siquiera de aquél—, entonces...

Al entrar en su habitación se echó vestido en la cama y se quedó mirando el techo estupefacto, sin fuerzas físicas ni morales para leer el contenido del papel que le acababa de entregar el portero nocturno.

—Entonces era cierto —iba repitiendo a media voz, como si tratara de desenmarañar para un presunto oyente la madeja de acontecimientos fortuitos y malentendidos que habían configurado su situación actual—. Realmente ella no pasó la tarde con el doctor Pimpom, al que en efecto encontró en la puerta del palacio cuando ambos regresaban a él de sus respectivos menesteres; antes bien, suponiendo que mi visita al palacio sería breve, habiéndole yo dicho que deseaba verla una vez concluida aquélla y no habiendo concretado lugar ni hora de la cita, vino a buscarme al hotel, a donde pensó que yo habría vuelto. Y yo, dándomelas de avispado, la herí de una forma repulsiva. ¡Qué bochorno! Yo la amo con locura y ella evidentemente no siente lo mismo por mí; sin embargo, desde que nos conocemos, sólo he recibido de ella muestras de afecto y constancia, mientras que yo, en cambio, no he dejado de maltratarla un solo instante. ¡Malditas sean mi arrogancia y mi ruindad!

XV

Para no caer en la desesperación a la que se veía predestinado en breve, decidió emplear el resto de la noche a pasar revista a los sucesos del día, en la confianza de que éstos ofrecieran a sus ojos una brecha por la que introducir, al menos, un conato de explicación y disculpa; pero esta revisión minuciosa y repetitiva no trajo a su ánimo ninguna esperanza. Finalmente decidió dar el asunto por perdido. Después de todo, se dijo, las cosas estaban sentenciadas a este final. El pensar así le produjo una sensación transitoria de alivio, animado por la cual encendió todas las luces de la habitación, abrió de par en par los armarios y cajones y se puso a hacer el equipaje con tal entusiasmo que los huéspedes de las habitaciones contiguas, despertados bruscamente por la jarana, se pusieron a golpear los tabiques que las separaban de la suya y a dar voces de protesta. Esta llamada al orden le hizo ver de pronto lo absurdo de sus actividades, en las cuales cesó al punto. Luego, sin molestarse en recoger las prendas y artículos que había esparcido por los muebles y el suelo ni en cerrar los armarios y cajones, apagó las luces, se tendió de nuevo en la cama y permaneció allí un rato hasta que le subió del pecho a la garganta un sollozo tan grande que por unos instantes creyó que iba a ser asfixiado por la pena. Luego se fue recuperando poco a poco hasta alcanzar un estado de insensibilidad completa; ni siquiera notaba el contacto de la colcha con su cuerpo. Parece que esté flotando, pensó entonces, ingrávido como aquellos astronautas que antiguamente aparecían en los reportajes cinematográficos. Ahora le enternecía el recuerdo de aquellas escenas rodadas sabe Dios por quién en el interior de unas naves angostas y abarrotadas de tubos, volantes y manivelas y en las cuales solía verse un individuo en mallas hacer volatines lentamente en el aire mientras otro vestido de igual modo leía sentado con apacibilidad y soltura en el techo y un tercero, con la boca desmesuradamente abierta y gestos de cómica perplejidad, trataba en vano de comerse un flan que aparentemente dotado de voluntad propia, autonomía motriz y malicia, huía hacia arriba, como si todo aquello constituyera el objetivo principal de los viajes espaciales o, al menos, como si aquellos individuos, sin duda osados, poseedores de unos conocimientos científicos fuera de lo ordinario y serios a carta cabal, pero herederos de una época en la cual los inventos habían de tener siempre una faceta recreativa, no desdeñaran de vez en cuando hacer de payasos y malabaristas. Era su madre quien habitualmente le acompañaba los días de asueto a aquellas sesiones cinematográficas de las que nunca salía defraudado ni insatisfecho, como si hubieran sido concebidas con el fin exclusivo de colmar exactamente sus deseos y expectativas. Ahora, al recordar aquellos reportajes de actualidad que precedían la película y que él saboreaba doblemente, convencido de que, aun siendo interesantísimos, eran sólo el preámbulo de una película que lo sería todavía más, se preguntaba si esta felicidad o el recuerdo de ella no venía motivado en realidad por el recuerdo de su madre. Ahora, al menos, era así, no prodigándole muestras de cariño, sino quieta, silenciosa y con la mirada puesta en otra parte, pero a su lado, como habría deseado disponer de ella. Quizá por esta causa no había habido entonces para él nada comparable al cine ni lugar más maravilloso que una sala cinematográfica. Ahora ya no era así: ahora dejaba pasar meses e incluso más de un año sin entrar en una de ellas, y cuando lo hacía no era llevado por ningún interés específico, sino por matar confortablemente un par de horas; en tales ocasiones encontraba las salas desvencijadas, vacías, casi tétricas. Estas sesiones erráticas le dejaban luego una sensación amarga, como si hubiese estado haciéndose a sí mismo una estafa o una traición.

Divagaba alrededor de estas cosas cuando una idea súbita, como enviada por un agente externo, le retrajo al presente. ¡Cáspita!, se dijo. La confusión, la vergüenza y el descorazonamiento le habían hecho olvidar hasta entonces el mensaje que ella había entregado al recepcionista la tarde precedente y que ahora obraba en su poder por mediación del portero nocturno. Hasta ese momento había dado por supuesto que el mensaje había de limitarse a dejar constancia de sus intentos repetidos e infructuosos por encontrarle, pero nada le garantizaba que en efecto contuviera tal cosa y nada más. Incorporándose en la cama buscó a tientas el interruptor de la lámpara de sobremesa y, como el nerviosismo no le permitía encontrarlo en la oscuridad, acabó sacando del bolsillo interior de la chaqueta un cajita de cerillas y prendiendo una, a cuya luz endeble, habiendo encontrado y desdoblado el papel, leyó su contenido con tal ansia que al pronto no pudo extraer ninguna significación de sus palabras. Finalmente hubo de apagar la cerilla y encender otra, y serenado por esta operación mecánica, leyó lo siguiente:

«¿Dónde se ha metido? Llevo buscándole la tarde entera. ¿Me viene huyendo? Por favor, no haga tal cosa: le necesito urgentemente.»

Recobraba la cordura y con ayuda de una tercera cerilla, localizó el interruptor de la lámpara de sobremesa, la encendió y pudo leer varias veces el mensaje sin apremio, hasta que, considerando haber comprendido su alcance sin error ni incertidumbre, apagó la lámpara, se levantó y fue a la ventana, cuyas persianas abrió de par en par, con objeto de aspirar el aire de la noche. La bruma se había levantado y la luz de las farolas se reflejaba en el empedrado húmedo y en el agua quieta del canal. Ahora una capa neblinosa muy tenue cubría la ciudad como un toldo, a través del cual podía verse, muy apagado y lejano, el brillo de algunas estrellas. Mañana sin falta iré a buscarla, pensó; si me necesita, tal como dice, no hará falta ninguna excusa, pero yo se la daré igualmente. En aquel momento cruzó el cielo una estrella fugaz y su luz, mínima y breve, al penetrar en la niebla, fue retenida y agigantada por ésta de tal modo que durante un rato creyó estar viendo un cometa anónimo, cuyo resplandor se desparramaba por el cielo hasta el horizonte y hacía aparecer ante sus ojos la ciudad entera. Luego aquella luz se fue extinguiendo lentamente y la ciudad quedó bañada en plata hasta que cada edificio fue echando su sombra sobre el edificio contiguo y la oscuridad lo cubrió de nuevo todo. Aunque nunca había sido supersticioso, Fábregas creía que ciertas coincidencias o sucesos fortuitos brindaban a la imaginación un trasunto simple y claro del estado de ánimo de la persona que los contemplaba, de modo que ésta podía decir: ah, así es como me siento realmente en estos momentos. Reconfortado por esta interpretación del espectáculo que acababa de presenciar, cerró las persianas, volvió a la cama y se durmió.

Al despertar recordó aquel fenómeno insólito y se preguntó si no se habría producido únicamente en sus sueños. Acudió de nuevo a la ventana y abrió las persianas: aún no había amanecido. Contempló un instante entre dos luces la ciudad que unas horas antes había sido revelada a sus ojos por aquel resplandor venido especialmente para la ocasión del infinito. Ahora todo era igual, pero más sereno y sin misterio. La brisa del alba, que entraba por la ventana reemplazando el aire viciado de la habitación, hizo volar el mensaje desde la mesilla de noche a la alfombra. Fábregas lo recogió y lo leyó una vez más, temeroso de haber soñado también su contenido. Luego, tranquilizado a este respecto, se duchó, se vistió a toda prisa y bajó al *hall*, donde el portero nocturno se disponía a partir. Sin la casaca cubierta de pasamanería, que era distintivo del hotel, su aspecto era más ordinario que la noche anterior. Sus facciones acusaban también el cansancio de tantas horas pasadas entre vigilias, cabezadas y sobresaltos. Fábregas le preguntó si había visto aquella noche un cometa y el portero nocturno le contestó secamente que no. Después de la impresión producida en éste por el incidente ocurrido ante las escaleras del hotel, que Fábregas no había tenido el tacto de disipar con unas frases amables y una propina, el portero nocturno no parecía muy dispuesto a entablar conversación con él fuera de horas de servicio. Fábregas lo comprendió así y lo dejó marchar. Luego él mismo salió a la calle.

CAPÍTULO TERCERO

I

Pronto se dio cuenta de que no iba a serle fácil dar por sí solo con el palacio de los Dolabella. La víspera, cuando María Clara le había conducido allí, no había reparado en la dirección que ella había dado al gondolero: como le sucedía siempre que estaban juntos, no había podido apartar un instante su atención de ella. Luego, por la noche, el odio que sentía hacia el doctor Pimpom le había impedido de nuevo parar mientes en el trayecto. Ahora no recordaba ningún detalle que pudiera servirle de referencia. Al cabo de un rato de vagar inútilmente vio un grupo de gondoleros que desayunaba en una tasca, a la espera de los clientes matutinos, y dirigiéndose a ellos les preguntó si conocían por casualidad un palacio ruinoso cuya entrada trasera estaba flanqueada por dos estatuas colosales; a esto le respondieron los gondoleros que en Venecia había varias docenas de edificaciones que respondían a esta descripción. El día prometía ser caluroso y húmedo y la neblina hacía el aire denso y fatigoso. Después de conversar un rato con los gondoleros, Fábregas contrató a uno de ellos, que se comprometió a darle vueltas por los canales hasta localizar el palacio que buscaba. Al mediodía la excursión no había dado fruto y el gondolero le anunció que tenía que ceder la góndola a su socio, con quien compartía embarcación, trabajo y beneficios.

—Pero no la parienta —añadió en tono jocoso.

En el muelle donde se produjo el relevo de socios, Fábregas cerró con el nuevo gondolero el mismo trato, pero al cabo de una hora, viendo que aquél volvía a llevarle por los lugares que acababa de recorrer en la mañana, agobiado por el calor y harto de permanecer encajonado en la góndola, se hizo desembarcar en un punto cualquiera del recorrido. Hasta los turistas más contumaces habían abandonado las calles a la espera de que el crepúsculo aliviase el bochorno reinante. Ahora Fábregas caminaba por una ciudad desierta, deteniéndose de vez en cuando en algún bar a beber agua, cerveza, limonada o cualquier otro refresco que le aliviara momentáneamente la sed. Luego seguía caminando y el líquido ingerido le hacía sudar copiosamente. Tampoco había comido nada ese día, pero la sola idea de llevarse algo sólido a la boca le producía náuseas. A media tarde se le ocurrió de pronto que tal vez ella hubiera acudido de nuevo al hotel esperando encontrarle allí, resguardado del calor. Esta idea le trastornó enormemente. Por suerte en aquel momento acertó a pasar por donde se hallaba un taxi y pudo tomarlo y hacerse conducir al hotel sin dilación. En el mostrador de recepción le fue entregado un mensaje que decía: «Veo que sigue rehuyendo mi presencia. ¿Qué le he hecho?» Pidió recado de escribir al recepcionista y garrapateó a su vez esta nota: «Salgo en su busca; regresaré a eso de las nueve. Espéreme en el hotel y no se le ocurra marcharse.»

—Si ella vuelve, déle este mensaje y no deje que se vaya: es importante —dijo al recepcionista entregándole su mensaje y una propina rumbosa.

—¿Y no sería mejor que el señor la esperase aquí, tranquilamente? —sugirió el recepcionista; y, ante el estupor que esta sugerencia parecía haber producido a su interlocutor, se apresuró a añadir—: Disculpe mi entrometimiento, pero el señor no tiene buena cara.

—El quedarme aquí no la mejorará mucho —replicó él.

—Vaya a su habitación, dése un baño y relájese. Yo le enviaré una masajista. Para días como éste, un baño y un buen masaje son de lo más indicado —dijo el recepcionista con firmeza.

—En otra ocasión —dijo Fábregas.

Cuando volvió a salir del hotel declinaba el día y los turistas, angustiados ante la perspectiva de una jornada malograda, habían invadido nuevamente calles y sitios, dispuestos a arrostrar el calor y la humedad. Esta vez seré metódico, se dijo. En una librería compró una guía de forasteros con tapas de plástico rojas, blancas y amarillas. Con ella se proponía recorrer todos los palacios enumerados allí sistemáticamente e ir tachando cada palacio recorrido. Con la guía de forasteros en el bolsillo anduvo un trecho y, llegado a la explanada que se extendía frente al

Palacio ducal, donde antiguamente habían tenido lugar las ejecuciones públicas, la sacó para consultarla. Sólo entonces se dio cuenta de que por distracción había comprado un ejemplar de la guía de forasteros en alemán, idioma del que lo ignoraba casi todo. Podía aprovechar, sin embargo, los planos y trazados hasta tanto no se le presentara la ocasión de adquirir otra. Por causa de la neblina persistente, la luz era menguada para ser verano y le costaba descifrar los planos. Al cabo de un rato de forzar la vista, empezó a ver doble. Lo que me faltaba, pensó. Un grupo de turistas pasó por donde estaba dándole empellones; en uno de estos empellones la guía de forasteros se le cayó de las manos y fue pisoteada por aquel tropel. Ahora todos los líquidos que había bebido a lo largo del día pugnaban por ser regurgitados. Pensó acercarse al borde del agua, considerando más higiénico vomitar allí que hacerlo sobre el pavimento, pero desistió de ello por miedo de resbalar e ir a parar al agua. Cualquier cosa menos el agua, pensó en aquel momento. Luego hizo acopio de energía y logró entrar en el Palacio ducal mezclado con la masa de turistas. Una vez dentro del recinto buscó los lavabos sin encontrarlos. La gente subía y bajaba las escaleras apresuradamente, porque se hacía tarde y estaban a punto de cerrar el palacio a los visitantes. Huyendo de pordioseros y granujas que le acosaban con ofrecimientos diversos, entró al azar en un salón donde no había mucha gente. En aquel salón, cerrado a cal y canto, hacía tanto calor que creyó desvanecerse. Sin embargo, un cuadro bastante grande, colgado de una de las paredes, atrajo su atención en el último momento: era *El Dux y los procuradores adorando la Hostia*, de aquel Tommaso Dolabella de quien María Clara y su padre creían descender. En varias ocasiones ella le había conducido a aquel mismo salón para mostrarle la obra de su presunto antepasado, pero él había mirado el cuadro sin verlo realmente. Si al término de cada visita alguien le hubiese preguntado de qué trataba aquel cuadro, no habría sabido qué responder. Ahora, en cambio, sentía un vivo afán por examinarlo minuciosamente a fin de fijarlo de una vez por todas en la memoria, como si fuera a emprender un largo viaje y quisiera llevarse consigo el recuerdo del cuadro como único bagaje. Pero ahora el cuadro únicamente presentaba a sus ojos un conjunto de manchas sin forma ni sentido. Confiado en que de más cerca mejorara la visión de aquél, cruzó el salón dando traspiés. Estaba tan cerca de la tela que algunos de los presentes, temiendo que tratara de atentar contra la integridad de ésta, se apostaron a su lado dispuestos a intervenir para impedírselo, toda vez que su aspecto no debía de parecerles peligroso. Él hizo un ademán que quería ser tranquilizador: con él pretendía dar a entender que sus intenciones no eran destructivas. En realidad sólo quería leer el nombre del pintor, que era el de ella, antes de perder el sentido. Al punto varias manos le sujetaron. Él miraba aquellas manos estupefacto, porque había advertido que todas ellas eran de color verdoso o amarillento, como la tripa de algunos reptiles. Nadie tiene la piel así, pensó; deben de llevar guantes de algún material sintético. Pero cuando levantó la vista advirtió que también el cuadro entero era del mismo color malsano. Entonces comprendió que era su vista la que se había cubierto de un tul de aquel color.

II

Al despertar vio un hombre joven, de aspecto afable, que le observaba con reticencia. Este joven tenía el cabello y la barba rojizos. No le dolía nada y sentía el cuerpo ligero y la cabeza clara, como si despertara plácidamente de un sueño reparador. Al tratar de incorporarse vio que no llevaba otra ropa que una especie de camisola corta, de una tela no muy fina, pero limpia y planchada, de color azul pastel, abierta por la espalda y anudada por unas cintas detrás de la nuca. Si me levanto, me quedaré enseñando el trasero, pensó, pero ¿qué importa? El joven de la barba rojiza, advirtiendo sus intenciones, le hizo un gesto conminatorio que quería decir: siga acostado. Fábregas obedeció más por debilidad que por respeto a aquel individuo que no creía haber visto antes nunca.

—¿Es usted el masajista? —le preguntó.

El joven de la barba rojiza estuvo sonriendo un rato sin decir nada, como si ponderase la respuesta que debía dar a esta pregunta. Finalmente dijo:

—No.

Fábregas advirtió entonces que no estaba en su habitación, ni en otra similar del hotel, sino en un cuarto angosto y sin ventanas ni aberturas visibles al exterior, salvo una puerta de marco de madera y paneles de vidrio opaco.

—¿Dónde estoy? —preguntó.

—En San Bábila —respondió el joven de la barba rojiza.

—Yo soy ateo —protestó él.

—No se inquiete: no le estamos rezando un responso. San Bábila es un dispensario.

—¿Qué ha pasado? ¿Me desmayé?

El joven consultó un cuaderno y luego movió la cabeza afirmativamente.

—Ah, ya recuerdo. Y antes de desmayarme, ¿vomité?

—No lo sé: yo no estaba presente; pero según dice este informe, al ingresar en el dispensario le fue practicado un lavado de estómago, lo que parece indicar que no vomitó, si eso le viene preocupando.

—¿Y mi ropa?

—No la traía cuando lo trajeron.

—¿Quiere decir que me la habían quitado?

—Más bien que se la había quitado usted mismo. Según el informe, entró usted desnudo en una sala del Palacio ducal. Al parecer la cosa no pasó de ahí, porque la policía no levantó atestado ni se ha presentado denuncia alguna. Con el calor que estamos teniendo, a más de uno se le debió de ocurrir la misma idea.

—Oiga, yo no estoy loco.

—Me da igual que lo esté o no: yo no soy psiquiatra. ¿De veras no recuerda haberse desmayado?

—No.

—¿Qué otra cosa no recuerda?

—Recuerdo perfectamente todo lo demás.

—¿Cuál es su nombre?

—Charlie.

—Charlie qué más.

—Charlie nada más.

—Hum. ¿Tiene familia?, ¿esposa, compañera, amiga, secretaria?

—No, nada de eso.

—¿Viaja solo?

—Sí.

—¿Dónde se hospeda?

—Ahora mismo no sabría decirle. ¿En un hotel?

—Eso es usted quien tiene que decírmelo. ¿Qué hotel?

—No recuerdo su nombre.

—¿Cómo es? ¿Un hotel de lujo?, ¿un hotel de medio pelo?, ¿una pensión?

—Caro. Un hotel caro.

—Mejor para usted. ¿Es argentino?

—Español.

—¿Le gustan los toros?

—¿A qué viene esta sandez?

—Soy médico y estoy observando sus reacciones. ¿Aún no se había dado cuenta?

—Yo no necesito un médico.

—Se desnuda en público, se desmaya, sufre de amnesia y pretende no necesitar un médico: ¿quién de los dos está diciendo sandeces, Charlie?

—Quiero que venga mi médico particular.

—¿De España? ¿Cree que vendrá si le llamamos?

—Aquí también tengo médico particular.

—¿Aquí? ¿Dónde es aquí?

—En esta ciudad.

—¿Cómo se llama esta ciudad?

—Venecia.

—Vaya; algo es algo. ¿Cómo se llama su médico en Venecia?

—Doctor Pimpom.

—Vamos, Charlie, esto es un nombre ridículo: en Venecia no hay ningún médico que se llame de esta manera. ¿Cuántos dedos hay aquí?

—Tres.

—Muy bien. Mire aquel cuadrito colgado de la pared. ¿Qué representa?

—Un hombre alto, con barba. ¿Su retrato?

—No, hombre. Es una estampa de San Bábila el anacoreta, bajo cuya advocación fue puesto este dispensario. Si me promete estarse quieto mientras le tomo la presión, le contaré su historia.

—Le advierto que a mí San Bábila me la sopla.

—Peor para usted —dijo el médico de la barba rojiza—; se quedará sin saberla. A ver, abra la boca, ciérrela y sostenga el termómetro; no lo escupa ni se lo trague. Extienda el brazo; voy a tomarle la presión. Mientras tanto, conteste a mis preguntas diciendo sí o no con la cabeza. No intente hablar, porque se le caerá el termómetro al suelo. ¿Lo ha entendido? Muy bien. ¿Es usted diabético? ¿Ha habido diabéticos en su familia? ¿Cómo puede decir si ha habido o no diabéticos en su familia si no recuerda ni su propio nombre? ¡No hable! Le he dicho que no hable. Sólo sí o no. ¿Fuma? ¿Bebe mucho? ¿Se había desnudado anteriormente en algún lugar público? ¿Cree que alguien le persigue? ¿Sueña a menudo? Bueno, ya está. La temperatura es normal, pero tiene la presión un poco descompensada y el pulso acelerado. En términos generales, yo lo veo bien, pero me gustaría tenerle el resto de la noche en observación.

—¡Cómo! ¿El resto de la noche? —exclamó Fábregas—. ¿Pues qué hora es?

—Las once y media.

—¡Cielo santo, tenía una cita inaplazable a las nueve!

—Me temo que ya la ha aplazado, pero me alegra ver que recuerda sus citas —dijo el médico de la barba rojiza.

—También acabo de acordarme del nombre de mi hotel: Gran Hotel del Moro. Llame al hotel: allí le darán razón de mí.

—¿En el Gran Hotel del Moro también se hace llamar Charlie a secas? —preguntó el médico de la barba rojiza.

—No... ¿Qué ha sido de mi documentación?

—Debió de quedarse con la ropa. Sigue sin recordar su nombre, ¿verdad?

—Lo tengo en la punta de la lengua.

—Con la punta de la lengua no se va muy lejos. Acuéstese y procure dormir. Si ve que no puede conciliar el sueño, llame a la enfermera y pídale un somnífero. Dígale que yo se lo he recetado. Por desgracia, yo no puedo dedicarle más tiempo. La gente disfruta rompiéndose la crisma y a estas horas el dispensario está abarrotado. Volveré mañana por la mañana, antes de que venga el turno de día. Entonces veremos cómo va esa memoria. ¿De acuerdo?

—No. Quiero irme de aquí ahora mismo —dijo Fábregas.

—No tiene la cabeza tan firme como usted cree. Hágame caso y no se arrepentirá.

—Oiga, doctor, si la policía no ha presentado denuncia contra mí, ¿puedo ser retenido en contra de mi voluntad?

El médico de la barba rojiza se encogió de hombros.

—Haga lo que le dé la gana —murmuró con un deje de

desaliento en la voz—, pero venga mañana a partir de las cinco, para que veamos qué tal van las cosas. Por supuesto, si no quiere venir, tampoco puedo obligarle a que venga: usted verá lo que le conviene.

Mientras hablaba iba rellenando un formulario. Cuando hubo acabado de rellenarlo separó el original de la copia y entregó el original a Fábregas.

—Tenga —le dijo—. Al salir entregue este volante a la enfermera que encontrará en el mostrador, en el vestíbulo. Ella le facilitará la forma de volver a su hotel.

Tal como le había indicado el médico de la barba rojiza, en el vestíbulo había un mostrador, pero la enfermera que debía haberlo atendido estaba ausente cuando Fábregas se personó en él. Viendo que el reloj que presidía el vestíbulo estaba a punto de dar las doce, dejó el volante sobre el mostrador y salió a la calle. Una vez allí lamentó no haber leído lo que el médico de la barba rojiza había escrito en el volante acerca de su estado físico y mental. Realmente no sé dónde tengo la cabeza, pensó; he de cuidarme un poco si no quiero acabar mal. Advirtiendo que los transeúntes miraban de reojo su atuendo estrafalario, decidió que no era prudente permanecer demasiado rato en el mismo sitio. Se alejó caminando a buen paso, pero sin rumbo, más atento a impedir que la brisa le levantara los faldones de la camisola y dejara al aire sus vergüenzas que a encontrar un camino que le condujera al hotel. Cuando finalmente se detuvo, sabiéndose extraviado una vez más, se le acercó un hombre obeso que le había venido siguiendo desde hacía un trecho.

—Venga conmigo —le dijo cogiéndole del brazo con firmeza—; volveremos juntos al hotel.

—¿Cómo sabe usted en qué hotel me alojo? —preguntó Fábregas dejándose conducir por el desconocido.

—El Gran Hotel del Moro, ¿no es así? —dijo el hombre obeso, y luego, sonriendo afablemente, añadió—: Yo también me alojo allí.

—Pero yo no le conozco a usted.

—Tampoco en eso hay misterio —dijo el hombre obeso—: hemos coincidido en el restaurante del hotel, a la hora del desayuno, en un par de ocasiones. De eso le conozco, aunque usted no me conozca a mí, quizá porque es usted más llamativo que yo, o porque yo soy más observador que usted. ¿Se encuentra bien?

—Perfectamente, muchas gracias. En cuanto a mi vestimenta...

—Todos tenemos un mal día —atajó el hombre obeso con afabilidad.

El portero nocturno del hotel torció el gesto al verlo aparecer en el *hall* de aquella guisa, pero el hombre obeso le tranquilizó murmurándole unas palabras al oído y deslizándole subrepticiamente un billete en el bolsillo de la casaca. Frente a la puerta de la habitación de Fábregas, éste y el hombre obeso estuvieron un rato intercambiando fórmulas de cortesía hasta que el hombre obeso, aduciendo que a ambos les convenía descansar de la fatiga del día, se alejó en dirección al ascensor. Fábregas entró en la habitación, recorrió la distancia que le separaba de la cama sin encender siquiera la luz y se acostó inmediatamene. Tiene razón el hombre obeso, pensó; estoy verdaderamente exhausto. Y como si la frase rutinaria pronunciada por aquél hubiera sido la auténtica razón de su cansancio, apenas la hubo repetido para sus adentros, se quedó dormido.

III

Creyó estar en la cubierta de un barco, acodado en la barandilla, mirando el mar. Cuando iba a retirarse a su camarote, el hombre obeso que momentos antes había venido a ocupar un lugar contiguo al suyo, le retuvo asiéndole del brazo e instándole encarecidamente a que se quedase, ya que, según le dijo, faltaba poco para avistar la isla y su famoso templo, a lo que él replicó no saber a qué isla ni a qué templo se refería su interlocutor, el cual, con una sonrisa paternal, le reprochó no haber leído atentamente la guía de forasteros y mostró consternación cuando Fábregas le contó que había perdido la suya. Hoy por hoy, le vino a decir, viajar sin una buena guía de forasteros es tanto como viajar desnudo. Fábregas habría querido replicar a esto que precisamente la noche anterior había embarcado en aquel mismo paquebote un grupo bastante numeroso de nudistas, que se había pasado la mañana chapoteando en la piscina y jugando al *volley-ball* en pernetas, pero se abstuvo de hacerlo porque recordó de pronto que algunos viajeros, a la vista de aquel espectáculo insólito, habían decidido seguir el ejemplo de los nudistas y, despojándose allí donde estaban de todas sus ropas, se habían unido a aquéllos en medio de grandes gritos y risotadas, y que precisamente la esposa del hombre obeso, que acompañaba a éste en su viaje de negocios, en ausencia de su marido, el cual había preferido permanecer durante la mañana en el camarote revisando unos documentos relacionados con su trabajo, había sido una de las partidarias más entusiastas de la idea, si no su promotora. Por lo cual se limitó a pedir a su interlocutor que le dijera qué isla era aquélla, a lo que el otro respondió que la isla donde había vivido y muerto San Bábila el anacoreta. Y eso ¿qué interés tiene?, quiso saber, a lo que el otro replicó que eso dependía de las creencias y devociones de cada cual, y agregó acto seguido que él, personalmente, se tenía por ateo o, cuando menos, por agnóstico y consideraba las historias de milagros y prodigios meras leyendas poéticas en el mejor de los casos y supersticiones deplorables en el peor de ellos, pero que, ello no obstante, tenía conocimientos abundantes de estas cosas a través de su mujer, que era persona muy piadosa y mojigata y lectora ferviente de vidas de santos. Fábregas, que había sorprendido la víspera a la esposa de su interlocutor, en un rincón oscuro de la cubierta, abrazada a un marinero, al que introducía con fruición la lengua en la oreja mientras le frotaba la entrepierna con el muslo, se abstuvo de manifestar en voz alta el asombro que le producían las palabras del otro, el cual, ajeno a esto, le refirió lo que su esposa le había referido a su vez acerca de cómo San Bábila había sido en su juventud hombre gallardo y de costumbres licenciosas hasta que, enamorado de una muchacha bella y virtuosa y desdeñado por ésta, o arrebatada ésta por la célebre peste en la flor de la edad, había abominado de su vida anterior y decidido hacerse anacoreta. A tal fin, había viajado hasta la costa veneciana, pues era oriundo del interior, y allí había pedido a un marinero que a la sazón estaba aparejando su barca que le condujera a una isla pequeña y árida, situada a varias leguas de la costa. El marinero le había dicho que en aquella isla no crecía ninguna hierba ni había siquiera allí insectos que pudieran servirle de sustento, que en realidad la isla era sólo un peñascal, a lo que el anacoreta había respondido diciendo: Dios proveerá. Al cabo de dos días, una ballena había embarrancado en la isla, donde no había tardado en morir, quedando su corpachón varado en la playa. El anacoreta, que sabía que en el Adriático no había habido nunca ballenas, había visto en aquello la mano del Altísimo. Obtuvo sal evaporando el agua del mar y con ella conservó la ballena en salazón, alimentándose de aquella reserva durante cincuenta años. Con el esqueleto de la ballena, que iba quedando al descubierto a medida que el anacoreta se iba comiendo la carne, empezó a construir un templo. Con un buril de piedra iba labrando en cada hueso escenas de la vida y la pasión de Cristo, de la vida de María, de los hechos de los Apóstoles y del Apocalipsis. Los barcos que pasaban frente a la isla iban viendo crecer aquel templo, que relucía al sol, pero, conociendo su origen, no se atrevían a acercarse a la isla, por no perturbar la soledad del anacoreta. Finalmente un día el templo quedó acabado. Lo remataba una cruz de barbas de ballena. Los marineros y pescadores que frecuentaban aquella ruta, al ver el templo acabado, supieron que también el anacoreta había acabado su misión y desembarcaron para llevar su cuerpo a Venecia, donde todo estaba dispuesto desde hacía mucho para su sepelio. El cuerpo del anacoreta, pese a haberse alimentado durante tantos años de carne de ballena en salazón únicamente, desprendía un aroma exquisito.

Concluida la historia, el hombre obeso dijo habérsele hecho un nudo en la garganta, como siempre que tenía ocasión de referírsela a alguien; sin que supiera explicar por qué, dijo, aquella historia de abnegación y constancia siempre le había emocionado. Hoy ya no existían hombres así, agregó a modo de colofón. Fábregas dio su asentimiento a ello con más cortesía que convicción. Hacía rato que su atención había sido atraída por la llegada de la mujer del hombre obeso, la cual, dando muestras de extrema discreción y respeto, no había osado interrumpir el relato de aquél y se había quedado algo apartada de ambos, callada y quieta, en una actitud modesta que al principio impresionó favorablemente a Fábregas, quien, sin embargo, creyó advertir, aunque sin adquirir certeza al respecto, cada vez que una ráfaga de viento arremolinaba el vestido veraniego de la mujer, que ella no llevaba debajo ninguna prenda interior. Estos atisbos precarios y la sospecha de que ella, no obstante el recato de su aspecto, propiciaba con su colocación y sus posturas la complicidad del viento, le produjeron una excitación que no sabía de qué modo ocultar a los ojos del hombre obeso, quien, por fortuna, parecía del todo ajeno al devaneo que se desarrollaba en sus propias barbas. Desde el primer momento en que la había visto se había encendido en Fábregas una pasión por aquella mujer de la que nada parecía poder apartarle. Aquella pasión le dominaba. Él se preguntaba qué había hecho aquella mujer para alterarle de aquel modo insólito, qué había en ella y quién sería en realidad, pues, a pesar de que apenas había tenido ocasión de examinar su rostro con detenimiento, unas veces debido a los efectos de la luminosidad cegadora del cielo, otras, al contraste entre esa misma luminosidad y la sombra de la toldilla, y otras, por último, a su cabellera rojiza, que, al juguetear con la brisa, se lo cubría parcialmente, aquél no le resultaba desconocido. Ahora esta suma de rasgos entrevistos, pero nunca ofrecidos verdaderamente a su contemplación, le trastornaba hasta el delirio.

Así permanecieron los tres un rato, en silencio, simulando otear el mar en busca de la isla, hasta que de pronto el hombre obeso les anunció inesperadamente que debía ausentarse sin demora. Confesó que el nerviosismo producido por la expectativa le había provocado la necesidad inaplazable de orinar, cosa que pensaba hacer en el *water* de su camarote y aprovechar de paso la ocasión para proveerse allí de un catalejo que había adquirido precisamente para la travesía, pero de cuya existencia se había olvidado hasta ese momento. Apenas el hombre obeso hubo girado sobre sus talones, la mujer abandonó todo fingimiento y con voz perentoria ordenó a Fábregas que la siguiese. Cuando ella pasó por su lado, llegó a su olfato un perfume penetrante y cálido que le recordó el éter. Por una escotilla descendieron al corredor a cuyos lados se alineaban las puertas de los camarotes. En el corredor no había nadie a aquella hora; allí todo era silencio, penumbra y frescor. También su camarote estaba envuelto en una penumbra dorada; la luz del sol reflejada en el agua entraba por las rendijas de la persiana y serpenteaba alegremente en el techo. Ahora se arrepentía de haber aceptado resignadamente el camarote que le habían adjudicado sin consultarle. Era un camarote tan estrecho que la cama apenas dejaba un corredor angosto por donde caminar de lado, rozando las paredes con la espalda. Aquella estrechez, al principio, había sido de su agrado. Desde la cama podía ver el mar y le bastaba alargar el brazo para colocar la mano en el alféizar de la ventana. Ahora estas menudencias le humillaban. Ella, sin embargo, no parecía haber reparado en la estrechez del camarote: era toda salacidad y encendimiento; con los ojos en blanco le echaba los brazos al cuello y musitaba palabras procaces y chocantes. Entonces él cayó en la cuenta de quién era; era aquel pelo largo y teñido, aquella permanente vulgar, aquellas pestañas postizas y aquel maquillaje chabacano lo que le había despistado hasta entonces, le dijo. Ella emitió una carcajada soez, como si aquellas apostillas injuriosas a su aspecto la halagaran. No había límites a su envilecimiento, le dijo en tono jactancioso. Acto seguido le contó que, víctima de una serie de añagazas que no era ése momento de enumerar, se había visto forzada a casarse con el hombre obeso, por quien sólo sentía una repulsión que con el transcurso del tiempo había ido en aumento. A su lado, sin embargo, se veía obligada a guardar una conducta intachable, que había engañado a todos, incluso a Fábregas, siguió diciendo, ya que su marido, bajo la apariencia de mansedumbre que mostraba en público, ocultaba un carácter feroz y perverso. El hombre obeso era en realidad un ser arrebatado, violento y peligrosísimo cuando le dominaban los celos. Sólo los raros viajes que emprendían juntos le deparaban la oportunidad de dar curso libre a su incontinencia, añadió. Él afirmó entonces no haber comprendido esto último, ya que, a su entender, era precisamente en los viajes cuando la convivencia forzosa y continuada dificultaba más eludir el control de la persona en cuya compañía se viajaba, a lo que ella replicó que en su caso particular sucedía precisamente lo contrario, ya que su marido sólo viajaba por motivos profesionales y en esas ocasiones no pensaba en otra cosa que en el dinero. No obstante, añadió, debían darse prisa, pues incluso en las circunstancias favorables que ella acababa de describir, una desaparición prolongada por su parte podía despertar las sospechas del hombre obeso. Como si estas palabras hubieran sido premonitorias, apenas hubo acabado de pronunciarlas, sonaron unos golpes en la puerta del camarote. Era él, dijo ella abrazándole con una fuerza que parecía nacida del terror. Estaban perdidos. Ambos ponderaron la idea de arrojarse por la ventana al mar, no estimándola factible. Arreciaban los golpes en la puerta, acompañados ahora de voces conminatorias. Ella le propuso entonces consumar su pasión, colmarse recíprocamente de dicha mientras las bisagras resistieran, pero él, aunque habría querido llevar a término lo que ella le proponía, juzgándolo heroico, no se veía con ánimos para ello, por lo que, sordo a sus ruegos e insensible a la voluptuosidad que ella, habiéndose desgarrado el vestido con sus propias manos, trataba por todos los medios de contagiarle, la apartó de sí e hizo amago de saltar del lecho.

Entonces advirtió que alguien estaba golpeando en efecto la puerta de la habitación y comprendió que en realidad aquel sueño tan largo y entreverado en apariencia había durado solamente una fracción de segundo.

IV

—¡Usted! —exclamó al verla en el corredor del hotel.

Era la última persona a la que esperaba encontrar allí y ahora, en su presencia, maldecía la precipitación con que había acudido a la llamada. La perturbación del ánimo, de la que el sueño que acababa de tener había sido a la vez causa y efecto, no se había disipado todavía; ahora se confundían en aquél las dos imágenes antitéticas de ella: la real y la soñada. Esta última seguía provocándole una reacción alborotada de la que no podía desentenderse mientras siguiera llevando la camisola azul del dispensario. Ella, sin embargo, no dio muestras de extrañeza ni de azoramiento, bien por inadvertencia, bien por delicadeza.

—Siento mucho haberle despertado —dijo con naturalidad.

—De ningún modo. Soy yo quien debe excusarse por haberle abierto de este modo... Pero pase usted, por favor; no se quede en el pasillo —dijo él aturdido, haciéndose a un lado.

—¿Se encuentra bien? —preguntó ella entrando en la habitación y mirándole de refilón con una sombra de inquietud en la mirada.

—Sí —murmuró él; y confundiendo el objeto y la razón de la pregunta, añadió en tono compungido—: es que estaba teniendo un sueño extraño.

Apenas dicho esto, enrojeció vivamente.

—Menos mal —dijo ella interpretando a su vez en forma incorrecta su respuesta—. Temí que le hubiera pasado algo... Le he estado llamando por el teléfono interior del hotel al menos media hora. Luego en vista de que no contestaba a la llamada y de que no se encontraba en el restaurante ni en ninguna otra dependencia del hotel y de que tampoco había salido a la calle, me decidí a subir y aporrear su puerta. ¿De veras no oía el teléfono?

—No. Ni la puerta tampoco. Me temo que habrá tenido que aporrearla bastante rato.

—Aporrearla y dar voces. Ha sido bastante divertido: varios huéspedes se han asomado al pasillo creyendo ser testigos de una reyerta matrimonial. ¿No era usted el que se quejaba de insomnio?

Él no quiso decirle lo que estaba pensando: que en el dispensario le habían administrado seguramente algún sedante o anestésico después de practicarle el lavado de estómago. Ella, por su parte, parecía haber dado por zanjada la cuestión. Ahora recorría la habitación con desenvoltura, curioseando por todas partes, pero sin tocar nada. Viéndola moverse así, Fábregas se avergonzó de haberle atribuido en sueños apariencia y conducta ruines. Ahora se preguntaba si en realidad el sueño no traía aparejada esta conclusión: que sólo rebajándola moralmente podía hacerla suya su fantasía. Por fortuna, ella no se barrunta nada, pensó con alivio. El retumbar de un trueno a lo lejos le sacó de su abstracción.

—Parece que vamos a tener tormenta —comentó ella asomándose a la ventana y contemplando el cielo oscuro y amenazador. Fábregas encendió todas las luces de la habitación para conjurar la atmósfera escasa y triste que la invadía. Sin embargo, siguió pensando a su pesar, en el sueño sus labios eran frescos y aromáticos—. Era evidente que el calor asfixiante de ayer y de hoy tenía que acabar por fuerza en tormenta —añadió ella dándose la vuelta y encarándose con él, que permanecía aún junto a la puerta—. ¿Y esta prenda tan sugestiva? —preguntó de pronto.

—Oh —dijo él, incapaz de improvisar una explicación verosímil y decidido a no referirle a ella el incidente lamentable del Palacio ducal.

—Le confesaré una cosa —dijo ella—: cuando le conocí

pensé que debía de dormir siempre con pijamas listados, de seda... No sé por qué, pensé que sería esa clase de hombre. Pero anteayer dormía usted vestido y hoy, con canesú. Presiento que lleva usted una vida nocturna muy interesante. Algún día me la contará.

En aquel momento Fábregas tuvo la sensación de que la alegría de ella era fingida. Se oyó otro trueno, más cercano. Del sueño sólo quedaba en su ánimo un poso de melancolía. Abrió el armario y se puso una bata de invierno que le hizo sudar copiosamente de inmediato.

—Tengo hambre —dijo—. ¿Ha desayunado? —y viendo que ella respondía negativamente, añadió—: ¿Qué le parecería si pidiese desayuno para dos en la habitación?

—Una gran idea —dijo ella sin aparente entusiasmo.

Fábregas descolgó el teléfono e hizo lo que acababa de sugerir. ¿Será posible que ella me haya perdonado sin reservas?, iba pensando mientras hablaba por teléfono; de otro modo, ¿qué está ocurriendo aquí?, si esta visita no preludia un giro radical en nuestras relaciones, ¿a qué obedece? Ah, se dijo, los mensajes, sigo empeñado en olvidar los mensajes.

—Dígame, ¿qué puedo hacer por usted? —le preguntó.

La seriedad de su tono y el aspecto monacal que le daba la bata parecían amedrentarla. Antes de contestar vaciló un rato, como si la forma en que lo hiciera hubiera de condicionar decisivamente la reacción de su interlocutor. Finalmente abrió la boca, pero antes de pronunciar palabra la volvió a cerrar. Luego, viéndose observada con fijeza, exclamó:

—¡Déjeme! ¿Por qué me mira de este modo? ¡No le entiendo y me da miedo!

A continuación se apoyó en el alféizar de la ventana y escondió la cara entre las manos. Sollozos o convulsiones le agitaban el cuerpo. Fábregas se quedó desconcertado. Qué simple, a pesar de todo, es la vivencia de los sueños, pensó; en cambio, en la realidad, todo son preguntas e incertidumbres.

—¿Le ocurre algo? —preguntó—. ¿En qué la he molestado?

Ella dejó de agitarse, pero no separó las manos del rostro.

—No me haga caso —dijo con voz ronca y entrecortada—. Estoy muy nerviosa. Yo también he tenido un sueño extraño esta noche. Un sueño que me ha puesto triste.

—¿De veras?, ¿y qué ha soñado? ¿Algo que pasaba en un barco, en alta mar?

—No, en absoluto, ¿por qué lo pregunta?

—Por nada. Mi sueño transcurría en un barco y pensé que podía haber habido una coincidencia. ¿No va a contarme ese sueño que ahora le preocupa tanto?

—No —dijo ella descubriéndose la cara—. Cuénteme el suyo.

Aunque vio que ella tenía los ojos enrojecidos por el llanto y que dos lágrimas le surcaban las mejillas, no pudo dejar de sonreír al oír lo que ella le proponía.

. —Eso es imposible por ahora —dijo—. ¿Por qué llora?

—¿Puedo sentarme?

—¡Qué pregunta! Claro que puede.

Ella se dejó caer en una butaca. La nueva postura le hizo llorar otra vez, pero ahora calmadamente.

—En todo el mundo sólo puedo contar con usted —dijo.

—Si es así, no me sorprende que le dé por llorar —dijo él.

—No se burle de mí ni me tome a broma.

—¿A broma? —dijo él lentamente, deteniendo en ella un rato la mirada, como si quisiera eternizar la imagen que ella le ofrecía de sí misma: sola, triste, indefensa, con un vestido de verano sin mangas, estampado de flores, que le daba un aire infantil y sin malicia. Todo en ella era cambiante a sus ojos: el cabello castaño de otras veces se le antojaba ahora dorado; un momento antes, viéndola apoyada en el alféizar de la ventana, había pensado ¡qué alta es!, ¡qué esbelta!: ahora en cambio, hundida en la butaca, le parecía diminuta y compacta. Comprendió que nunca se cansaría de mirarla—. ¡Qué va! —exclamó.

La lluvia empezó a repicar en las persianas.

—Necesito que me preste usted dinero —dijo ella de sopetón, en el tono imperioso de quien por fin se ha resuelto a dar un paso arduo—. Por supuesto, se lo devolveré...

—De eso no me cabe la menor duda —atajó él—. ¿Cuánto quiere?

Ella lo miró sorprendida: seguramente había previsto varias respuestas alternativas a su solicitud, pero no el tono reservado y empresarial que Fábregas había adoptado de un modo automático. Él, a la vista de lo que sucedía, repitió la pregunta en un tono apacible y tranquilizador.

—¿Cuánto dinero necesita? Dígamelo sin miedo.

—Es mucho.

—Si verdaderamente lo necesita...

—Ah, eso sí.

—Pues venga esa cifra fatal.

—Dos... —tartamudeó ella—... dos millones.

—Suyos son —dijo él tan pronto ella hubo acabado de enunciar la cifra—. Pero dos millones ¿de qué?

—De liras, claro está.

Fábregas descolgó el teléfono y ordenó a la gerencia del hotel que le subieran esa suma en un sobre a su habitación de inmediato. Cuando colgó el teléfono ella se había levantado y estaba otra vez en la ventana, viendo llover a través de los intersticios de la persiana. De esta forma ocultaba su rostro a Fábregas, quien comprendió en ese mismo instante que ella necesitaba aquel dinero para volverse a marchar de Venecia. Puesto que la cosa no tiene remedio, pensó apresuradamente, sería absurdo hacer una escena; no, es preciso que ella no note nada, que todo siga como hasta ahora; luego ya veré lo que termino haciendo, se dijo.

—¿Ve qué fácil ha sido? —dijo en voz alta.

—Si en vez de pedirle dos millones de liras le hubiera pedido dos millones de dólares, ¿me los habría dado igual? —preguntó ella.

—Ni tan de prisa ni en efectivo, pero igualmente se los habría dado —respondió él, e inmediatamente pensó que esta respuesta era fatua y engañosa. Nunca le había revelado la naturaleza exacta de sus actividades ni la procedencia de un dinero que, sin embargo, derrochaba ante sus ojos sin la menor cautela. Era lógico que ella, viendo que podía pasar meses enteros sin ocuparse de sus negocios y gastando de aquel modo, le supusiera unas rentas inagotables o una forma turbia de obtener beneficios. Lo más probable, con todo, es que a ella este asunto le traiga sin cuidado, se dijo—. Sin embargo, no soy tan rico como usted debe de creer —añadió en voz alta.

—Ya le he dicho que se lo... —empezó a decir, pero él, adivinando lo que ella se proponía decirle, le impuso silencio con un ademán. Ella obedeció un rato; luego añadió—: No crea que por suponerle rico no valoro su amabilidad y su confianza. Me es violento agregar más, pero confío en que me entienda.

Ahora llovía torrencialmente. Ella se retiró de la ventana, caminó hasta el centro de la habitación y apoyó una mano en el buró. Él la observó impávido, con una curiosidad tranquila y sin expectación.

—Por Dios, no me mire así —dijo ella—. Sé muy bien lo que está pensando.

Con un gesto brusco se llevó la mano que no apoyaba en el buró al tirante del vestido y la dejó allí, inmóvil. Él sonrió. No había parado mientes en aquel gesto impulsivo, sino en las palabras que lo habían precedido: una frase hecha que había oído repetidamente a lo largo de su vida en situaciones análogas. Ahora recordaba otra vez el sueño de la noche anterior y pensaba hasta qué punto esa frase era errónea en la ocasión presente. Estaba pensando en esto cuando sonaron unos golpes en la puerta.

—Ya traen el dinero —dijo—. Se podrá ir en seguida.

Acudió a la llamada con parsimonia, pero se quedó atónito al ver entrar en la habitación un camarero que empujaba un carrito sobre el que había una bandeja con dos servicios de desayuno. Repuesto de su chasco, indicó al camarero dónde debía dejar el carrito. El camarero, después de remolonear un instante a la espera de una propina, se fue cerrando a sus espaldas la puerta de la habitación con suavidad. En el carrito había un jarro de cristal de Murano, alto y estrecho, con una rosa roja.

—Anoche perdí todo el dinero de bolsillo —dijo Fábregas, cuando el camarero se hubo ido, a propósito de la propina que debía haberle dado a éste—. Y la documentación también. Hoy iré a denunciar la pérdida sin falta.

—Lo siento. ¿Cómo fue?

—Bah, una tontería de la que sólo se me puede culpar a mí —dijo él—. ¿Quiere alguna cosa?

Sabiendo que se refería al desayuno, ella dijo que no con la cabeza.

—Le ruego que disculpe lo que le acabo de decir —dijo al cabo de un rato—. Estoy avergonzada. No crea que hago las cosas atolondradamente o sin pensar en sus consecuencias. Jamás procedo de este modo, pero es posible que usted, aunque me conoce bien, siga pensando que sí:

que actúo en forma irreflexiva; en realidad, no sería un error de juicio por su parte opinar eso, porque verdaderamente mis acciones no parecen responder a lógica ni orden; y en efecto así es. En definitiva, no sé qué hacer ni a dónde ir... Pero eso no significa que no piense; al contrario, todo mi desconcierto se debe a que pienso demasiado. Ante la duda y la incertidumbre, no hago otra cosa que pensar. También pienso que pensar no conduce a nada, que es un modo estúpido de vivir. Sé que sólo la acción trae consigo la acción, que sólo la acción puede cambiar las cosas o iniciar el cambio de las cosas. Pensando no se pone el mundo en movimiento; al contrario, el pensamiento lo estanca todo. Yo pienso esto que acabo de decir, pero no me sirve de nada; pensarlo no me sirve de nada. Me aborrezco y me avergüenzo de mi apatía. Cuando pienso en mí, en lo que soy y en lo que hago, no me gusto: el balance siempre es negativo. Me aborrezco de veras. Es probable que en definitiva nadie esté contento de su propia conducta, que nadie se guste a sí mismo; pero no puedo creer que haya nadie tan disconforme como yo lo estoy con todo. A veces me pregunto cómo puede haber tanta disparidad como la que hay entre lo que yo quisiera ser y haber sido y lo que realmente soy. Si estuviera en mi mano cambiar mi vida, lo cambiaría todo: mi modo de ser, mis sentimientos, mi pasado, el ambiente en el que me muevo, la educación que he recibido; ya lo ve: todo. Pero también sé que eso es irrealizable, que pensarlo es estúpido: una forma de no hacer frente a la realidad y, sobre todo, una forma despreciable y nociva de egoísmo. En cuanto a usted, yo siempre...

—Calle; no siga diciendo tonterías —dijo él. Siempre, y más en el caso presente, le había resultado exasperante y embarazoso escuchar las confesiones que las personas se creían obligadas a hacer en determinadas circunstancias. Estas confesiones, según había creído advertir en todas las ocasiones en que había sido receptor de ellas, tenían menos de sinceridad que de enajenamiento; eran fruto de una intoxicación del ánimo, de una turbación profunda y un desasosiego cuyo alivio no estribaba en el esclarecimiento de la verdad, sino en una degradación descarada de su autor a los ojos de quien la recibía. Ahora él se preguntaba si aquella confesión innecesaria no sería un medio para soslayar la gratitud o un preludio de otra entrega.

Bah, ¿qué importa?, se dijo, no voy a permitir ahora que estas cosas empañen mi gesto—. En realidad habla usted así porque todavía es muy joven —añadió decidido a poner de nuevo las cosas en su lugar—. Con esto no quiero decir que a medida que pasan los años la personas se vayan reconciliando con su propia naturaleza; por lo que a mí respecta, sigo pensando hoy lo mismo que pensaba hace tiempo, lo que he pensado siempre: algo que no difiere mucho de lo que usted acaba de decir en términos generales. Lo que sí creo —siguió diciendo sin dar muestras de advertir la expresión de fastidio con que ella acogía sus palabras— es que antes o después dejará de considerar esa actitud culpable y egoísta. Para entonces seguramente le parecerá que la conformidad ha llegado demasiado tarde, pero eso tampoco será cierto: nada llega tarde si en su momento todavía podemos hacer acopio del valor necesario para afrontar la vida. No estoy hablando de la felicidad, sino de una disposición del ánimo que no es susceptible de calificación, inexplicable. A diferencia de lo que usted asegura querer, yo no le hablo en estos términos para que usted me comprenda. Antes ha dicho saber lo que pensaba yo, pero no decía la verdad: ni usted sabe lo que yo pienso, ni yo lo que piensa usted; nadie sabe lo que piensan las demás personas. A lo sumo, podemos colegir los móviles inmediatos de ciertos actos, y aun eso sin certeza. Créame: no vale la pena hacerse mala sangre ni sufrir inútilmente. Otra ocasión de vivir no se la va a brindar nadie. En cuanto a mí, no sé lo que iba a decir cuando me he permitido interrumpirla, pero fuera lo que fuese, no lo diga —viendo que ella fruncía el ceño, levantaba el brazo y abría la boca, volvió a atajarla con un ademán que no admitía réplica: era importante para él impedir que ella pudiera hacer explícito su ofrecimiento, en el supuesto de que fuera ésa su intención. En todo caso, soy yo quien debe exigir, pero no ella ofrecer, pensó—. En cuanto a mí —repitió en voz alta—, déjeme donde me ha encontrado: no intente hacer de mí lo que no soy, ni tampoco olvidarme como si nunca hubiera existido. Y piense que si estuviera en mi mano cambiar en usted alguna de esas cosas que tanto le exasperan, no lo haría: ya ve hasta qué punto mi compañía no le conviene.

Calló cuando sonaron de nuevo golpes en la puerta. Esta vez sí, pensó con alivio. Había estado perorando sin atender el sentido de sus propias palabras, con el único objeto de no permitir que ella siguiera sufriendo. En la puerta había un hombre vestido de oscuro, con el pelo engominado. Fábregas no recordaba haberlo visto nunca hasta ese momento. En una mano llevaba unos impresos y en la solapa de la americana, una gardenia. Entregó los impresos a Fábregas para que éste estampara en ellos su firma y, una vez cumplido este requisito, sacó del bolsillo interior de la americana un sobre alargado cuyo contenido amenazaba destripar las junturas, y lo canjeó por los impresos. Todos sus gestos parecían innecesarios, como sucede con los gestos que son hechos con absoluta precisión. Cuando se hubo marchado, Fábregas estuvo sonriendo un rato. Ahora él tenía en la mano un sobre con el dinero que ella le había dicho necesitar. Podía preguntarle qué se proponía hacer con aquel dinero. En realidad, puede hacer muchas cosas una vez este dinero obre en su poder, pensó, pero por el momento, puesto que todavía obra en el mío, soy yo quien puede ejercer los derechos que confiere una suma tan abultada. Ahora le repugnaba de repente la noción de haberse comportado con caballerosidad y dulzura hasta aquel momento. Ahora le asaltaban ideas feroces y depravadas que desdecían de su comportamiento anterior y de su bata. Hacer algo abominable sería lo mejor para los dos, pensó; sólo un acto vil podría restablecer en este momento la normalidad en nuestra relación, acoplarla a la verdad y permitirle una evolución natural y abierta. En aquel instante sonó el trallazo de un rayo y casi simultáneamente un trueno hizo temblar el edificio. Tintineó la cristalería en el carrito. Cuando se hubieron extinguido los ecos del trueno, la lluvia, que hasta entonces había ido arreciando, cesó súbitamente por completo y el sol, que se abría paso entre los nubarrones, hizo brillar el filo de la persiana. Como si este cambio hubiera sido una señal convenida, ella abandonó el apoyo que parecía haber estado buscando todo aquel tiempo en el buró y se dirigió resueltamente hacia la puerta de la habitación. Al pasar por su lado no le miró ni siquiera de reojo. Tampoco aminoró la marcha al coger el sobre que él le tendía. Llegada a la puerta, la abrió, salió y la cerró con violencia. Aun sabiendo que ella no había de volver, Fábregas esperó unos segundos antes de quitarse la bata y el canesú, que arrojó a la papelera. Al salir del baño afeitado, duchado y cubierto de colonia, se quedó mirando un rato el desayuno para dos dispuesto en el carrito. Encargarlo había sido el primer y último acto de su vida en común; una humilde tentativa, pensó sin tristeza.

V

Bajando la escalinata que conducía al *hall*, se sintió satisfecho, casi jubiloso. Llevaba un traje de lino azul cobalto que le gustaba especialmente y que por esta razón reservaba para ocasiones muy particulares. La verdad es que, para ser tan poco hablador, no he estado nada mal, pensaba ahora recordando su reciente disertación. Hasta ese momento siempre había despreciado la elocuencia y cualquier forma de gracia en el hablar, que consideraba un adorno provinciano al alcance de quien se propusiera obtenerlo. Deliberadamente procuraba expresarse con palabras ordinarias y con frases cortas y sencillas, separadas entre sí por pausas y carraspeos. Consideraba elegante trabucarse y tartamudear. Esta forma de hablar infundía respeto en los medios mercantiles en los que siempre se había movido y donde la facilidad de palabra podía hacer que las transacciones derivaran hacia un histrionismo contagioso que a la larga reportara únicamente beneficios al más desenfadado.

Al pasar ante la puerta del comedor, vio en una de las mesas al hombre obeso, el cual, suponiendo que a Fábregas le resultaría poco grato recordar lo sucedido la noche anterior, fingió no haber advertido su presencia. Fábregas, sin embargo, se dirigió a él y le expresó su agradecimiento por lo que el otro había hecho de un modo tan desinteresado.

—Hoy por ti y mañana por mí, como suele decirse —respondió el hombre obeso para quitarle importancia al asunto—. ¿No se sienta? ¿Ha desayunado ya?

—No voy a desayunar —dijo Fábregas—, pero si está usted solo y no le perturba mi compañía, me sentaré cinco minutos.

El hombre obeso le aseguró que no esperaba a nadie y que le complacía mucho contar con la compañía de Fábregas, porque no tenía nada que hacer hasta el mediodía ni ganas de callejear con aquel calor y aquella inestabilidad atmosférica.

—En efecto, el chaparrón de esta mañana ha sido muy aparatoso, pero no ha hecho bajar la temperatura y, en cambio, ha hecho subir todavía más la humedad —dijo Fábregas.

—Lleva usted toda la razón —asintió el hombre obeso—. Y ni siquiera es seguro que no vuelva a caer la intemerata. Por suerte, en el hotel se está fresquito y bien.

Un camarero acudió a preguntar a Fábregas si deseaba té o café en el desayuno, a lo que éste respondió que sólo deseaba tomar una taza de café. El camarero le advirtió que a esa hora sólo se servían desayunos completos en el restaurante y le sugirió ir al bar si quería tomar únicamente un café, pero Fábregas, recordando la actitud viril del doctor Pimpom en una circunstancia similar, dijo que estaba charlando con el hombre obeso e insistió en que el camarero le trajera exactamente lo que él había pedido. El camarero se retiró sin replicar, pero al cabo de muy poco regresó trayendo en una bandeja un desayuno completo que depositó en la mesa con aire desafiante.

—Vaya —dijo Fábregas cuando se hubo ido el camarero—, será el tercer desayuno que abono y no pruebo en lo que va de día.

—Muy frugal le veo —dijo el hombre obeso—. Yo, en cambio, me levanto siempre con un hambre atroz. Creo que podría comerme una ballena entera. Además —agregó sin percibir la sonrisa con que su interlocutor había acogido aquella expresión—, en vista de lo que cuesta la habitación y ya que el desayuno está comprendido en el precio, sería un crimen dejar una sola miga en el plato.

—De lo que acaba de decir, deduzco que viaja usted por cuenta propia —dijo Fábregas empujando la bandeja hacia el hombre obeso, quien, entendiendo el ofrecimiento de que era objeto, se anudó al cuello la servilleta que aún tenía sobre las rodillas y atacó las viandas con verdadera fogosidad.

—En parte sí y en parte no —aclaró sin dejar de masticar—. En realidad, viajo por cuenta de una empresa de la que soy socio único.

—Bueno; así y todo, podrá deducir los gastos de este viaje.

Al oír esto, el hombre obeso emitió un suspiro prolongado.

—Ay, amigo mío, por desgracia no es la partida de gastos la que sufre de desnutrición, sino la de ingresos —exclamó.

Acto seguido, el hombre obeso explicó a Fábregas que era productor cinematográfico y que se encontraba en Venecia con motivo del festival de cine que se celebraba todos los años en aquella ciudad. En realidad, su propósito era conseguir por los medios que fuera que los organizadores del festival seleccionaran una película en la que había invertido una fuerte suma y cuyos resultados comerciales, francamente decepcionantes hasta la fecha, amenazaban conducirlo a la ruina. La publicidad que se derivaría de la eventual selección de la película sin duda haría que ésta remontara el vuelo, pero por el momento la respuesta de los organizadores a sus insinuaciones había sido poco entusiasta, cuando no fría.

—La verdad —confesó el hombre obeso tras una pausa— es que la película es un petardo.

—¿Y qué hará si al final se confirman sus temores? —preguntó Fábregas—. Quiero decir si la película acaba no yendo al festival.

—¿Que qué haré? Pues ¿qué he de hacer? —respondió el productor—: ¡Volver a empezar, como he hecho tantas veces!

—Ah, luego éste no sería su primer fracaso —dijo Fábregas.

—¿Mi primer fracaso? —repitió con sorna el hombre obeso—. ¡Quite allá! Todas mis películas han sido descalabros tremebundos. Hoy en día casi todas las películas lo son. Mire: estos días la ciudad está invadida de productores en situación idéntica a la mía. En las habitaciones de los hoteles se amontonan millares de películas a la espera de ser seleccionadas. Sólo unas pocas lo serán y de éstas, una nada más obtendrá el León de Oro. ¡Y ni eso siquiera garantiza que luego vaya a salir a flote! El cine es una industria sin futuro. Está llamado a desaparecer, pero la inercia que lleva es grande, hay todavía mucho dinero metido en el asunto y por eso le cuesta terminar su ciclo... —se llevó pensativamente la cuchara vacía a la boca y la estuvo chupando un rato. Luego señaló con la cuchara en dirección al *hall* del hotel—. ¿No ha reparado usted en que a ciertas horas el *hall* de este hotel se llena de jovencitas que pululan sin saber qué hacer ni a dónde ir? Son aspirantes a estrellas. A lo sumo, alguna ha asistido a un cursillo de interpretación; las más bizquean y hacen carantoñas cuando se ponen ante una cámara y no saben pronunciar su propio nombre en forma inteligible. Todas tienen un físico apetecible y la cabeza llena de ilusiones. Por una promesa inconcreta, cualquiera de ellas estaría dispuesta a echarse en brazos de un tipo ordinario y arruinado como yo, ¿y para qué? Para acabar haciendo una o dos películas y quedar luego relegadas al olvido más patético. Esto es lo que mantiene aún viva la industria cinematográfica: la fantasía irreductible de la gente. ¡Ojo! No seré yo quien les reproche nada a esas pobres chicas. Todos hemos compartido su ilusión en mayor o menor grado. La única diferencia estriba en que nosotros fuimos más lúcidos o más escépticos o más cobardes. Después de todo, y a la vista de lo que nos acaba deparando la vida, ¿no es mejor hacer un poco el indio y perseguir quimeras?

Las reflexiones desencantadas del hombre obeso llevaron a Fábregas a pensar de nuevo en María Clara. Sí, cuánto mejor no sería para ella arrojar por la borda todo vestigio de cautela y seguir sus impulsos sin ambages, se dijo.

—Ya entiendo lo que me quiere decir —dijo en voz alta dirigiéndose al hombre obeso—. Lo que no veo es por qué sigue usted metido en un mundo en el que ha dejado de creer y del que, para postre, no obtiene ninguna ganancia.

—¡Qué pregunta! —rió el productor con un deje de amargura—. Sigo metido en este negocio asqueroso porque estoy arruinado y cuando uno está arruinado, la única forma de evitar el colapso definitivo es seguir arruinándose. Es una ley económica extraña, pero irrebatible: nadie conoce los límites de la ruina, salvo los que se detienen por miedo o por cansancio. Por la ruina, como por el cosmos, se puede ir viajando sin llegar nunca al final. Lo sé porque una vez produje una película de ciencia-ficción que trataba de este tema. Se llamaba *Viaje a los límites del cosmos* o algo parecido. No finja recordar el título ni haberla visto: nadie la vio, a juzgar por la taquilla. Con lo que costaron los efectos especiales se habría podido resolver el problema del hambre en Etiopía. Luego la crítica la despachó con dos frases sarcásticas y tuvimos que meternos la película en salva sea la parte. Para enjugar las deudas tuve que pedir un crédito descomunal, que los bancos no me habrían concedido si no les hubiera dicho que iba destinado a una superproducción mucho más cara que la anterior. Y así llevo producidas cuarenta y seis películas, a cual más mala.

El hombre obeso guardó silencio y Fábregas, comprendiendo que andaba perdido en sus propios pensamientos, se abstuvo de importunarle. Finalmente, el hombre obeso sonrió con benevolencia, como si, después de juzgarse a sí mismo severamente, hubiera optado por absolverse de sus propias culpas.

—No me haga caso —dijo—. Le estoy dando la lata sin ton ni son. En realidad mi vida es el cine y si a veces me sulfuro es porque lo veo agonizar y me sé impotente ante este fenómeno. Hay que rendirse a la evidencia: la televisión y el vídeo se han llevado el gato al agua. La cosa no ha hecho más que empezar y el proceso es irreversible. Lógico también; al fin y al cabo, son otros tiempos. Pero mire, yo tuve una vez una novia con la que no llegué a casarme. En realidad lo nuestro duró muy poco, unas semanas a lo sumo. Luego vinieron otras y finalmente conocí a la que hoy es mi mujer. Somos un matrimonio bien avenido, tenemos tres hijos; yo diría que hemos sido felices, dentro de lo que cabe. Hace dos años celebramos nuestras bodas de plata... Pero esa otra, la novia que le decía, esa con la que no me llegué a casar, bueno, una tarde, en un cine de estreno, me hizo una paja... ya sabe a lo que me refiero... Estábamos viendo *Johnny Guitar*. No sé por qué esta película le inspiraría aquel gesto magnánimo, como no fuera la canción. No sé. El caso es que ahora ya no me acuerdo de su cara ni de su apellido; sólo de su nombre y hasta para eso tengo que hacer un verdadero esfuerzo. Pero si alguien me preguntara cuál es el momento de mi vida cuyo recuerdo hoy me inspira más ternura, yo creo que diría sin rodeos: aquella sesión de tarde.

VI

A partir de aquel día, como si la tormenta matutina hubiera sido la señal esperada de su fin, el verano perdió definitivamente su brillo. Ahora los días amanecían nublados y sólo por la tarde, un poco antes del ocaso, se abrían las nubes y lucía un rato el sol. Menudeaban los chubascos y al oscurecer se levantaba un viento del Norte, húmedo y frío, que tenía la particularidad de ulular de un modo lastimero y lúgubre. Otras veces, en cambio, cuando el viento provenía del Sur, reinaba un calor asfixiante y pegajoso; entonces salía vaho del empedrado, el agua olía mal y se difuminaba el paisaje en la calina.

Fábregas permanecía encerrado en el hotel a todas horas. Allí se aburría, pero no encontraba ninguna razón para salir a la calle. Con la intención de matar las horas, probó de ver la televisión, pero los programas que veía se le antojaban extraños, como si hubieran sido concebidos y realizados para otro tipo de personas, más inocentes y tranquilas, más interesadas en la política, en los deportes, en la vida del prójimo y en el dinero. Al cabo de unos días, Fábregas llegó a la conclusión de no ser él lo bastante virtuoso para entender y apreciar lo que se estaba dilucidando allí, ante sus ojos, de no participar en las ilusiones, los intereses y las preferencias de los espectadores y de no pertenecer a su fraternidad por esta causa. Verdaderamente nunca había sentido por aquel pasatiempo el interés que había visto manifestarse siempre por él a su alrededor. Sólo en una época, antes de que la echasen a perder el color, el perfeccionamiento técnico y la variedad, cuando su aparición acababa de producir un cambio radical en la idiosincrasia y la forma de vivir de las personas, había sentido curiosidad por la televisión. Ahora recordaba en particualr un programa de variedades semanal que, sea por su fama, sea por el día en que se emitía, sea por alguna otra razón, conseguía congregar frente al televisor un número considerable de espectadores: todos los miembros de la familia, el servicio doméstico y algunos vecinos que por razones económicas, por indecisión, por apatía o por cualquier otro motivo todavía no habían adquirido su propio aparato. Este programa era tan insulso, su contenido era tan estúpido y sus presentadores y estrellas eran tan decrépitos que su visión resultaba en cierto modo fascinante, como el ver desarrollarse una liturgia tosca y arcana, especialmente cuando por causas atmosféricas la retransmisión era defectuosa y una capa de ceniza en suspensión velaba la escena o cuando los personajes aparecían desdibujados o desdoblaban su propia imagen como abanicos de sombras. En aquellas noches, cuando la televisión aún era vista con unción, a nadie se le habría ocurrido encender la luz. Entonces sólo el resplandor iridiscente del televisor iluminaba el semicírculo de espectadores atentos y silenciosos, que nunca habrían osado apartar los ojos de la pantalla. De haberlo hecho habrían podido ver la concurrencia convertida en un coro marmóreo, como estatuas de un panteón. Era así como ahora, desaparecidos irremisiblemente sus padres, Fábregas imaginaba a veces que podría ser su reaparición: con aquel mismo resplandor, aquella inmovilidad y mansedumbre, en el ángulo más íntimo del salón.

En los primeros días de septiembre cesaron las lluvias y las nubes desaparecieron definitivamente. Ahora el sol bañaba la ciudad con una luz melosa que ya presagiaba el otoño; no hacía calor y las noches empezaban a reclamar prendas de abrigo. Con el término de la temporada estival también descendió visiblemente la afluencia de turistas. Fábregas, sin embargo, seguía encerrado en su habitación. Se había hecho acoplar a su televisor un aparato reproductor de vídeo-casettes y proyectaba una película tras otra, sin más interrupción que la necesaria para canjear una remesa de películas por otra en un vídeo-club situado junto a la iglesia de San Samuele, donde en su día había sido bautizado Casanova. Aquel retraimiento intransigente traía aparejada una inmovilidad enervante e insana que al principio trató de contrarrestar reanudando las visitas regulares al gimnasio que unos meses atrás había frecuentado con asiduidad y agrado; pero a poco de haberse reintegrado en él, advirtiendo por primera vez el ambiente a un tiempo turbio y dicharachero que imperaba allí, se dio de baja. Como, pese a ello, no quería renunciar a unos ejercicios que juzgaba beneficiosos para su salud y sus nervios, compró en una tienda de artículos de deporte un juego de pesas, con el que forcejeaba a todas horas en su habitación mientras veía sin prestar la menor atención las películas que había alquilado en el vídeo-club. Cuando se le acababa de súbito el repertorio de películas de que se había provisto, no queriendo interrumpir los ejercicios gimnásticos en aquel punto ni proseguirlos ante una pantalla angustiosamente ciega, corría al vídeo-club llevando consigo un travesaño metálico a cuyos extremos había fijado sendas esferas macizas de hasta 30 kilogramos de peso. La gente que se cruzaba entonces en su camino lo miraba con extrañeza y desconfianza. Sin

177

él saberlo iba adquiriendo en la ciudad fama de raro, peligroso y atontolinado. La opinión ajena, por lo demás, había dejado de importarle. Ahora no tenía otros contactos humanos que los que le proporcionaban a veces, cuando los altibajos de su humor los propiciaban, el dueño del vídeo-club, un hombre de edad avanzada a quien todos llamaban respetuosamente don Modesto.

Este individuo, con el que Fábregas llegó a entablar cierta relación de amistad, había tenido en el mismo local que ahora regentaba una librería muy selecta, a juzgar por sus propias palabras, que un par de años atrás se había visto obligado a convertir en vídeo-club por razones de supervivencia. Él se consideraba un intelectual de viejo cuño, despreciaba la llamada cultura de la imagen y se lamentaba amargamente de haber tenido que claudicar de sus creencias y aficiones precisamente al final de su vida activa.

—Nunca he tenido suerte —le dijo un día a Fábregas, mientras éste, que había dejado apoyado en el mostrador el travesaño y las pesas, recorría los estantes e iba llenando una bolsa de plástico con las películas que sacaba de ellos sin consultar ningún catálogo ni prestar la menor atención a sus títulos.

Don Modesto era el menor de diez hermanos. Cuando tenía siete u ocho años de edad, su padre, apremiado por la necesidad, decidió emigrar a América llevándose consigo a su mujer y su prole. De toda la familia, don Modesto fue el único que no llegó a pisar tierra americana. Durante la travesía del océano contrajo una enfermedad que le impidió bajar del barco, donde las autoridades sanitarias norteamericanas lo tuvieron confinado hasta que, debiendo el barco hacerse de nuevo a la mar y no habiendo remitido para entonces los síntomas de su mal, zarpó aquél otra vez rumbo a Italia llevándose a don Modesto a bordo.

—Estuve muy malo; tanto, que nadie creyó que llegase a puerto —dijo.

Una tarde, creyéndole inconsciente o dormido, el médico y el capitán del barco se pusieron a debatir en su presencia las disposiciones que debían tomarse cuando se produjera el desenlace que todos esperaban. Al capitán le preocupaba el hecho de que el interfecto fuera menor de edad, pero el médico, más curtido en estas lides, le dijo que, dada la imposibilidad de ponerse en contacto con la familia, lo mejor sería proceder en la forma habitual y deshacerse del cuerpo arrojándolo al mar.

—Yo, que lo había oído todo, pensé que iban a arrojarme por la borda para que fuera pasto de los tiburones, cuyas aletas había visto seguir la estela del barco con siniestra paciencia, como si presintieran que tarde o temprano su constancia no había de quedar sin recompensa —dijo don Modesto—. Naturalmente, a esa edad yo no podía concebir siquiera la idea de mi propia muerte.

Don Modesto era hombre culto y, enamorado de Venecia, gustaba de contar a quien quisiera escucharle las vicisitudes de su historia.

—No ha habido en el mundo gente más lista que los venecianos —solía decir—. ¿Quiere que le cuente cómo se enriquecieron originariamente los venecianos? Ahora verá usted. Antiguamente el dinero no tenía ni para las personas ni para las gobiernos el valor que nosotros le damos hoy. Los antiguos consideraban que el dinero sólo servía para ser gastado. Entonces llegaron los venecianos, que eran más listos que los demás, y decidieron que el dinero también servía para ser ahorrado y manipulado. Como esta idea aún no era compartida por el resto del mundo, a los venecianos no les costó nada hacerse con el dinero ajeno: así se enriqueció Venecia.

—De esta forma —dijo otro día, retomando el hilo de la narración en el punto en que lo había dejado— los mercaderes se erigieron aquí en clase dominante. Era inevitable que las cosas ocurrieran de este modo. La clase que tiene a su cargo el orden práctico de la comunidad acaba imponiendo también el orden moral. En otros lugares sucedió con los soldados y aquí, como le digo, con los comerciantes. Lo malo fue que, una vez encumbrados, dieron en pensar que un sistema que a ellos les había dado buenos resultados no era sólo un buen sistema, sino el único sistema posible. De esta forma pasaron a pensar que lo que les convenía y agradaba era por fuerza aquello que tenía que ser. Como es lógico, esta actitud concitó el odio y el resentimiento del resto de la población. Entoces la *Signoria* estableció en la república un régimen de terror y opresión. La policía secreta lo controlaba todo y los ciudadanos, para escapar a su vigilancia, dieron en llevar máscaras todos los días del año.

Mientras el anciano librero hablaba, Fábregas iba llenando su bolsa de películas. Don Modesto se enfurecía viendo el consumo inmoderado que aquél hacía de éstas.

—¿No ve usted que con toda esta bazofia que se lleva no le va a quedar tiempo para hacer otras cosas? —le advertía. Y como Fábregas le respondía que tampoco habría tenido nada que hacer en ese tiempo, aunque hubiera dispuesto de él, añadía con amargura—: Por lo visto la juventud de hoy día ha desertado del mundo. El que no se droga, se embrutece por otros medios. ¡Qué desolación!

En su juventud había militado en las filas del fascismo. Ahora lamentaba la guerra en que había desembocado todo aquello, pero no se retractaba de haber profesado una ideología que consideraba preferible al descreimiento y la indolencia.

—Entonces, cuando menos, teníamos un ideal —decía.

VII

A finales de septiembre Fábregas conoció a *madame* Gestring.

No por sociabilidad, sino por dar un descanso a sus ojos y sus músculos, fatigados de muchas horas de vídeo y gimnasia, había bajado al bar del hotel, donde le sorprendió encontrar un grupo de caballeros vestidos de etiqueta, que mariposeaban alrededor de una dama, a la que hacían objeto sin cesar de sus agasajos y melindres. Intrigado, preguntó al camarero quiénes eran aquellos petimetres, a lo que respondió el camarero recitando una lista de nombres.

—Gente ilustre y acaudalada —añadió acto seguido, advirtiendo que aquella nómina no impresionaba a su interlocutor—, gente de talento también.

—¿Y por eso van de frac? —preguntó Fábregas.

—Oh, no, señor —dijo el camarero—. Es que hoy ha habido función de gala en la Fenice.

—Ah, ya comprendo. ¿Y la señora?

—Pero, ¡bueno!, ¿es posible que el señor no conozca a *madame* Gestring? —exclamó el camarero.

Fábregas apuró la copa de coñac, pidió otra y mientras la sorbía pausadamente acodado en la barra, se dedicó al examen detenido de aquella dama singular. Sí, se dijo, no hay duda de que resulta turbadora, pero, ¿por qué? ¿Es hermosa? Sin duda. ¿Distinguida? También. Verdaderamente, dos cualidades raras, y más raro aún el encontrarse juntas en una misma persona. ¿Qué edad tendrá? ¿La mía?, quizá más, no sé: esta ropa ceremoniosa y estas joyas hacen que una mujer parezca mayor de lo que es a veces. Desde luego, sus ademanes no son juveniles, pero esta forma de reírse, a veces, sí lo es. ¿Cuál será su estado? Soltera no, por supuesto: las mujeres así nunca llegan solteras a esa edad. Entonces, ¿qué?, ¿viuda?, ¿divorciada? ¿Qué más da? Y estos mequetrefes que van con ella, ¿qué buscarán? Siendo tantos, ¿qué esperan de ella? Quizá nada, pensó.

—Y, dígame —volvió a preguntar al camarero interrumpiendo momentáneamente su examen—, esa señora, ¿se hospeda en el hotel?

—Ah, eso ya no se lo puedo decir de fijo. Pero es probable que sí: todos los años, por estas fechas, *madame* Gestring nos honra con su visita. Espero que este año no nos haya sido infiel —dijo el camarero.

Fábregas iba a preguntar más, pero un murmullo creciente puso fin momentáneamente al diálogo y les hizo dirigir de nuevo la atención al grupo. Ahora los caballeros imploraban de la dama un favor que ella se resistía a conceder.

—Por favor, no nos deje así: tóquenos algo —oyó que le decían.

—¿Pero es que no han tenido bastante ya por hoy? —protestó ella.

Ellos porfiaron hasta vencer su resistencia. Con gestos de resignación exagerados se quitó los guantes de raso, que dejó sobre el respaldo de un sillón, y fue a sentarse al piano de media cola que había al fondo del bar.

—¿Qué quieren que les toque? —preguntó desde allí a los caballeros sin volver hacia ellos la cabeza, que tenía inclinada sobre el teclado.

Los caballeros expresaron sus preferencias. Unos decían que Chopin, otros, que Schubert o Brahms. Finalmente, todos convinieron en dejar a ella la elección. Entonces la dama, sin perder un instante, se puso a tocar una pieza que Fábregas no había oído nunca antes, cosa nada extraña, pues no era melómano.

La ejecución de *madame* Gestring fue celebrada con

una salva de aplausos. Ella hizo ademán de levantarse, pero los caballeros le rogaron que siguiera tocando. Ella tocó otra pieza y luego, accediendo a los ruegos de los caballeros, una tercera, finalizada la cual abandonó el piano, se reintegró al grupo y rogó a su vez a los caballeros que la dejaran sola, porque estaba fatigada y deseaba retirarse a descansar. Los caballeros le fueron besando la mano por riguroso turno y luego abandonaron todos juntos el local. Pero ella, cuando se encontró finalmente a solas, en lugar de retirarse, como había anunciado, se dirigió a la barra con paso resuelto y pidió una cerveza. Cuando el camarero se la hubo servido, bebió un trago largo y luego se dirigió a Fábregas, que la observaba abiertamente.

—¿Qué le ha parecido el recital? —le preguntó mientras con la mirada iba examinándolo sin disimulo pero sin osadía.

—Oh, por supuesto... extraordinario, verdaderamente extraordinario —balbuceó él en forma patosa, vencido de una súbita timidez que le dificultaba incluso la respiración. Debe de ser el perfume, pensó, o el brillo de las piedras preciosas del collar. De cerca parecía más joven y su expresión, que antes se le había antojado autoritaria, había cobrado de repente una viveza contagiosa. Su atractivo es envolvente, pensó; verdaderamente, una mujer seductora. Pero hay algo en especial que me trastorna. ¿Qué será?, se preguntaba—. ¿Es usted profesional? —agregó al cabo de un rato.

Ella vaciló antes de contestar. Luego le dijo que lo había sido, pero que había optado por renunciar al piano a poco de casarse. Ahora practicaba a diario para su propia satisfacción y tocaba ocasionalmente para los amigos, como lo había hecho aquella noche.

Fábregas, que había ido recobrando el dominio de sí paulatinamente, la felicitó por su ejecución y se felicitó a sí mismo por haber asistido casualmente a aquel acontecimiento.

—¿Y no se ha arrepentido luego de su decisión? —le preguntó.

Ella respondió que a veces sentía la nostalgia de la bohemia, pero nunca de los escenarios, que siempre había pisado a costa de un esfuerzo de voluntad arduo y fatigoso en extremo. También se alegraba, dijo, de haber acabado con la vida trashumante.

—Ya estaba harta de hoteles y de aeropuertos —dijo—. Y usted ¿a qué se dedica?

Fábregas se rascó la cabeza un rato antes de responder.

—Se lo diré, pero no me va a creer —dijo finalmente—. Hace un tiempo tenía una empresa en Barcelona, pero un buen día me sucedió lo mismo que a usted, sólo que a la inversa: me harté de la vida sedentaria. Ahora ya no sé qué habrá sido de la empresa. Ya no me ocupo de ella. Debe de seguir en pie, porque recibo dinero con regularidad.

—No lo diga con este aire compungido —dijo ella cuando él hubo acabado de exponer su caso—. Yo tampoco hago nada productivo y nunca he experimentado el menor remordimiento por ello.

Acabó de beber la cerveza y se enjugó los labios con una servilleta de papel. Fábregas no pudo dejar de decir lo que estaba pensando en aquel momento.

—Hasta los gestos más ordinarios resultan encantadores cuando los hace usted, *madame* Gestring.

Ella le explicó acto seguido que su marido pertenecía al Alto Estado Mayor Conjunto de la OTAN. En aquellos momentos estaba en Washington, participando en una reunión en la que tal vez se decidiera el futuro de Europa. De resultas de aquellas reuniones de desplazaban por el mapamundi divisiones acorazadas y buques de guerra. Ella había aprovechado la ocasión para hacer una escapada.

—Me chifla Venecia. ¿Lleva usted aquí muchos días?

—Varios meses —respondió él—. He perdido la cuenta.

—Para ser una persona que aborrece la vida sedentaria, no está mal. ¿Y a qué dedica su tiempo, señor...?

—Fábregas.

—¿A qué dedica su tiempo, señor Fábregas?

—A ver vídeos.

—¿Cómo ha dicho?

—Ha oído bien: permanezco encerrado en la habitación del hotel viendo vídeos sin parar.

—¿Solo?

—Sí.

—¿Haría una excepción conmigo? —preguntó ella de improviso—. ¿Me invitaría a su habitación a ver un vídeo?

—Por supuesto, será un privilegio —respondió Fábregas sorprendido.

Apenas entraron en la habitación, ella le instó vivamente a que cerrara la puerta con llave y diera órdenes terminantes a la recepción del hotel: no debía permitírsele a nadie que subiera allí ni había de serle pasada ninguna llamada telefónica. Aunque la reunión en la que participaba su marido todavía debía prolongarse varios días, aclaró cuando Fábregas hubo atendido a sus instancias, no cabía descartar la posibilidad de que aquél la abandonase con cualquier pretexto y se personase en Venecia de improviso. Hasta el momento jamás había hecho una cosa semejante, pero no estaba de más tomar precauciones, dijo. Sus palabras o, cuando menos, el tono en que fueron dichas, no dejaban traslucir la menor inquietud: aquellos consejos parecían provenir de su sentido práctico. No quiero dramas, parecían querer decir. Todos sus gestos revelaban un gran aplomo, que Fábregas atribuyó a la costumbre. Probablemente aquellas correrías eran algo usual en su vida, se dijo. Sin embargo cuando le tocó el brazo advirtió que tenía la piel perlada de sudor frío.

—¿Quiere que cierre los postigos? —le preguntó.

Ella dijo que no con un deje de alarma en la voz, como si de la realización de aquella propuesta pudiera seguirse la asfixia de ambos.

—¿No habíamos venido a ver vídeos? —dijo ella recobrando la naturalidad o, cuando menos, el desenfado.

—Perdone. ¿Qué le gustaría ver? —dijo él señalando las cajas apiladas en la mesa de gavetas sobre la que descansaban también el televisor y sus adminículos.

—Cualquier cosa que no ofenda la dignidad de una señora —dijo ella—. ¿Para que sirve este trasto tan largo y tan imponente?

—Para hacer levantamiento de pesas. No trate de levantarlo: se podría lastimar.

—No tema: soporto bien los pesos —replicó ella— y se lo demostraré si me ayuda a quitarme este maldito vestido de noche que me viene agarrotando desde hace varias horas.

Él le ayudó a desprender los corchetes que sujetaban por la parte posterior el vestido, el cual, una vez finalizada esta operación, ella hizo resbalar con una sacudida del cuerpo hasta la alfombra, donde quedó formando ruedo en torno sus pies. Ella abandonó aquel ruedo dando un paso atrás con extrema precaución, como si temiera dañar la tela del vestido con el tacón de los zapatos que aún conservaba o como si al abandonar aquella indumentaria fastuosa e incómoda depusiera al mismo tiempo con cierta solemnidad una actitud de fingimiento. Ahora llevaba únicamente una enagua corta y un justillo carmesí de seda y blondas que ponía de manifiesto su contorno.

—Apague la luz —ordenó asiendo la barra de metal con ambas manos y tirando de ella con todas sus fuerzas mientras él pulsaba el interruptor general y dejaba en penumbra la habitación.

Con gran esfuerzo logró izar las pesas a la altura de las clavículas, descansó un rato y luego, afirmando los dos pies en la alfombra, arqueando ligeramente el cuerpo hacia delante y apretando los dientes, dio un tirón brusco y tensó ambos brazos sobre la cabeza. Al hacerlo el busto rebasó los bordes del justillo, en cuya seda reverberaba ahora el resplandor tornasolado del televisor.

—No suelte ahora las pesas o se partirá el cráneo —gritó Fábregas advirtiendo el peligro que corría y colocándose a sus espaldas—. Flexione poco a poco la pierna derecha... así. Yo sujetaré las pesas... ¿ve? Ya está. Puede soltar. Retírese. ¡Uf!

Aunando fuerzas habían conseguido finalmente depositar las pesas en el suelo con relativa suavidad. Ella temblaba visiblemente, pero consiguió pese a ello esbozar una sonrisa desafiante.

—Ya ha demostrado que podía hacerlo, *madame* Gestring, pero no lo vuelva a intentar —le reprendió Fábregas.

—¿Que habría pasado si no hubieras estado tú aquí para ayudarme? —preguntó ella.

—Nada. Si yo no hubiera estado aquí tú no habrías hecho el ridículo tratando de levantar las pesas —dijo él advirtiendo el tuteo que ella usaba ahora y advirtiendo también el hecho de que aquel cambio en el tratamiento no revelaba intimidad por su parte; antes bien, camaradería deportiva.

—No me regañes, cariño —dijo ella acariciándole la mejilla con la palma de la mano. Aquella caricia condescendiente parodiaba el gesto amanerado de una dama de alcurnia que cree premiar de este modo los servicios de un pillete. Él arrugó el entrecejo y ella se echó a reír—. Olvidemos este incidente absurdo —dijo alejándose con ligereza en dirección al cuarto de baño, en cuya puerta se de-

185

tuvo para gritar—. Amor, mientras me ducho, di que nos suban una botella de champaña y un *assiette de petits fours*... ¡no!, mejor aún, que suban beluga... y lonchas de pavo frías con mayonesa y *cornichon*. ¡Estoy desfallecida!... y algo para ti también, lo que tú quieras... Aún no conozco tus gustos, pero te quiero vigoroso: esta noche debemos sacarle mucho rendimiento al cuerpo.

VIII

Se despertó repentinamente, como si alguien le hubiera arrancado el sueño de los ojos de un tirón. Buscó el cuerpo de *madame* Gestring junto al suyo, pero sólo encontró un revoltillo de prendas y los *cornichons* con que habían estado jugando. ¿Se habrá ido?, pensó con una mezcla de irritación y desahogo; pero no, pensó de inmediato, puesto que su ropa todavía está aquí. La habitación estaba invadida de una luz muy tenue en la cual el mobiliario mostraba una forma indecisa, pero de una pureza extraña, como si hubiera sido sorprendido en el acto de transformarse en materia. Entonces vio su silueta enmarcada en la ventana. Un escalofrío le recorrió el cuerpo. Se va a resfriar, pensó. No quiso ir al armario por la bata para no romper el silencio que precedía el alba y acudió a su lado arrastrando la vánova, con la cual la envolvió sin que ella hiciera el menor gesto. Ahora era él quien corría el riesgo de contraer un resfrío, desnudo frente a la ventana.

—¿Qué piensas? —susurró.

—No tenía que haber tocado aquellas variaciones de Schumann —dijo ella como si hablara para sus adentros.

—¿Por esta razón no puedes dormir?

Ella se encogió de hombros y le dirigió una mirada enigmática. Él reconoció al punto el gesto y la mirada y se estremeció. Esto era lo que me atraía y me turbaba de ella, pensó: el mismo misterio, la misma distancia insalvable.

—Da miedo, ¿verdad? —dijo ella sin aclarar si aquel miedo a que hacía referencia era atribuible a alguna circunstancia concreta, a la índole de sus pensamientos, a la luz del amanecer o al agua tenebrosa que discurría a los pies de la ventana. Él creyó comprender que aquella pregunta no le iba dirigida o, cuando menos, que la única respuesta que podía darle era seguir callando, cosa que hizo, pese a que le castañeteaban los dientes.

—Mi padre, que era viudo y jefe de estación —dijo ella tras una pausa—, habiendo prestado oídos a quienes auguraban en mi infancia que andando el tiempo yo había de convertirme en una mujer hermosa, como al parecer había sido mi madre, de la que no guardo ningún recuerdo, pues murió a poco de nacer yo, decidió, cuando alcancé la edad escolar y sin parar mientes en los enormes sacrificios pecuniarios que había de acarrearle su decisión, enviarme a un internado de señoritas que tenían entonces las clarisas cerca de Karlsbad y donde, según él creía, había de serme impartida una educación esmerada, la cual, unida a mi belleza hipotética, habría de permitirme más adelante rebasar los límites sociales que la suerte me había marcado al nacer. Naturalmente, él no podía saber que aquel internado, que antaño había acogido a lo más granado de la sociedad alemana, se había desmoronado en los últimos años, pues la guerra había diezmado la comunidad religiosa que lo regentaba, sin que luego ésta, en los años terribles que siguieron a la derrota, pudiera cubrir las bajas con nuevas vocaciones, de resultas de lo cual, cuando ingresé en el internado, una docena escasa de octogenarias había de hacerse cargo de su gestión y todo andaba allí manga por hombro. Para colmo de males, en los últimos días de la guerra, aquellas ancianas habían sido violadas sin excepción por las tropas soviéticas. Este suceso atroz, sobrevenido a una edad provecta y consumado, para mayor inri, entre cirios, azucenas y bordados, había ocasionado un trauma indecible a las monjitas. Ahora ésta dejaba caer por la comisura de los labios una baba sempiterna, aquélla prorrumpía en aullidos infundados a cualquier hora del día o la noche, la de más allá había contraído tal horror a su propio cuerpo que desatendía las exigencias más inexcusables de la higiene, y así sucesivamente. Incapacitadas de asumir plenamente la docencia de sus pupilas por su escaso número, su edad y su condición psíquica, las pobres monjas se habían visto obligadas a contratar profesores laicos allí donde los habían encontrado. Estos profesores, en su mayoría desertores de la Wehrmacht, mutilados de guerra o simples delincuentes escapados de las cárceles al amparo de la caída del Reich, no obstante odiarse entre sí y pelearse de continuo los unos con los otros, habían aunado sus fuerzas para hacer del internado un verdadero lupanar a espaldas de las monjas. ¡Allí era el beber *schnaps* y el jugar a los dados y a los naipes, el forzar las párvulas y el entonar canciones blasfemas y licenciosas todas las noches...! Pero no era esto lo que quería contarte.

Le puso la palma de la mano en el pecho y le sonrió como si aquella sonrisa y aquel gesto pudieran disculpar de antemano el giro que se proponía imprimir a su relato o el mero hecho de prolongarlo a aquella hora y en aquel sitio inapropiado. Entonces advirtió que él tiritaba.

—Pero, ¿qué haces aquí desnudo? ¿Quieres acatarrarte? —exclamó como si hasta entonces no se hubiera percatado de las condiciones en que se hallaba él—. Anda, ven, cúbrete con la vánova... o, mejor aún, vuelve a la cama y tápate bien. Yo iré en seguida... en cuanto acabe de contarte lo que te quería contar antes, cuando me he ido por otros derroteros... ¡Por Dios que eres extraño! ¿Qué será que sólo doy con hombres extraños?... Verás, una vez, hace unos años, en un hotel de Lugano conocí un individuo... No, ya veo lo que estás pensando... No lo conocí como hoy te he conocido a ti. Verás. Yo estaba cenando una noche en el restaurante de aquel hotel, cuando vino a mi mesa un individuo de aspecto estrafalario, pero en modo alguno inquietante, el cual me saludó cortésmente y me dijo que él también se alojaba en el hotel desde hacía unos días y que me había visto llegar unas horas antes, sola, en un taxi. Yo le respondí la verdad: que estaba esperando a mi marido, que debía reunirse allí conmigo tan pronto se lo permitieran sus ocupaciones. Con esto nos despedimos. A la mañana siguiente en la recepción del hotel me entregaron un paquete acompañado de una nota. La nota era del individuo que me había abordado la noche anterior en el restaurante y que, según me informaron, acababa de partir. «Usted es la persona que andaba buscando para confiarle mi diario», decía la nota. «Léalo y déle el destino que estime conveniente.» Abrí el paquete y vi que contenía un libro bastante grueso, encuadernado en tela. En la primera página había una entrada que decía así: «Lunes, 7. Llueve a cántaros. No me atrevo a salir. Estoy muy nervioso.» El resto de las páginas estaba en blanco. ¿No te parece extraño?

—Sí, muy extraño —dijo él desde la cama—. Pero ¿qué era lo que ibas a contarme?

Ella desvió la mirada. Ahora parecía escrutar el horizonte. El cielo se había vuelto de color añil y un resplandor rosado parecía cubrir su rostro de rubor.

—Nada, insignificancias —dijo.

Dejó caer la vánova al suelo y corrió a ocultarse enteramente entre las cobijas. Al cabo de un rato se levantó, bebió un vaso de agua, volvió a la cama y continuó hablando.

—Al internado del que hablaba hace un rato venía todos los viernes un fraile benedictino con el propósito de instruirnos en materia de religión. Era un hombre joven, pero la guerra y sus secuelas habían hecho mella en él. Víctima de la consunción, no era raro que hubiera de interrumpir varias veces sus disertaciones para llevarse a los labios un pañuelo, que retiraba manchado de sangre. Este pobre fraile, del que muchas estábamos enamoradas, pero cuya escasa energía lo convertía en blanco fácil de nuestras diabluras, con el fin de mantener cierta disciplina entre las alumnas, solía relatarnos vidas de santos, sacadas de los escritos de San Jerónimo o de Eusebio de Cesarea y en las que, a su juicio, se combinaba lo edificante con lo ameno. Una de estas historias, que ha permanecido intacta en mi memoria más de treinta años, es lo que te quería contar.

»San Hilarión había nacido en Capadocia, en el seno de una familia acomodada. Enviado a la edad de quince años a Alejandría para que terminase allí sus estudios de retórica, conoció a San Cirilo, se convirtió al cristianismo, se retiró al desierto, meditó y oró, regresó a Capadocia, se dedicó a la predicación, fue nombrado obispo, obró milagros. Los sacerdotes de Minerva, divinidad protectora de la ciudad en la que San Hilarión tenía su sede, envidiosos de las conversiones que lograba y humillados por la facilidad con que refutaba sus argumentos el santo, lo denunciaron al prefecto Sulpicio, el cual le hizo detener y conducir a su presencia cargado de cadenas. Me han venido a decir que te andas riendo de nuestra religión, dijo el prefecto al santo cuanto lo tuvo ante sí. Por toda respuesta, San Hilarión sacudió los brazos y las cadenas que lo envolvían se quebraron como el cristal. Hum, dijo el prefecto Sulpicio, veremos si puede más tu fe o mi autoridad. Por orden suya, San Hilarión fue conducido a una mazmorra. Allí lo ataron al potro y le descoyuntaron los huesos, le arrancaron las uñas y los dientes con tenazas, le desgarraron la carne con garfios, le aplicaron tizones a los costados y lo volvieron a someter al potro. Finalmente el prefecto Sulpicio, convencido de que la fe del santo se habría debilitado, le hizo comparecer de nuevo. ¿Todavía te quedan ganas de reír?, le preguntó. San Hilarión prorrumpió en grandes carcajadas. Entonces todos vieron que las uñas y los dientes le habían vuelto a crecer y que no quedaba huella visible en él de los tormentos que le habían sido infligidos. El prefecto dispuso que allí mismo le fueran propinados cien latigazos, pero los látigos se transformaron en serpientes que, enroscándose en las muñecas de los verdugos que los blandían, les mordieron e inocularon su ponzoña, de resultas de lo cual aquéllos fallecieron al instante echando espumarajos y maldiciendo a Minerva por no haberlos sabido proteger de aquel sortilegio letal. Acto seguido el prefecto Sulpicio hizo que trajeran un león hambriento, pero la fiera, al llegar junto a San Hilarión, se irguió sobre las patas traseras, abrió las fauces y entonó con potente voz de barítono el *Gloria patris*, acabado el cual y habiendo ordenado Sulpicio que lo devolvieran a su jaula, dio zarpazos y dentelladas a los soldados que se disponían a hacerlo, ocasionando entre ellos gran carnicería, hasta que tras larga lucha lograron los legionarios alancear el león. Finalizado el incidente del león, el prefecto Sulpicio ordenó a los arqueros asaetear a San Hilarión, pero las flechas, antes de tocar al santo, describían un semicírculo en el aire e iban a atravesar el cuello de los arqueros que las habían disparado, los cuales, en el momento de fenecer, reconocían ser más poderoso dios Aquel contra el que luchaban que la propia Minerva. A continuación el prefecto Sulpicio hizo que una catapulta arrojara sobre San Hilarión una piedra de gran tamaño y peso, pero la piedra, desviándose de su objetivo, fue a chocar contra las columnas que sostenían el templo de la diosa, que se desplomó sepultando la efigie de aquélla, los sacerdotes que le rendían culto y la multitud que se hallaba congregada allí. Entonces el prefecto Sulpicio, abandonando su sitial, desenvainó la espada y cortó las manos, los brazos, las piernas y finalmente la cabeza del santo, la cual, desde el suelo, se dirigió a Sulpicio y le dijo: Dentro de un instante yo estaré gozando en el Paraíso y tú arderás eternamente en el infierno, mamarracho. Dicho esto, lanzó la última y más estentórea risotada y enmudeció para siempre.

Cuando ella dio por finalizada la historia del prefecto Sulpicio y San Hilarión, Fábregas la abrazó en silencio pero con ternura, porque, a diferencia de lo que le había ocurrido tiempo atrás en situaciones análogas, ahora comprendía lo que significaba para ella la historia que acababa de contarle la mujer que tenía a su lado.

Mientras duró la estancia de *madame* Gestring en Venecia, nunca la vio dormir más de quince o veinte minutos seguidos. Durante el día, tenía mil ocupaciones que atender. Muy temprano se echaba a la calle. Visitaba exposiciones y galerías de arte o se desplazaba de una punta de la ciudad a la otra para admirar una vez más una pintura, un edificio o un lugar que recordaba haber visto con especial agrado en ocasiones anteriores. También entraba en varios establecimientos selectos. Al mediodía regresaba al hotel cargada de paquetes y acudía directamente a la habitación de Fábregas, que había aprovechado su ausencia para entregarse a un sueño benefactor. Mientras le mostraba lo que había comprado, le contaba lo que había visto. Entre las compras siempre había algún regalo para él. A continuación se hacían servir en la habitación una comida ligera, cuya ingestión simultaneaban, como ella decía haber aprendido de los simios del zoológico de Basilea, con actos fornicarios, al término de los cuales volvía a marcharse sin demora, porque conocía a mucha gente en Venecia y tenía que pagar visitas o cumplir con otros compromisos de diversa índole. Al atardecer pasaba de nuevo por el hotel, donde se bañaba y arreglaba para la noche, pues siempre estaba invitada a una cena o un espectáculo, cuando no a ambas cosas.

Al filo de la medianoche Fábregas se apostaba en la barra del bar del hotel para verla entrar. Poco después de la una ella hacía acto de presencia en el bar luminosa, enjoyada, magnética, cimbreante, alegre, coqueta y lozana como si por largo tiempo no hubiera hecho otra cosa sino descansar. La acompañaba su cortejo habitual de petimetres. En aquel local minúsculo las botellas de champaña eran descorchadas con ruido de trabucazo. A la algarabía y los brindis seguían los ruegos, que ella atendía sin entusiasmo, pero de grado. Entonces, quizás en honor de Fábregas, de cuya presencia no daba nunca muestras de haberse percatado, interpretaba aquellas variaciones de Schumann que la primera noche habían propiciado el inicio de su relación. ¡Qué bella es!, ¡qué incitante!, pensaba Fábregas; verdaderamente hay que ser idiota para no perder el juicio por ella. Y esta música arrebatada que invariablemente la enoja y la entristece, ¿por qué se empeñará en tocarla noche tras noche? En una ocasión, a solas en la habitación, se había atrevido a preguntárselo, pero ella no había querido o no había sabido responderle; antes bien, se había enfadado con él. Fábregas, habituado a sus cambios de humor repentinos, no los temía, pero procuraba no provocarlos con su actitud o sus palabras: por nada del mundo quería enturbiar una relación que sabía destinada a finalizar en breve. Prefería admirarla en silencio. Esta admiración, sin embargo, no era ciega: le había bastado poco tiempo para calibrar las limitaciones y debilidades de aquella mujer que parecía no tener ninguna y poseer una vitalidad sin límites. También él, de niño, había creído que su madre disponía de un caudal constante e inagotable de energía que contrastaba notablemente con la apatía de los demás miembros de la familia. Parecía que éstos hubieran puesto sus energías respectivas a contribución y hubieran decidido confiar la suma resultante a su madre, para que ella la administrara del mejor modo posible. En realidad su madre había sido siempre el miembro más débil e indeciso de aquella familia; el que, disponiendo de menos poder, había acaparado un número mayor de atribuciones. A la larga, aquel sistema cimentado en la falsedad y la conveniencia había acabado convirtiéndose en un sistema opresivo; la autoridad había degenerado en tiranía y la sumisión que imponía esta autoridad insensata había ido minando el temple de todos y propiciando la ruina individual de cada uno por separado. Ahora él no quería saber de situaciones análogas. Prefería oírla hablar en los interludios, de pie, frente a la ventana, donde ella se colocaba siempre, protegida del relente por la bata de Fábregas unas veces, y otras, por su propio echarpe de tisú. Ella le agradecía el silencio y él, a su vez, agradecía su presencia, pues, aunque a ratos deseaba recuperar la soledad perdida, sabía en el fondo que la alternativa a la compañía de aquella mujer era el tedio y el insomnio. No creía amarla: en su ausencia olvidaba sus rasgos personales y su fisonomía. Sin embargo, le costaba desprenderse del recuerdo de su voz, su olor propio y su calor natural. En su ausencia se despertaba sintiendo todavía su contacto febril y seco que parecía provenir de la misma combustión lenta e implacable que imprimía un brillo peculiar a las piedras preciosas cuando ella las llevaba sobre la piel. Finalmente un día ella acudió a su habitación a una hora inusual de la tarde. Desde la puerta le comunicó escuetamente que su marido acababa de llegar. Ahora mismo se estaba refrescando en la habitación que a partir de aquel momento iban a compartir ambos, le dijo; y sin agregar nada más se marchó.

IX

Dejado nuevamente a su suerte, reemprendió las excursiones periódicas al vídeo-club hasta que, a mediados de octubre, el dueño del establecimiento le comunicó que había decidido traspasar éste y retirarse del negocio. Nunca le había gustado la idea de regentar un vídeo-club ni, salvo excepciones, el público que frecuentaba el suyo, le dijo; además, aquel negocio, en teoría exento de complicación, en la práctica le ocasionaba quebraderos de cabeza incesantes debido a la informalidad de algunos distribuidores y los atropellos de algunos clientes desaprensivos. Ya era mayor y no veía razón para seguir postergando una jubilación de la que ahora, mientras Dios le conservase la salud, aún podría disfrutar, siquiera modestamente, agregó.

—Pero ¿y yo?; ¿qué será de mí, don Modesto? —replicó Fábregas.

—Hágase socio de otro vídeo-club —le respondió aquél—. Hay uno en cada esquina.

—Oh, no es lo mismo —protestó Fábregas—. Yo estaba acostumbrado a éste.

—Todos son iguales —dijo don Modesto—, pero, ya que la suerte le depara esta oportunidad, hágame caso: deje en paz los vídeos y échese a la calle, haga amistades, aprenda a conocer a los venecianos.

—A mí no me interesan los venecianos. Si me interesaran las personas no me habría ido de Barcelona —dijo Fábregas.

—Pues dedíquese a mirar las bellezas de esta ciudad. No hay otra igual en el mundo entero.

—¡Pero eso ya lo he hecho!

—Pues vuélvalo a hacer —le reprendió don Modesto—. ¿O cree usted que la belleza es como un pastel, que va menguando a medida que se consume? Vamos, usted confunde lo bello cón lo novedoso. No sea estúpido: siempre se puede avanzar en la contemplación de la belleza; sólo es cuestión de querer. Haga la prueba y verá cómo agradece mi consejo. No pierda tiempo: viva su vida y reflexione y si después de eso aún le queda tiempo libre, lea. Es la recomendación de un hombre viejo.

En contra de lo que don Modesto le había augurado, el cumplimiento de sus consejos sólo reportó a Fábregas el rebrote de su pasada ansiedad. Ahora deambulaba de nuevo sin rumbo ni sosiego. Incapaz de concentrarse para trazar un plan y menos aún para llevarlo a término, sus paseos eran erradizos y solían conducirle, por una mezcla de albur e inclinación, a los lugares más solitarios y tétricos. Le gustaba andar por algunas calles tan estrechas que podía tocar simultáneamente los muros opuestos sin tener que estirar del todo los brazos. Aquellas calles, en las que el sol no había penetrado jamás y tenían, por este motivo, las paredes comidas por la humedad, le recordaban los patios interiores de las casas donde había vivido de niño. Buena parte de su infancia se le había ido sin notarlo en contemplar tediosamente aquellos patios y escuchar sus ruidos. Después de estos paseos regresaba al hotel y preguntaba si había llegado alguna carta para él. Sin saber por qué, esperaba ansiosamente una carta larga y esclarecedora de *madame* Gestring. Se había formado la noción, tan verosímil como su contraria, de que *madame* Gestring, de resultas de su relación, había intuido acerca de él alguna verdad cuya revelación había de ayudarle a recobrar la senda extraviada. No le cabía en la cabeza la posibilidad de que durante los días y noches que habían pasado juntos ella hubiera estado pendiente únicamente de sí misma. Ella me dirá dónde radica mi mal, pensaba, porque lo que es yo, por más vueltas que le doy al asunto, no entiendo nada. Sé que todo viene de mi modo de ser, pero ¿cuál es ese modo?, se preguntaba perplejo. La reflexión sobre su propia identidad, lejos de aclarar sus ideas, le confundía aún más. Por más que hacía, no lograba verse como una suma de características que, entremezcladas, formaban su identidad. Para sí mismo era sólo una persona a la que esas características, venidas de fuera como invasores de otra galaxia, habían elegido como campo de batalla por casualidad. Según él, valor y cobardía, mezquindad y altruismo, tesón y desidia luchaban ferozmente por conquistar su ánimo y según cuál de ellos resultaba vencedor en la contienda, así era luego su conducta. Esta concepción absurda se debía probablemente al hecho de no haber reflexionado nunca con anterioridad sobre estas cosas. Ahora ya estaba demasiado habituado a ser dueño de sus criterios y mal podía ponerlos en duda. Sabía que aquella noción de su propia identidad era insostenible, pero no acertaba a concebir otra. Un día, en la iglesia de la Santa Pax, vio un retablo antiguo que parecía sustanciar cabalmente sus ideas a este respecto. En aquel retablo un hombre desnudo era tironeado por un ángel y un diablo que lo sujetaban de los brazos. El ángel quería arrastrar el hombre al cielo, donde le aguardaban la Santísima Trinidad y el resto de los ángeles y bienaventurados; el diablo, por el contrario, quería llevárselo al infierno, desde donde le jaleaban otros diablos peludos, orejudos y bizcos, que bailoteaban entre llamas y tizones. El hombre, a punto de ser partido por la mitad e incapaz de brindar su apoyo a uno o a otro bando, miraba al frente con estupefacción. ¿Quién me habrá metido a mí en esta disputa?, parecía decir. Fábregas se sintió plenamente solidario con aquel hombre.

Privado del pasatiempo que le proporcionaban los vídeos, las horas de insomnio se convirtieron en un suplicio inacabable. Antes de acostarse prolongaba su permanencia en el bar del hotel hasta que el camarero le indicaba haber llegado la hora del cierre. Entonces se encaminaba a su habitación con renuencia, como si allí hubiera de serle aplicado un castigo, pero también con cierto respiro, ya que la atmósfera agobiante de aquel bar recargado y vacío enardecía en su ánimo el recuerdo todavía vivo de *madame* Gestring, cuya ausencia se le hacía más patente y dolorosa en aquel lugar, que había sido escenario de su connivencia. Ahora recordaba allí las noches en que ella, aparentemente entregada a sus admiradores, que no estaban en el secreto de su relación, simulaba no verle, y el recuerdo de esta dilación preñada de promesas le entristecía. Si finalmente dormía, su sueño era acosado por las pesadillas. Estas pesadillas, cuya reiteración no las hacía más soportables, sino precisamente más temibles, se presentaban bajo formas distintas: unas veces creía verse involucrado sin saber cómo en una acción bélica o en un episodio similar, presidido por la máxima violencia y ejecutado siempre en un lugar angosto, cerrado y oscuro. Allí las detonaciones, los gritos repentinos de las víctimas de los disparos, el temor a ser alcanzado por las balas le asustaban y sumían en un paroxismo del que despertaba bañado en sudor. Entonces el silencio de la habitación por contraste le resultaba opresivo, le parecía haberse despertado en un tanque sellado y lleno de agua en el cual él hubiera sido sumergido maniatado y sin escape. Entonces tenía que hacer acopio de energía, saltar de la cama, correr al cuarto de baño, echarse agua fría con la ducha sobre la cabeza y el cuerpo y acudir así a la ventana, que en previsión de estas eventualidades dejaba abierta de par en par todas las noches. Sólo allí, donde tiempo atrás *madame* Gestring había afrontado sus ansias, encontraba él ahora consuelo a las suyas. Otras, aquéllas revestían un carácter más sutil e inquietante: eran pesadillas tranquilas en las cuales el miedo que las impregnaba no provenía de ningún hecho peculiar ni obedecía a una razón precisa. Estas pesadillas, que por su propia índole ponían a prueba su paciencia y se resolvían en un despertar gradual y sin sobresaltos, dejaban su ánimo calado de una intranquilidad pusilánime y una sensación de amenaza que arrastraba muchas horas, si no el día entero, y que no conseguía disipar por ningún medio. Era este último tipo de pesadillas aquél que más temía, pero no sabía cómo conjurarlo. Resignado a que los escasos momentos en que el sueño le visitaba fueran también momentos de agitación y sufrimiento, procuraba luego discernir el origen de aquellas fantasías malsanas, pero lo sueños, como es lógico, escapaban a todo intento de sistematización: esto le enervaba.

A mediados de noviembre el insomnio había hecho mella en su constitución: ya no podía practicar sus ejercicios gimnásticos. Ahora las pesas permanecían arrumbadas en el cuarto de baño. De cuando en cuando tomaba la más ligera y probaba de levantarla; al punto debía dejarla nuevamente en el suelo: de este modo comprobaba el ritmo de su debilitamiento. Seguía sin noticias de *madame* Gestring y también de María Clara. Solamente Riverola le llamaba por teléfono con cierta regularidad y le mantenía al corriente de la marcha de sus asuntos. Por él supo que su antiguo suegro, ejercitando unos poderes amplios que años atrás el propio Fábregas le había otorgado, y con la anuencia expresa de todos los socios de la empresa, había vendido la empresa a una sociedad de cartera, posiblemente extranjera, de fines inciertos. Para evitar pleitos, habían acordado mantener a Fábregas en el consejo de administración de la nueva empresa, aunque relevado de toda obligación, y asignarle un sueldo honroso que cubriera momentáneamente sus gastos. La propia sociedad matriz se había comprometido a hacerle llegar este sueldo todos los meses a un banco de Venecia o del lugar en que se encontrase si en algún momento decidía cambiar de domicilio. Naturalmente, el consejo se reservaba la facultad de revocar la remuneración y el cargo que la justificaba cuando las circunstancias lo hiciesen aconsejable o así lo determinase el propio consejo por mayoría simple. De este modo la empresa contaba con garantizar su silencio. Esta operación, aparentemente sencilla, pero en realidad plagada de obstáculos, circunvoluciones y entresijos, había sido llevada a término con extrema lentitud y sus resultados definitivos le fueron comunicados a lo largo de varias conversaciones vacilantes y contradictorias que le sumían en la perplejidad, hasta que comprendió que los autores de la maniobra temían su reacción o, cuando menos, las complicaciones legales que habrían podido derivarse de ella y que por este motivo actuaban con tanta cautela y disimulo, convirtiendo en confabulación un negocio al que él habría accedido de buen grado y sin tardanza si alguien hubiera tenido el valor de pedirle su aquiescencia sin rodeos. Aquel proceder timorato ponía de manifiesto lo incierto de su situación.

—Esta sinecura es una engañifa —le dijo a Riverola en una de las últimas conversaciones telefónicas que mantuvieron—. Dentro de unos meses algún contable descubrirá que soy un gasto inútil, enviará un memorando al consejo y éste, amparándose en unos cálculos ininteligibles, decidirá prescindir de mí.

Al otro lado de la línea percibió una risita que se le antojó insensata.

—Estás muy anticuado —le dijo el abogado cuando hubo acabado de reírse—. En definitiva todo depende del programa que hayan introducido en el ordenador. Si tú formas parte de ese programa, percibirás tus emolumentos pase lo que pase, aunque transcurran doscientos años.

—¿Y tú? —preguntó relacionando la risita del abogado con la explicación que éste acababa de darle—, ¿también formas parte de ese programa?

—No —respondió Riverola—, yo he presentado ya mi dimisión; nunca fui partidario de la venta; siempre dije que toda la operación era una filfa. Ahora no es cosa de claudicar.

—Ay, Riverola, ¿quién de los dos es el anticuado? —exclamó Fábregas—. En cuanto tú dejes la empresa, con máquina o sin ella, yo no duraré ni tres semanas en nómina.

—Asunto tuyo —dijo el abogado.

Ahora los días serenos alternaban con otros nublados o lluviosos y las temperaturas habían descendido sensiblemente. Al deambular veía nuevamente la ciudad como la había visto el día que llegó a ella, meses atrás. Entonces había tenido la sensación de que algo importante había de serle revelado allí si sabía buscarlo. Durante aquellos meses se había mantenido sin saberlo a la expectativa, atento a un mensaje cuyos signos impredecibles debía estar en condiciones de descifrar. Ahora, sin embargo, su actitud había variado; creía que la revelación podía producirse en cualquier instante, pero pensaba que el contenido de aquélla, cualquiera que fuese, había de dejarle indiferente. Lejos de buscar un significado a cada cosa, rehuía toda manifestación que pudiera encerrar alguno, siquiera simbólico.

A finales de noviembre arreciaron las lluvias. Por esta causa volvió a recluirse en la habitación del hotel. Allí cerraba las ventanas, se metía en la cama y esperaba a que escampase. De niño le había gustado oír la lluvia desde la cama. Entonces se subía el embozo de la sábana hasta la barbilla y el repicar de la lluvia en los cristales del balcón le infundía por contraste una sensación de bienestar que con los años fue perdiendo. Ahora el sonido destemplado de la lluvia en el exterior tenía para él algo de siniestro y desolado.

X

A primeros de diciembre la lluvia cesó por completo y volvió a salir el sol, pero las calles siguieron inundadas varios días, por lo que una vez más hubo de calzar katiuscas para poder abandonar el hotel. Esto le recordó vivamente las circunstancias en que había conocido a María Clara meses atrás, en tiempo semejante, en una farmacia. Mientras pensaba estas cosas iba siguiendo sin proponérselo el mismo camino que en aquella ocasión había propiciado su encuentro. Esta actitud resultaba tan pueril a sus propios ojos que estaba por deponerla cuando creyó ver fugazmente la silueta de ella en la margen opuesta del canal junto al que transitaba. ¿Será posible que las cosas se produzcan en esta forma melodramática?, pensó.

Gritó para llamar su atención, pero sólo consiguió con aquel grito que levantara el vuelo una bandada de palomas posada en la riba del canal. Aquel revuelo bastó para que la perdiera de vista: cuando las palomas se hubieron posado de nuevo ya no pudo hallarla. Chapoteando retrocedió sobre sus pasos para cruzar el canal que lo separaba de ella por un puente metálico que recordaba haber rebasado momentos antes. Ya en la otra margen, corrió hacia la esquina que según sus conjeturas ella debía de haber doblado y desde allí creyó distinguir a lo lejos su chubasquero de charol. Sin embargo, por más que corría, no conseguía acortar la distancia que mediaba entre ambos, hasta que finalmente perdió su rastro de una vez por todas. O todo ha sido una alucinación, se dijo, o por fuerza ha tenido que meterse en algún portal, pero ¿en cuál de ellos? Frente a una casa vio una mujer vestida de luto, sentada en una silla tosca de madera blanca y anea. Al acercarse a ella para preguntarle si había visto pasar una muchacha cubierta de un chubasquero negro, advirtió que la mujer llevaba unas botas de agua de un color verde subido, casi fosforescente, que le daban un aspecto estrafalario y cómico y gracias a las cuales recordó ser aquélla la misma vieja que les había dado indicaciones prácticas cuando María Clara y él, el día de su primer encuentro, habían intentado visitar una iglesia cercana. ¡Cuántas coincidencias!, pensó. La vieja, ante la cual se había quedado mudo y desconcertado, lo miraba con la boca abierta. Finalmente Fábregas le preguntó si allí cerca no había una iglesia con unos frescos antiguos, a lo que la vieja respondió en sentido afirmativo. Con el dedo señalaba la puerta de un edificio próximo, el cual, visto desde aquel ángulo, no parecía un templo.

—Llame allá y el señor cura párroco le atenderá si puede —dijo la vieja; y luego añadió de improviso—: Se conoce que le gustaron las pinturas la otra vez.

—¡Cómo!, ¿se acuerda usted de mí? —exclamó.

—Con los años voy perdiendo la memoria —dijo la vieja—, pero jamás olvido una cara. Eso no.

—Pues con tanto turista, cada mes verá usted varios millares de caras nuevas.

—Sí, pero no olvido ninguna, así pasen cincuenta años.

—Entonces, recordará a la señorita que me acompañaba en esa ocasión, cuando usted me vio por primera vez —dijo él.

—La reconocería si la viera, a buen seguro. Pero recordarla es otra cosa. No, no creo que fuera capaz de hacer algo así.

—Entonces, ¿no ha vuelto a verla desde aquel día?

—No le sé decir: ahora no me acuerdo de haberla visto, pero lo que sí sé es esto: que si la hubiera visto, la habría reconocido —dijo la vieja con aplomo.

Esta afirmación contundente, sin embargo, pareció dejar sumida en un mar de confusiones a la vieja de las botas verdes. Fábregas se despidió de ella y se encaminó a la puerta de la iglesia. ¿Será posible que ella, impelida por los recuerdos, haya tenido la idea de venir de nuevo a este lugar precisamente en este día?, se preguntaba; y con un residuo de cordura se respondía: ¡qué va!

Empujó la puerta de la iglesia y vio que ésta no estaba cerrada, como le había parecido en un principio, de modo que, sin anunciar su presencia, se introdujo en un zaguán oscuro donde una docena de personas, agrupadas alrededor de una joven, escuchaba silenciosamente la explicación que ella les daba.

—Ahora —dijo la joven cuando hubo concluido sus explicaciones— yo me quedaré aquí y el señor cura párroco les mostrará los frescos de que les acabo de hablar. Es un hombre de cierta edad, muy piadoso, pero un poco obtuso... —al decir esto se golpeó ligeramente la sien con el dedo índice y al mismo tiempo, como si quisiera ofrecer a sus oyentes un adelanto de la escena hilarante que la estupidez del cura iba a proporcionarles en breve, torció los labios en una mueca horrible y bizqueó; de este modo consiguió conferir a su rostro, hasta entonces vulgar e inexpresivo, un carácter nuevo, no exento de atractivo sexual. Los turistas que la rodeaban acogieron con alborozo aquel alivio inesperado a una visita que prometía ser tediosa. Aquellos turistas consideraban el viaje que estaban realizando un fin en sí, de cuyo disfrute pleno les detraían aquellas visitas contra las cuales, sin embargo, no se podían rebelar. Ahora sólo deseaban cumplir cuanto antes con aquella obligación y regresar al hotel para seguir cosechando las anécdotas triviales y jocosas que luego habían de constituir su acervo más preciado—. No es preciso que escuchen lo que él les cuente —siguió diciendo la joven guía después de haber recuperado la serenidad—, pero hagan como que le prestan atención y, por favor, no se rían.

Apenas había acabado ella de hablar, el cura párroco hizo su entrada en el zaguán, la cual fue recibida por una carcajada general y apenas sofocada. Sin parar mientes en ello, el capellán indicó al grupo que le siguiera.

—No se dispersen —les dijo dirigiéndose en particular a Fábregas, que permanecía algo destacado—: la iglesia está un poquito oscura y podrían tropezar con los reclinatorios.

Fábregas recordaba aquellas palabras, que el mismo capellán, en el mismo lugar, había dirigido a María Clara y él en el mismo tono. La noción de que durante todos aquellos meses, que para él habían supuesto una mudanza completa, aquel capellán había estado repitiendo diariamente la misma advertencia escueta le hizo estremecer.

El capellán detuvo el grupo ante las gradas del altar y se adelantó a abrir la puertecita que comunicaba la iglesia con la cámara donde estaban los frescos bizantinos. Luego de pulsar el interruptor y encender la bombilla de la cámara, hizo señas al grupo para que entrase en ésta. Fábregas lo hizo a la zaga de aquél y se encontró de súbito enfrentado a aquellas diez figuras severas ante las cuales ahora creía comparecer. Entonces advirtió que los diez hombres pintados en aquellos muros no sólo se parecían entre sí de un modo notable, como ya había advertido en el curso de la primera visita, sino que los diez se parecían mucho a él mismo. Entonces comprendió que aquellos rostros, que al principio había tomado por representaciones burdas de la fisonomía masculina, representaban en realidad con levísimas variantes el rostro del padecimiento. Entonces recordó la mirada que un año atrás había sorprendido en el espejo del cuarto de baño y cuya significación había interpretado en aquel momento de un modo tan erróneo y presuntuoso. Ahora el ciclo había llegado a su fin: ya no había prisa, pensó. Deseaba vivamente salir de aquel lugar, pero esperó a que el capellán terminara de referir la sobada historia del traslado milagroso de San Marcos a Venecia, a la que no prestaba atención ni simulaba prestarla, a diferencia de los turistas, los cuales, desatendiendo el consejo malintencionado de la joven guía, parecían absortos en la peripecia que les era narrada. Un miembro del grupo, sin embargo, se separó de éste y acudió a situarse sigilosamente junto a Fábregas. Era una mujer entrada en años, extrañamente vestida de hombre, o un viejo petimetre muy afeminado. El colorete con que trataba de infundir lozanía a sus pómulos se había cuarteado transversalmente y ahora formaba una cuadrícula con las arrugas profundas que le recorrían la cara de la frente al mentón.

—Me encuentro mal —susurró a oídos de Fábregas.

Fábregas vio que su interlocutor tenía la lengua color de fresa.

—Yo no puedo hacer nada por usted —replicó secamente—. Haga que le vea un médico.

—He ido a todos los especialistas —dijo su interlocutor.

—Yo no puedo hacer nada por usted —repitió Fábregas en forma imperiosa, pero sin alzar la voz.

—Sí —dijo su interlocutor alejándose de él.

Al salir de la cámara de pinturas, Fábregas volvió a quedarse rezagado. Antes de llegar al zaguán, entregó al capellán una cantidad prudencial de dinero.

—Un donativo —dijo.

El capellán le dio las gracias y le entregó una estampa. Cuando entró en el zaguán, los últimos componentes del grupo ganaban la calle. Allí lanzaban gritos y se gastaban bromas ruidosas mutuamente. Sólo el personaje ambiguo que le había interpelado poco antes se mantenía algo apartado de sus compañeros, con la mirada fija en Fábregas. Para eludir aquella mirada embarazosa, se puso a estudiar con suma atención la estampa que acababa de brindarle el capellán. En la parte anterior de ésta vio la efigie de un negro con sotana y birreta al que flanqueaban un león y una cebra. Era el beato Trulawayo, ordinario *in partibus infidelium* de Basutolandia en la segunda mitad del siglo anterior. La conversión a una fe impopular entre su gente y el empeño por combatir las creencias y ritos seculares de los basutos habían forzado su exilio vitalicio en Grenoble, donde una enfermedad penosa, sobrellevada con entereza y resignación, le hizo entregar el alma en el año de gracia de 1930. Posteriormente algunas curaciones milagrosas o, cuando menos, inexplicables, obtenidas por su intercesión, habían llevado a su beatificación en 1976. Fábregas no pudo menos de sonreír al leer esta semblanza nimia. Ah, murmuró guardándose la estampa en el bolsillo, vosotros también sentís la necesidad de renovaros. Pero es inútil, agregó para su fuero interno mientras emprendía cansinamente el camino de regreso al hotel. Todo es inútil.

Sin embargo, no bien hubo alcanzado de nuevo el canal en cuya margen había creído ver a María Clara, oyó una voz que parecía salir del agua y que le llamaba a grandes gritos. Una lancha se detuvo a la altura de la riba en que se encontraba y su tripulante se puso en pie, con lo que consiguió colocar la cabeza a la altura de las rodillas del otro.

—¡Caramba! —exclamó éste al reconocer al tripulante de la lancha— ¡El doctor Pimpom! ¡Qué cúmulo de casualidades!

—¿Casualidades? —exclamó a su vez el médico—. Pues ¡cómo!, ¿acaso no está usted yendo al palacio de los Dolabella?

—No —respondió Fábregas—. A decir verdad, hace siglos que no sé nada de esa familia. Pero usted sí se dirige allá, y con grandes prisas. ¿Es que ocurre algo malo?

—Oh, no, ¿qué quiere que ocurra? —rezongó el médico torciendo el gesto, como si el poner en tela de juicio la buena salud de sus pacientes comprometiera al mismo tiempo su propia reputación—. Bien se ve —añadió luego sin desarrugar el ceño— que no ha reparado usted en el día que es hoy. Bueno, ¿que más da? Suba a la lancha y vayamos juntos.

Zigzagueando por los canales, llegaron al cabo de un rato ante el embarcadero situado en la fachada posterior del palacio, cuya puerta sombría custodiaban dos colosos de piedra. Ahora había varias embarcaciones atracadas frente al embarcadero diminuto.

—¡Mecachis! —masculló el doctor Pimpom a la vista de las embarcaciones—. Ya debe de estar aquí todo el mundo. Si algo aborrezco es significarme llegando con retraso a las citas. Y en especial con esta gente...

—Pues ¿de quién se trata, doctor? ¿Qué estamos haciendo aquí? —preguntó Fábregas.

—Vamos, vamos, ¿cree que tenemos tiempo que perder en explicaciones? —le instó el otro saltando de la lancha a los peldaños que conducían al embarcadero y acompañando sus palabras de gestos bruscos de reprobación, como si la única razón de su retraso fuera la pregunta que acababa de hacerle Fábregas, el cual, en vista de ello, se abstuvo de insistir y siguió al médico sumisamente, alcanzándole en el momento en que aquél, sin haberse detenido a golpear el aldabón, empujaba la puerta y se introducía en el lóbrego vestíbulo. De allí y sin aguardar a su acompañante, se adentró en los corredores que, según recordaba Fábregas de su primera y única visita al palacio, conducían a la parte habitada de éste, la cual, no obstante, el doctor Pimpom cruzó decididamente, sin aminorar siquiera la marcha. Fábregas le venía pisando los talones, porque recordaba la ocasión en que se había extraviado en aquel laberinto y la humillación que se había seguido de aquel percance. Finalmente la persecución quedó interrumpida ante una puerta de doble hoja, que el doctor abrió de par en par.

XI

Cruzado el umbral se encontraron en una pieza que Fábregas reconoció al punto: era aquella pieza octogonal en la que meses atrás, a solas con Charlie, había tenido que oír de labios de éste el relato de su vida, y a la que el propio Charlie había denominado entonces pomposamente la sala de recepciones, un título que en aquella ocasión él había juzgado ridículo, pero que ahora parecía confirmar un número considerable de parejas de edad que caminaban por ella pausadamente, cogidas del brazo, describiendo círculos concéntricos, como si en realidad deambularan por un *foyer.* ¿Dónde cuernos he caído?, pensó. Un examen más atento de aquella concurrencia inesperada le permitió advertir que lo que había tomado en un principio por un vagar ocioso destinado a colmar un intervalo era en realidad un rito gobernado por un antiguo protocolo y que, por consiguiente, aquellos zascandiles vestidos de gala estaban allí en cumplimiento de algo importante y solemne. Una vez más hubo de rectificar su juicio: ahora el murmullo de aquellas conversaciones comedidas y la luz de los candelabros que se reflejaba en la lúgubre oquedad de los espejos sin azogue para lanzar luego destellos mortecinos en los vestidos opulentos y alhajas de las damas, en las encomiendas y medallas que ostentaban los caballeros en sus chaqués, los entorchados y alamares de los uniformes, los abanicos de nácar y encaje, los penachos de bicornios y morriones, y acabar posándose en el terciopelo polvoriento y gastado de los almohadones y en el damasco astroso de la tapicería, parecían infundir a la sala una vida prestada, avara y fugaz, pero no exenta de dignidad, de una punzante melancolía.

—Caramba, caramba, qué alegría tenerle de nuevo con nosotros —dijo una voz sacándole de la perplejidad en que le había sumido esta constatación.

—Charlie... —murmuró Fábregas al darse la vuelta y ver el rostro risueño de aquél, en cuyos ojos se leía un afecto genuino. Ahora Charlie vestía un traje oscuro y llevaba colgada al cuello una cinta de seda de la que pendía una cruz de oro y esmalte rojo, que Fábregas no supo identificar.

—Se hace usted caro de ver, amigo mío, se hace usted caro de ver... Oh, no —dijo el dueño de la casa atajando con un ademán la excusa que el otro a todas luces se aprestaba a ofrecerle—, no tiene que decirme nada. Me hago perfecto cargo de que sus ocupaciones... ¿no es así? Mi esposa y yo le recordamos con cariño: esto es todo lo que quise decir. Mi esposa estaría encantada de volver a verle, si se encontrase aquí, me consta. Por desgracia, como es habitual en ella, se ha sentido indispuesta de buena mañana. Ya sabe lo delicado de su salud. Me pidió que hiciese los honores de la casa y que dijera a todos que más tarde, si las fuerzas se lo permitían, haría acto de presencia. A decir verdad, yo creo que lo hará sin tardanza, habiendo llegado ya el doctor Pimpom —agregó Charlie esbozando una mueca sarcástica—. Pero hablemos de usted: ¿Cómo está?, ¿qué tal van sus negocios?

—Todo bien, Charlie, todo bien —respondió el interpelado—, pero, dígame, toda esta gente tan peripuesta ¿quién es y qué está haciendo?

—Ah —exclamó Charlie abriendo mucho los ojos y la boca, pero sin levantar la voz—, veo que desconoce una de las tradiciones más consustanciales a nuestra ciudad... Venga conmigo, yo le pondré en antecedentes y, si lo desea, le presentaré a estas personas, las más distinguidas de la sociedad veneciana, nuestra auténtica aristocracia.

—Yo tenía entendido que Venecia era una república de comerciantes —dijo Fábregas con sorna.

—Sí —respondió Charlie sin inmutarse—, y también de grandes militares, artistas y sabios. ¿Ve usted aquel individuo de barba blanca y gafas de concha, con aspecto magistral? Pues es por derecho propio un príncipe dálmata, habiendo estado Dalmacia durante siglos, como usted bien sabe, agregada a Venecia, al igual que Croacia y buena parte del Imperio Bizantino, a cuyo servicio ganaron muchos venecianos títulos nobiliarios de legítimo fundamento, sin que debamos olvidar los merecidos en las sucesivas cruzadas en que intervinimos. Y mire, mire aquel señor alto, al que acompaña una mujer menuda, vestida de verde, ¿no advierte la insignia que lleva al pecho? Comendador de la orden del Santo Sepulcro, ¿qué le parece? Pues ¿y aquel que se contonea al andar y lleva bisoñé pajizo?, ¿quién diría al verle que desciende por línea directa de San Luis, rey de Francia? ¿Y qué decir de aquella mujer de talle esbelto, cuello de alabastro y escote generoso, por cuyas venas corre aún la sangre de los Paleólogos? ¡Ay, amigo mío, cuánto honor!, ¡cuánto honor!

—No se lo discuto, Charlie, pero ¿qué diablos están haciendo aquí estas antiguallas?

—Mantener viva una costumbre ancestral... —dijo Charlie, y agregó de repente, cambiando el tono—: ¡Ah vaya, ya está aquí mi mujer! ¿Qué le había dicho? Seguro que alguien habrá corrido a decirle que había llegado ese pavero —concluyó señalando con el pulgar al doctor Pimpom, que se hallaba en el mismo salón, algo alejado.

Ocupada en saludar prolijamente a toda la concurrencia, la enferma, que llevaba un vestido de seda y organdí tan aparatoso como anticuado, tardó un rato largo en dirigirse a Fábregas.

—Gracias por haber venido —le dijo entonces estrechándole las dos manos al mismo tiempo.

—¿Le puedo decir que su aspecto es inmejorable y que este vestido le sienta la mar de bien? —replicó Fábregas.

—¿Ha visto el salón?, ¿no parece otro? —dijo la enferma aceptando el cumplido de su huésped con un mohín y aludiendo a lo dicho por ella con motivo de la visita de aquél al palacio, meses atrás—. ¡Ay, si hubiera podido verlo hace años, en vida de mi pobre padre, que en gloria esté! En aquella época feliz todo era siempre así, como hoy... Todos los días este mismo esplendor, este bullicio... Recuerdo que aquí, en esta parte, donde estamos ahora, había un piano: un piano de cola que había pertenecido a la familia desde tiempo inmemorial. Mi abuela, de joven, fue retratada junto al piano. Y, sin embargo, de la noche a la mañana desapareció. Yo aún no me explico cómo pudo suceder tal cosa, porque un piano de cola no desaparece tan fácilmente, ni siquiera en un caserón como éste; pero el hecho es que de la noche a la mañana, como le venía diciendo, desapareció, y por más que lo hemos buscado, nunca ha vuelto a aparecer. ¿No es así, Charlie?

—Tal como tú lo cuentas, vida mía —corroboró Charlie con aire distraído, pero con mucha vehemencia en la voz.

—Fue una pérdida irreparable —siguió diciendo la enferma con un ligero temblor en los labios—, no tanto por su valor material, aun siendo alto, como por su valor sentimental... ¡Cuántas manos sensibles no lo habían tocado!, ¡qué de emociones no habían hecho vibrar sus cuerdas!

—Monina —intercaló Charlie aprovechando una pausa en el relato conmovido de la enferma—, ¿no deberíamos ofrecer un pequeño refrigerio a nuestros invitados? Yo no sé a ellos, pero a mí me ruge el mondongo que da miedo oírlo.

—Charlie, ¡qué cosas tienes! ¿Cómo quieres que me ocupe de nada en mi estado? —replicó ella con impaciencia—. La verdad, no sé en qué pensará este hombre. A bueno no hay quien le gane, pero en todo lo demás, un verdadero pedrusco, como me dijo mi padre, con muy buen tino, el primer día que lo traje a casa.

—Yo tenía entendido que cuando usted y Charlie se conocieron, su padre había fallecido ya —dijo Fábregas, que recordaba lo que le había contado el doctor Pimpom al respecto.

—Es posible que me confunda de persona —dijo de inmediato la enferma sin acusar la insidia de su huésped—. En aquellos tiempos tuve tantos pretendientes... —añadió con un guiño de picardía—. ¿Le he contado que en la curia vaticana hay más de dos y más de tres que en su día me hicieron la corte... y a alguno de los cuales, debo confesar con rubor, no fui del todo indiferente...? Pero, no —agregó tras una pausa consagrada aparentemente al recuerdo—, esto sería largo de contar. ¿Qué le venía diciendo? Ah, sí, ¡aquellos tiempos! Entonces la casa estaba siempre llena de invitados, con quienes papito aliviaba la soledad. Personajes de renombre. Varias veces tuve que ayudarle a meter en la cama a Ernest Hemingway en estado de embriaguez; Carl Jung y Vasili Kandinsky tuvieron aquí largas disputas, y aún ahora me basta con cerrar los ojos para volver a ver a Artur Rubinstein paseando por esta misma sala, con su batín de tafetán y sus babuchas de tafilete de oro. Yo era muy niña y solía tocar el piano. Huelga decir que mis conocimientos eran muy rudimentarios. Mi padre se había empeñado en que adquiriese cierta formación musical, como correspondía a nuestra posición, y yo no hacía más que cumplir lo dispuesto por él. Entonces Rubinstein, que me oía esbozar una escala o tratar de arrancarle al teclado alguna melodía sencilla, depositaba en una repisa con sumo cuidado la copa de champaña y la boquilla que siempre llevaba en las manos y me decía sonriente: *C'est pas comme ça, ma fille, c'est pas comme ça,* y colocándome sobre sus rodillas y apartando mi osito de felpa y mi *poupée de chiffon,* corregía mis movimientos defectuosos o mi postura. ¡Ay, entonces los pulmones se me inundaban de música y la música me corría por las venas, aligerando la sangre! Luego Rubinstein y papá se pelearon por un asunto de faldas, a los que ambos eran proclives, y no volvimos a verle nunca más. Ahora Hemingway, Jung, Kandinsky, Rubinstein y papá nos han dejado, el piano ha desaparecido, incluso este palacio mismo se desmorona inexorablemente y sólo quedo yo, vieja y enferma, para guardar memoria de aquella maravilla. Bien sé que esto que digo son cosas absurdas, propias de una mujer de poco mundo. Por supuesto, la música es un arte pasajero; está en su esencia misma ser volátil. Pero es esta noción misma de creación y olvido constante lo que me aterra: la noción de nuestra propia futilidad. Entonces, cuando caigo en estas reflexiones sombrías, suelo preguntarme...

Lo que la enferma se disponía a decir acto seguido quedó cortado por la llegada de Charlie, que acababa de cruzar el salón trastabillando entre la gente y poniendo en peligro constante el contenido de la bandeja de cartón que llevaba en las manos.

—¿No quiere probar una tartaleta de queso? ¡Están buenísimas! —dijo mostrando la bandeja con orgullo, como si él mismo hubiese confeccionado aquellas masas grasientas.

—Charlie siempre ha sido un compendio de discreción y tacto —dijo la enferma.

XII

Lentamente las parejas se iban despidiendo de los dueños de la casa con prosopopeya. Los caballeros doblaban la espalda hasta formar ángulo recto con el cuerpo; las mujeres hincaban la rodilla en el suelo marrano del salón; al hacerlo, tintineaban los torces de oro y las cuentas de perlas y los escotes boqueaban revelando mamelones que exhalaban un olor cálido y empalagoso, como de almizcle. Todos tenían para los anfitriones palabras de elogio y agradecimiento.

—Una merienda deliciosa.

—Una disposición de muy buen gusto.

Para no entorpecer estas formalidades con su presencia, Fábregas se había retirado a un rincón, donde se le unió a poco el doctor Pimpom.

—Cada año la misma pompa —le oyó mascullar—, pero cada año las tetas más descolgadas.

Este comentario le hizo caer en la cuenta de que a la recepción, fuera cual fuese su carácter, no había asistido ninguna persona joven. Otra tradición que se extingue, pensó: la eterna cantinela. Toda su vida había estado viendo los últimos estertores de tradiciones que declinaban y se perdían: era evidente que le había tocado vivir una época de transición. Ahora, sin embargo, se preguntaba si esta transición no sería un estado permanente de

209

las cosas y si lo que por inercia todos llamaban tradición no sería algo habitual y anodino que, llegado el término de su utilidad, empezaba a descomponerse de acuerdo con su propia naturaleza, siendo entonces esta descomposición parte de su propia razón de ser, una manifestación más de su propia utilidad. Ahora contemplaba aquellas tarascas reflejadas en los espejos turbios del salón, saludando y alejándose por aquel infinito ficticio y sin azogue y no podía menos que decirse: así ha de ser.

En estas reflexiones perdió la noción del tiempo y sólo la recobró cuando el último de los invitados a la ceremonia se retiraba del salón, en el que ahora reinaba un silencio sólo roto por la respiración sibilante de la enferma.

—Ánimo, pichón, ya acabó todo —musitó Charlie al oído de su esposa.

—Sujétame, Charlie —respondió ésta a su confortación—: me falta el aire, los huesos no me tienen y la vista se me nubla.

—Ya sabía yo que acabaríamos así —rezongó el doctor Pimpom colocándose con ligereza frente a la enferma y abrazándole el talle en el momento en que ella, como si una mano invisible hubiera cortado de repente los cables que la mantenían suspendida de lo alto, se venía al suelo.

—¡Charlie, no se quede ahí pasmado y ayúdeme! —dijo el médico—. ¿No ve que las fuerzas no me dan? Eso es, cójala de los tobillos. Así no, hombre, con delicadeza. ¿Cuándo dejará de ser un *cow-boy*?

—Yo no soy un *cow-boy* —replicó Charlie encolerizado—. Yo no había visto una vaca en mi vida hasta que llegué a Italia. Yo nací en un suburbio industrial y hasta la carne que comíamos venía enlatada.

—Está bien, Charlie —respondió el médico con condescendencia—. Ya hablaremos de esto en otra ocasión. Ahora, si no le parece mal, ayúdeme a llevar a su esposa a la cama. Sí, Charlie, usted delante. Vamos.

Tambaleándose bajo el peso de la enferma, los dos hombres abandonaron el salón y en él a Fábregas, quien, temeroso de agravar la situación si se sumaba al cortejo, optó por permanecer donde estaba, sin ofrecer su ayuda, pero sin hacer de sí un impedimento. Ahora, sin embargo, al verse una vez más a solas en aquella estancia, se arrepentía de su circunspección. Parece que el destino ha resuelto que yo venga a perderme en esta casa, se dijo. Decidido a salir de allí a toda costa, cruzó la puerta que Charlie y el médico habían dejado abierta al salir y de este modo ganó un pasillo oscuro del que arrancaba una escalera, en cuyo extremo superior se veía una claridad azulada, como la que difunde una lámpara cubierta por una pantalla de tul. Se disponía a subir por aquella escalera cuando detuvo sus pasos un sonido procedente del lugar al que se encaminaba. Este sonido se fue haciendo cada vez más nítido, aunque sin aumentar el volumen. Ahora Fábregas, inmovilizado al pie de la escalera, percibía una voz humana, débil y quejumbrosa, que parecía repetir una palabra incomprensible, quizás en un idioma extranjero. Hola, ¿qué es esto?, se preguntó con cierto sobrecogimiento, porque sin saber la razón, tenía constancia de estar asistiendo a un fenómeno sobrenatural o, cuando menos, inexplicable. Así permaneció varios segundos; luego, de repente, enmudeció la voz y en lo alto de la escalera apareció un hombre cubierto de un batín de tafetán, que llevaba en las manos una copa de champaña y una boquilla larga, de metal plateado. Aquella figura era indudablemente una visión: desde donde estaba, Fábregas podía seguir viendo los peldaños de la escalera a través de ella no bien hubo ésta iniciado el descenso. Fue la transparencia de la figura, sin embargo, lo que le tranquilizó. No hay motivo alguno para pensar que se trate de un fantasma, se dijo, antes bien, de una superchería. Los fantasmas no son transparentes; ahora los creemos transparentes porque el cine siempre los ha representado así, pero en realidad sólo es un truco mecánico de superposición de imágenes, un simple efecto especial. No obstante, decidió regresar al salón y, habiéndolo hecho, cerró a sus espaldas la puerta que conducía a la escalera.

Sus razonamientos sólo le habían proporcionado una tranquilidad relativa. Ahora creía ver en el fondo de los espejos del salón unos hombres muy gordos y risueños, vestidos con telas de color escarlata, que le hacían señas, como si le saludaran y luego, convencidos de haber atraído su atención, juntaban las manos, adoptaban una expresión de recogimiento y oraban o simulaban orar. ¿Qué querrán decirme?, se preguntaba; tal vez que me una a sus rezos, pero ¿cómo? Yo nunca he rezado; a lo sumo, de niño, repetía unas letanías aprendidas de memoria, sin tener idea de su significado, pero eso no era rezar... o quizá sí, se dijo. Cerró los ojos y se pasó las manos por la cara. Quizá soy yo, se dijo, quizá algo no anda bien en mi cabeza. Cuando abrió los ojos de nuevo, las apariciones se habían disipado. He de salir de esta casa cuanto antes, se dijo. Ah, ¿cuántas puertas tendrá este maldito salón? ¿Siete?, ¿seis?, ¿nueve? Imposible saberlo. Eran los espejos intercalados lo que le impedía llevar a cabo un recuento satisfactorio. Finalmente decidió abrir una puerta cualquiera. Al hacerlo le asaltó el temor de estar abriendo de nuevo por distracción la que llevaba a las escaleras que el aparecido para entonces sin duda habría terminado de bajar, pero tuvo suerte y no sucedió tal cosa. Ahora se encontraba en una sala contigua al salón y tan desnuda de muebles como éste, salvo por una mesa de altar tapizada de damasco rojo, alumbrada por varios cirios gruesos y coronada por una hornacina recubierta de flores de papel. En la hornacina vio la imagen de una mujer muy joven, de belleza grave y transida, revestida de una túnica blanca y de un manto azul ceñido a la frente por una cinta. Este manto bajaba luego por los costados de la imagen, dejando al descubierto únicamente su rostro, sus manos y la punta de los pies. Un aro de alambre colocado sobre su cabeza sostenía doce estrellas de hojalata en círculo. Ante la imagen Fábregas se sintió invadido del desfallecimiento. Todos los acontecimientos extraños que habían precedido este encuentro no habían logrado prepararle para esta última visión. Clavó los ojos en el rostro de la imagen y ésta respondió a su mirada con una ligera inclinación de cabeza. Luego recobró la inmovilidad.

—¿Piensa permanecer así eternamente? —dijo Fábregas, que había recuperado el habla después de un largo silencio.

—¿No queda nadie? —preguntó ella.

—Sólo yo.

—Entonces ayúdeme a bajar de la hornacina. No quisiera echar a perder las flores.

Él le tendió la mano; las de ella estaban frías como el mármol y tenía las mejillas, la frente y el mentón tiznados por el humo de los cirios. Aquellos tizones resaltaban su palidez.

—Al verla la creí... —empezó a decir él.

—No lo diga... —atajó ella.

—Transformada en algo inmaterial, inaccesible a todos

nosotros, quise decir —dijo él—. ¿Qué hacía subida a este aparato? ¿Cuánto tiempo lleva aquí, inmóvil, fingiendo ser una estatua? ¿Y por qué esta representación?

—¡Y yo qué sé! —exclamó ella malhumorada, golpeando el suelo con el pie descalzo—. ¿Cree que todavía tengo ganas de interrogatorios?

Pero al instante, antes de que él pudiera replicar, cambió de tono y continuó diciendo:

—Acompáñeme a dar un paseo, por favor: tengo el cuerpo entumecido y el frío metido en los huesos.

—¿No debería abrigarse?

—Primero haré un poco de ejercicio para restablecer la circulación sanguínea y luego me daré un baño, si hay agua caliente en este caserón dejado de la mano de Dios —dijo; luego, como avergonzada de sus palabras, añadió—: No sé por qué digo estas cosas. A mi edad ya debería haber encontrado la forma de mejorar la situación de mi familia o, si eso no, al menos la de independizarme de ella. Pero aquí sigo, ni rebelde ni dócil, sólo inútil y quejumbrosa.

—No empiece a atormentarse y cuénteme lo que hacía en la hornacina —atajó él.

—Nada, lo de siempre: mantener viva una vieja tradición que agoniza —dijo ella colgándose de su brazo y obligándole a concertar sus pasos. Luego, mientras caminaban por el salón, al que habían accedido, empezó a referirle la siguiente historia—: Desde hace muchísimos siglos era costumbre en Venecia celebrar la fiesta de la Inmaculada con una procesión. Por supuesto, el dogma de la Inmaculada Concepción no fue proclamado hasta mediados del siglo pasado, pero la creencia siempre fue consustancial al cristianismo. El asunto, en realidad, siempre fue honrar a la Virgen, para lo cual, al inicio de la primavera, pues la festividad todavía no había sido trasladada al 8 de diciembre, una joven virtuosa y bella era revestida de túnica y manto, coronada de estrellas y paseada a hombros por las calles en una andas adornadas de lirios, ramas de olivo y gavillas de trigo, que simbolizaban respectivamente la pureza, la sabiduría y la fecundidad. Iba descalza y en los pies llevaba dos rosas. Más tarde, sin embargo, y con el pretexto falaz de que las mujeres no podían intervenir en ningún tipo de ceremonia religiosa, el clero prohibió que una doncella personificara a la Madre de Dios e hizo que fuera reemplazada por un sacerdote joven o un diácono. No hace falta que le cuente en qué acabó la cosa. Para entonces Venecia se había convertido en una república de tiranos obsesionada únicamente por su propia seguridad; la policía secreta y las denuncias continuas habían creado un estado de opresión insoportable. Por esta causa, cualquier circunstancia que permitiera un alivio pasajero a tanta tensión y tanta disciplina era aprovechada no ya con alacridad, sino con desafuero. La procesión degeneró pronto en un espectáculo del peor gusto. Los hombres se vestían de mujeres, se cubrían el rostro de afeites y deambulaban por la ciudad profiriendo obscenidades, adoptando los modos más soeces y fingiendo con mucha convicción los dolores y avatares del parto. Las mujeres se vestían de hombre, ostentaban barbas y bigotes postizos, bebían aguardiente sin tasa, juraban y blasfemaban con voz bronca, fingían actitudes achuladas, al menor pretexto echaban mano a la espada, y agredían de palabra y de obra a las mujeres honestas que no se habían sumado al aquelarre. Clérigos viejos disfrazados de paloma bailaban fandango con novicios a quienes habían obligado a vestirse de querubines. En las plazas se corrían y mataban toros, cerdos y perros del modo más salvaje y sanguinario. Naturalmente, no toda la población participaba en estas algaradas. Los más se retiraron a sus casas y allí, agrupadas varias familias por razón de parentesco o clase, continuaron honrando a la Inmaculada a la manera antigua. Luego, cuando la Iglesia y el Estado de consuno intervinieron para poner coto por la violencia a los desmanes del populacho, la tradición continuó inalterable tras los muros de los palacios. Luego la festividad fue movida a la fecha de hoy y se convirtió en el inicio tácito de la temporada navideña. Por riguroso turno, incumbe a una familia del viejo círculo aristocrático, progresivamente venido a menos, organizar la velada a la que usted acaba de asistir. Es costumbre ineludible que una joven de la familia organizadora se vista como ahora me ve, salvo en la eventualidad, muy rara, de que no haya persona de la edad o el sexo adecuado o de que, habiéndola, ésta no reúna las condiciones necesarias para desempeñar el papel, bien por su aspecto físico, bien por otros motivos, en cuyo caso se admitiría que ocupara su lugar algún miembro del servicio doméstico o incluso una persona contratada para la ocasión. También es costumbre que los convidados, aparentando entregar un donativo a la imagen de la Virgen, aporten sumas modestas de dinero que, acumuladas, ayuden a la familia de turno a salir de apuros ese año. No es costumbre, en cambio, que la familia de turno obsequie a sus convidados con unas tartaletas tan baratas y rancias como las que mi padre andaba ofreciendo hace un rato. Venga; ya he caminado bastante y el estar tantas horas de pie me ha fatigado: sentémonos.

—No quisiera que pillara un resfrío —dijo él.

—No hay miedo: estas prendas son de mucho abrigo —dijo ella sentándose en uno de los sofás del salón, encogiendo las piernas y cubriéndose los pies con el ruedo del manto que ahora, tras el paseo, aparecía cubierto de cazcarrias. Luego, sin cambiar el tono coloquial con que había pronunciado estas palabras, prosiguió diciendo—: También es posible que lo que acabo de contarle sea pura leyenda, que la costumbre del visiteo y el disfraz la impusieran a mediados del siglo pasado los austríacos, muy devotos de la Santísima Virgen, y que calara fácilmente entre la aristocracia, mucho más dispuesta que el pueblo llano a colaborar con las fuerzas imperiales de ocupación. Como quiera que sea, hoy perdura como un mero nexo de unión de una sociedad que se desintegra sin remedio y cuya única justificación, a sus propios ojos y a los de nadie más, consiste en marcar las diferencias que las separan de unas masas supuestamente groseras e incontroladas. En el fondo, todo es fraude y cambalache.

Suspiró y añadió después de un silencio que Fábregas, intuyendo que era el prólogo a una confidencia, se guardó de romper:

—Sé que mis padres, a quienes no falta tupé, le refirieron la historia apócrifa de nuestra antepasada, la celebrada meretriz. Ignoro si la dio por cierta o no, pero es evidente que extrajo de ella algunas conclusiones poco halagüeñas con respecto a mí. No voy a impugnarlas: es usted muy libre de pensar lo que quiera y yo lo soy también de justificar o no mi conducta, según se me antoje. Una cosa solamente le quiero contar: hace poco más de un año, en Roma, a donde había ido a mi regreso de Londres con la vana intención de encontrar trabajo, conocí a un hombre cuya influencia ha sido y sigue siendo decisiva en mi vida todavía. Le conocí cuando él acababa de llegar a

Roma para tomar posesión de un cargo de gran responsabilidad al que había sido electo y cuya naturaleza no revelaré para no poner de manifiesto innecesariamente su identidad. Como la residencia que le correspondía en virtud de su cargo había sido ocupada hasta pocos días antes de su llegada por su predecesor, el cual había fallecido allí tras una enfermedad larga y aparatosa, hubo de alojarse en un hotel mientras aquélla era habilitada para acoger en la forma debida al nuevo ocupante. En aquel hotel le visité en repetidas ocasiones, siempre con el riesgo de atraer la atención de un periodista o de tener un tropiezo con el personal encargado de velar por su seguridad. Por suerte, su misma presencia había convertido el hotel en un hervidero de personas cuyos asuntos no admitían demora. De este modo pude apañármelas para burlar toda sospecha. La importancia de sus funciones, el volumen de papeleo que engendraban y el flujo continuo de visitas que acudían a verle le obligaron a ocupar una *suite* del hotel a la que, al cabo de muy poco, hubo que ir agregando las habitaciones contiguas. En este habitáculo improvisado estaba a sus anchas: había llevado siempre una vida trashumante y desarrollado una habilidad especial para hacer su casa allí donde las circunstancias lo pusieran. Apenas aposentado colgó de las paredes de la *suite* los trofeos de caza que había acumulado durante dos largas estancias en África, en la última de las cuales había contraído unas fiebres que no ponían en peligro su vida, pero que le causaban molestias recurrentes. De resultas de estas fiebres había encanecido prematuramente y perdido todo el vello corporal. Cuando la fiebre experimentaba una recidiva, la temperatura podía subirle en pocos segundos a cuarenta y uno o cuarenta y dos grados. En estas ocasiones sus ojos brillaban en la oscuridad, como un fuego fatuo, y deliraba. Fuera de estos trances pasajeros y aunque hacía años que había dejado atrás la juventud, era hombre de energía extraordinaria. Después de una jornada de trabajo de quince horas ininterrumpidas, durante las cuales había tenido que solventar los problemas más graves y asumir responsabilidades abrumadoras, aún tenía ánimos para invitar a cenar a un grupo numeroso y variado de personas y para enzarzarse en la discusión más acalorada o de animar él solo la sobremesa hasta el alba. Sólo entonces, cuando se quedaba solo y los primeros rayos del sol acariciaban los tejados de Roma, me llamaba a su presencia. Rara vez acudía por mi propio pie a esta llamada: las largas horas de espera en una de las habitaciones contiguas a la *suite*, donde permanecía oculta, habían consumido mis fuerzas y me había quedado dormida entre pilas de cartapacios y legajos llegados de todos los puntos del globo. Entonces venía él a buscarme, me despertaba con dulzura y me llevaba a la *suite* en volandas.

»Disponíamos de muy pocas horas. Algún día salíamos a la calle subrepticiamente por una de las puertas de servicio del hotel. Para no ser reconocido él llevaba una peluca, gafas de sol y un traje que yo me había encargado de procurarle a mis expensas. Entonces paséabamos por las calles y plazas casi desiertas, aspirando el aire limpio de la mañana y contemplando el perezoso despertar de la ciudad, un espectáculo que a mi me dejaba indiferente, pero que a él, separado del resto de los mortales y de las minucias de la vida cotidiana por causa de su cargo, le emocionaba hasta las lágrimas. «¡Ah!», exclamaba a la vista de un campesino que disponía sobre los carretones de un mercadillo ambulante los productos de la tierra para su venta, «de modo que esto es lo que come la gente», o, deteniéndose ante el escaparate de una *boutique*, cuyas puertas aún no habían abierto, «¡Hola, con que esto es lo que se llevará este año!» Disfrutaba como un niño. Si algo se le antojaba hasta el punto de desearlo con verdadero frenesí, era yo quien debía adquirirlo, porque él no disponía de dinero en efectivo ni podía pedirlo sin justificar el destino que pensaba darle. Como no podía mentir a este respecto y todas sus pertenencias estaban minuciosamente inventariadas, nunca me pudo hacer ningún regalo. «De todos los hombres de la tierra, yo estoy obligado a ser el más mezquino», me decía a menudo. Pero estas excursiones callejeras eran la excepción. La mayor parte de los días nos quedábamos en la *suite*: él hablando y yo escuchando. Al principio me sorprendía que a un hombre que se pasaba tantas horas despachando asuntos de viva voz todavía le quedaran ganas de hablar, hasta que comprendí que de lo que hablaba conmigo no podía hablar con nadie más. Siempre me hablaba de caza. Ésta era su gran pasión y, sin que pudiera decirse que fuese hombre modesto en ningún terreno, lo cierto es que de nada se sentía tan ufano como de sus hazañas cinegéticas. Ya le he dicho que de las paredes de la *suite* colgaban numerosos trofeos. Algunas piezas estaban disecadas, pero habiendo sido realizada esta operación, por razones obvias de distancia y clima, prácticamente *in situ*, en lugares donde la técnica de la taxidermia era todavía muy tosca y quienes la practicaban, inexpertos, los animales disecados presentaban un aspecto acartonado, irreal y casi grotesco, por lo que, en vista de estos primeros fracasos, él había optado luego por preservar únicamente las calaveras de las presas que se iba cobrando, para lo cual bastaba, según me explicó, con dejar las cabezas a la intemperie y esperar a que las hienas, los buitres y las hormigas dejasen la osamenta monda y lironda. Ahora colgaban de aquí las fauces de un león, de allí las mandíbulas de un cocodrilo, de más allá la testuz de un búfalo. Todas estas fieras imponentes habían sido abatidas por él desde el suelo, esperando a pie firme la embestida o el salto y sabiendo que errar el tiro era garantía de dentellada, cornada o zarpazo. El recuerdo de aquellos momentos de tensa expectativa, en los que la supervivencia dependía de la entereza y el acierto de un instante, le enardecía de tal forma que en ocasiones perdía literalmente el mundo de vista y, olvidando quién era, sacaba de un armario un viejo rifle, ahora herrumbroso y descargado, y me obligaba a correr a cuatro patas por la *suite*, a ocultarme detrás de los muebles y a tratar de saltar sobre él de improviso; él, plantado en medio de la pieza, escudriñaba a su alrededor y, cuando creía haber descubierto mi escondite, se echaba el arma a la cara y gritaba a pleno pulmón: ¡PABOUM!, ¡PABOUM! No me interprete mal: este juego pueril no me divertía en lo más mínimo. Siempre supe que estaba en presencia de un hombre sumamente necio y vacuo; nunca me hice ilusiones respecto de él y mucho menos respecto de lo que pudiera depararme el futuro a su lado. Simplemente me atraía de un modo irremisible. Si él me miraba yo olvidaba mi vida; se lo habría dado todo sin pedirle nada. Por lo demás, lo nuestro estaba condenado de buen principio al fracaso, porque no ignoraba que una vez concluidas las obras de su residencia oficial e instalado él allí, nuestra relación había de volverse por fuerza dificilísima, si no imposible, como en efecto sucedió. Regresé a Venecia profundamente abatida, pero decidida a echar en olvido aquella aventura insensata. Reanudé viejas amistades y trabé amistades nuevas: éstos fueron los días en que nos conocimos usted y yo. Poco después descubrí haber quedado encinta en Roma. Ponderé la posibilidad de interrumpir la gestación, pero no me atreví a dar un paso así sin el consentimiento de él, sabiendo como sabía lo firme de su posición en la materia. Tenía que verle y poner en su conocimiento lo sucedido. Fui a Roma. No le abrumaré contándole por qué medios intrincados le hice saber de mi presencia en Roma ni de qué insólitos mediadores se valió él para indicarme la hora y el lugar de la entrevista que yo le había pedido y a la que él accedía con evidente renuencia. Por fin, después de varias semanas de maquinación y de mil peripecias, nos vimos a solas por última vez una noche, en el jardín de su residencia. De aquella entrevista recuerdo con viveza el brillo de la luna entre los cipreses, la brisa perfumada por los rosales en flor y el croar de las ranas en un estanque cercano. Él no parecía reparar en estos detalles. El desempeño formal de su cargo, del que ahora, según me dijo, se sentía por fin plenamente investido, le había cambiado. En contra de mis predicciones, lo que había ido a decirle no le produjo inquietud ni sorpresa; antes bien, pareció dejarle indiferente, como si el asunto no fuera con él. Me recordó que, pese al boato en que vivía inmerso, no disponía de medios económicos. Yo le tranquilicé al respecto: siempre había sabido que no podía esperar nada de él, le dije. Mi aparente abnegación despertó sus sospechas y adoptó un aire impaciente y glacial que sin duda debía haberme irritado. Pero mi ánimo estaba tranquilo; nunca había experimentado antes una serenidad como aquélla. Comprendí que había llegado el momento de la separación definitiva. Entre nosotros se hizo un silencio embarazoso. A lo lejos oímos resonar los taconazos y susurros que acompañaban el relevo de la guardia en la caserna situada al fondo del jardín. «Adiós», dijo él tendiéndome la mano a modo de despedida. Yo retuve su mano entre las mías. «Hay algo que necesito saber», le dije. Me miró a los ojos y yo advertí en los suyos la fosforescencia de las tercianas. Aquel acceso súbito de fiebre hizo desaparecer por un instante la frialdad de su porte y comprendí que ahora sus ojos leían mis pensamientos. Si él hubiera hecho el más mínimo gesto yo habría caído de nuevo para siempre en sus brazos, habría aceptado el arreglo que me hubiera propuesto; por él habría soportado cualquier humillación. Él sin brusquedad, pero con firmeza, desprendió su mano de las mías y señaló al cielo. «Sólo tres cosas debes saber ahora y siempre», me dijo: «Que Jesucristo nació en el portal de Belén, que murió por nuestros pecados y que al tercer día resucitó.» «¿Eso es todo?», pregunté yo. «Sí, eso es todo», respondió. «Lo demás sólo sirve para confundir las ideas y extraviar las almas», dijo acto seguido. Regresé a Venecia abrumada por la incertidumbre. Por supuesto, debía dejar a mis padres ignorantes de la situación. Pensé en confiarme a usted, a quien me sorprendió gratamente reencontrar en la ciudad, de la que le hacía ausente, pero también usted había sufrido una transformación inexplicable. Mi estado requería atenciones médicas y me puse en manos del doctor Pimpom, que se mostró más competente que comprensivo. Como amigo de la familia y hombre de honor quería tomar cartas en el asunto a toda costa e insistía en saber la identidad del autor de mi embarazo. Ante mi negativa a revelársela decidió investigar por su cuenta. No le sorprenderá saber que la tarde en que usted y yo vinimos juntos a esta casa él extrajese de las apariencias una conclusión errónea. Viéndole convencido de que usted era la persona a quien buscaba, supuse que intentaría sonsacarle a mis espaldas e intenté ponerle sobre aviso para evitar que se produjera una lamentable confusión, pero esa tarde usted no regresó al hotel, como yo pensé que haría, sino que permaneció aquí, retenido por mi madre, que también debía de abrigar alguna sospecha acerca de mi estado y sin duda pensó inocentemente que usted podía ser, a la corta o a la larga, la solución de muchos problemas. Por eso trató de atraerlo hacia la familia con halagos y mentiras, un método que ella siempre ha juzgado infalible y que es, por no decir otra cosa, contraproducente. Ya ve que estoy poniendo las cartas sobre el tapete. Pero no es esto lo que quería contarle en realidad.

»Mi estado evolucionaba conforme a las leyes naturales, aunque no tanto que pudiera llamar la atención hasta poco antes de cumplirse el tiempo del alumbramiento. Entonces vi que debía dejar Venecia. El doctor Pimpom escribió a varios médicos de Roma a quienes conocía y a quienes rogaba me atendieran. También me proporcionó algún dinero, aunque no tanto que me permitiera sufragar los gastos del parto y mi manutención en las semanas previas y posteriores a aquél. Por esta razón recurrí a usted de nuevo. Fui a verle a su habitación dispuesta a revelarle los móviles de mi conducta; se lo habría contado todo si usted hubiera estado dispuesto a escucharme y en condiciones de hacerlo, pero no era éste el caso. De todos modos, me dio el dinero que yo necesitaba y por este motivo le estaré eternamente reconocida. Con él me fui a Roma y allí acudí a todas las direcciones a las que había escrito el doctor Pimpom. El resultado de estas visitas fue siempre idéntico: unos, amparándose en la proverbial ineficacia del servicio de correos, aseguraban no haber recibido ninguna carta; otros admitían haberla recibido, pero decían desconocer al remitente; otros, por último, se limitaban a decir que no podían hacer nada por mí. Alguno, apiadado de mi condición, hizo amago de ofrecerme un dinero que rehusé; los más se limitaron a regalarme muestras gratuitas de medicamentos que les habían enviado los laboratorios farmacéuticos. De resultas de todo esto me encontré en una situación de desamparo absoluto, a la que se sumaban las molestias propias de mi estado. Caí en un gran torpor; dormía la mayor parte del tiempo y lloraba el resto. No sabía qué hacer.

»Por estirar al máximo el dinero de que disponía, me había alojado en una pensión modesta, en un barrio poco céntrico. En aquella pensión se hospedaba también una muchacha menuda y jovial, de aspecto avispado, no mayor de veinte o ventidós años ni exenta de atractivos, de quien los demás huéspedes solían murmurar. Ella no hacía nada que diera pábulo a las murmuraciones, pero tampoco salía al paso de éstas con su conducta: en la pensión se comportaba siempre con el máximo comedimiento, pero sus horarios eran por demás irregulares y, aunque vestía de un modo discreto y recatado, todos sabíamos que usaba ropa interior de fantasía, pues la lavaba en su cuarto y la oreaba en su ventana. De todo lo cual deduje que aquella muchacha no desempeñaba una profesión deshonesta, pero que probablemente se valía de medios deshonestos para desempeñar una profesión honesta en forma exitosa. Esto, como es de suponer, me traía sin cuidado, y si he traído este personaje a colación ha sido porque fue, desde mi llegada a Roma, el único ser humano que me prodigó algunas atenciones y me dio muestras de afecto.

»Cuando comprendí que el embarazo tocaba a su fin, tuve miedo. Por inconsciencia o cobardía, nunca me había puesto a calibrar las consecuencias de todo aquello: ni los riesgos físicos que llevaba aparejado el parto ni los problemas que había de acarrearme la criatura que yo estaba a punto de traer al mundo. Quizá por esta razón el miedo inconcreto que ahora sentía era más asfixiante. Dormida me asaltaban pesadillas y despierta era presa de un nerviosismo rayano en la histeria. Ningún médico se ocupaba de mí y solventaba todos los desarreglos anímicos y corporales con la ayuda de un farmacéutico que me recetaba remedios y medicinas. No sé cómo logré sobrevivir. Finalmente decidí incumplir lo que me había prometido a mí misma, prescindir del orgullo y pedir ayuda a la persona que me había puesto en semejante situación. Por supuesto, no podía ir a verle con aquella facha, así que hube de confiar en alguien. Elegí hacerlo en la muchacha de la pensión de que le hablé hace un momento. A la primera ocasión propicia la llevé aparte y le referí el caso. Ella escuchó el relato en silencio y concluido aquél se limitó a mascullar: «Todos son iguales.» Le hice jurar que me ayudaría y ella trató de hacerlo, pero los días pasaban y sus gestiones no daban ningún fruto. «Hoy no he podido ir», me contestaba cuando yo, al verla entrar en la pensión, la asediaba con mis preguntas. O bien: «Hoy he ido, pero había mucha cola y no me he podido quedar.» Y así sucesivamente. Hasta que una tarde, tres semanas antes de lo que el doctor Pimpom y yo habíamos calculado, tuve los primeros avisos de que el momento decisivo estaba próximo. Alertados por mí los dueños de la pensión, y después de un breve conciliábulo, alguien llamó al hospital más próximo y pidió que enviaran una ambulancia sin demora a recogerme. Le respondieron que el personal hospitalario estaba en huelga y los servicios, interrumpidos *sine die*; que el retén que atendía los casos más graves no daba abasto a todos ellos; que dejáramos nuestro nombre y dirección y que tuviéramos la bondad de aguardar un día o dos. En vista de esto, la dueña de la pensión se mostró partidaria de llamar a la policía. «Si pasa algo, tendremos lío», dijo en tono agorero; a lo que replicó su marido diciendo que él nunca había tenido tratos con la policía ni los pensaba tener; y se echó a la calle en busca de su madre, una mujer octogenaria que en su

222

juventud había ejercido ocasionalmente de comadrona.

»Así dieron comienzo aquellas horas terribles, interminables. Aunque estaba avanzado el otoño, la temperatura era alta y, como mi habitación carecía de ventana, pronto el calor se hizo agobiante y la atmósfera, irrespirable. Me llevaron a otra habitación que disponía de una ventana alta y estrecha por la que ahora entraba la luz del atardecer. El cielo estaba dorado y melancólico y de la calle llegaba el murmullo de la circulación rodada y el trajín de los platos en un restaurante próximo. Tampoco el farmacéutico pudo ser localizado: al término de la jornada había cerrado la farmacia y se había ido a su casa, cuya dirección nadie conocía. Para calmar el dolor de las contracciones, cada vez más intenso, me dieron lo que tenían: aspirinas y *grappa*. Con esta mezcla quedé medio atontada. Los dolores iban y venían y perdí la noción del tiempo. En un momento dado vi la luna enmarcada en la ventana; en otro, la cara apergaminada de la comadrona, que llevaba rato atendiéndome sin que yo me hubiera percatado de ello. Tenía mucha sed y me dieron agua. La muchacha en quien había confiado entró a verme. Venía de la calle y exhalaba un perfume cálido que me revolvió las tripas. Pedí que nos dejaran a solas un instante y, cuando lo hubieron hecho, le dije: «Es posible que no salga de ésta.» Ella me interrumpió diciendo que no dijera tonterías. Lo que me pasaba era una cosa molesta, pero sencilla. «Constantemente están naciendo miles y miles de niños, sobre todo en Asia», agregó. Yo le interrumpí a mi vez para decirle: «Escucha: la criatura que va a nacer sólo me tiene a mí, y si a mí me pasara algo, se quedaría sola en el mundo. Tienes que ir a verle, intentarlo una vez más y esta vez abrirte paso hasta él como sea; dile que venga; explícale las cosas como son. Anda, ve.» Ella me respondió que haría lo que yo le pedía, pero en sus ojos leí la indecisión y la duda. Salió la muchacha de la habitación y yo debí de perder el conocimiento. Me despertó un gemido lastimero; tardé un rato en darme cuenta de que yo misma lo había proferido. La luna ya no estaba en la ventana: ahora era noche cerrada, sin nubes y sin estrellas. Poco a poco fui recobrando la cordura y haciéndome cargo de dónde estaba y qué ocurría. Recordé los dolores inhumanos que había estado padeciendo y pensé que no sería capaz de soportarlos nuevamente, pero transcurrieron varios minutos y los dolores no volvieron. Al verme despierta acudió la vieja comadrona. «Nena, ¿cómo estás?», oí que me preguntaba. «Bien», le respondí esperanzada. «¿Ya pasó todo?» «Falta muy poco», dijo ella. «¿Te duele algo?» «No, pero tengo mucha sed; déme agua, por favor.» «No debes beber nada», respondió la vieja comadrona; «ningún líquido». «¿Quién lo ha dicho?», quise saber, y ella miró de reojo hacia el otro extremo de la habitación. Seguí su mirada y vi dos hombres muy altos que parecían hermanos. Uno iba vestido enteramente de blanco y el otro, enteramente de negro. Miraban lo que había en una mesita sobre la que una lámpara cubierta por una pantalla grande, hecha de trozos de cartón doblado, proyectaba una luz intensa, mientras dejaba en penumbra el resto de la habitación. Miraban lo que había en aquella mesita y cuchicheaban animadamente. Al advertir que me había despertado, acudieron a la cabecera del lecho. La vieja comadrona se retiró y ellos se situaron a ambos lados de aquél. «¿Cómo se encuentra, señora?», me preguntaron los dos a la vez. Les dije que me encontraba bien, que los dolores habían cesado. El hombre de blanco hablaba con acento francés y el de negro, con acento alemán. Cuando hablaban entre sí, el que tenía acento francés se dirigía al otro en alemán, y el que tenía acento alemán le respondía en francés. Esto me hizo pensar absurdamente que debían de ser suizos: dos hermanos suizos que había adoptado aquella solución equitativa a los problemas prácticos de su bilingüismo. Estas cosas las pensaba porque la cabeza no me regía bien. Mientras el hombre de negro me tomaba el pulso y me auscultaba, el hombre de blanco fue a la mesita iluminada y regresó con una jeringa. Me hicieron ladear el cuerpo y sentí un pinchazo en la espalda. El hombre de negro volvió a auscultarme, murmuró: «Todavía no», y anotó algo en su cuaderno. Los dos hombres volvieron a situarse junto a la mesita y a hablar entre sí con gran animación. Lo que me habían inyectado me sumió en un estado de gran bienestar físico. Ahora todo estaba bien, todo era como debía ser; en fin de cuentas, él tenía razón: sólo la entrega puede salvarnos del caos; la felicidad es un estado de gracia que sólo se confiere al que sabe renunciar y aceptar, me dije. Pensando estas cosas no me enteraba de lo que ocurría a mi alrededor. En cambio, registraba con nitidez todos los sonidos que llegaban de la calle. Cuando abrí de nuevo los ojos, la ventana estaba cerrada y por los cristales entraba la luz del día. Delante de mí estaban la comadrona y el hombre vestido de blanco; ambos me miraban fijamente a los ojos con el ceño fruncido y el semblante grave, como si estuvieran recabando mi atención para reprenderme. Sin apartar su mirada de la mía, el hombre vestido de blanco hizo una seña y acudió el hombre vestido de negro. Vi que llevaba las manos cubiertas por unos guantes de goma y comprendí que había llegado el momento decisivo. De mi ánimo desapareció toda la paz de que había estado gozando y me invadió un terror irreprimible. En aquel momento pensé que aquellos dos hombres habían sido enviados allí para impedir que el suceso que estaba a punto de producirse trascendiera las paredes de aquella miserable habitación. Imaginé haber sido vigilada continuamente desde que puse el pie en Roma e interpreté bajo un nuevo prisma la actitud arisca de los médicos a quienes había acudido en un principio y las tentativas supuestamente infructuosas de mi amiga de llegar hasta él. Ahora todos aquellos hechos formaban parte en mi imaginación de una conjura destinada a eliminarme a mí y a hacer desaparecer a la criatura que en aquel instante pugnaba por salir al mundo. Quise saltar de la cama, pero me lo impidieron. «Valor, ya casi está», oí murmurar a la comadrona. El hombre de negro, con su peculiar acento, me gritó: *«Poussez, madame, poussez!»*, y yo comprendí que quería vivir por encima de cualquier otra consideración. En aquel momento resonó en la pensión un grito terrible, como si acabara de irrumpir en ella un animal ávido y feroz, y sentí pánico, pero no por mí, sino por mi hijo; entonces comprendí que no estaba dispuesta a consentir que nadie me lo arrebatara. Al grito siguió un breve silencio, durante el cual comprendí que había sido yo quien lo había proferido. Luego oí un llanto tenue y extrañamente próximo y me pregunté cuál de los dos hombres estaría llorando y por qué. La comadrona se inclinó sobre la cama para decirme algo, pero yo no podía oír sus palabras, porque sólo tenía oídos para aquel llanto, ni podía distinguir la expresión de sus facciones, porque tenía los ojos inundados de lágrimas. Finalmente entendí que sólo quería decirme lo que yo ya sabía: que todo había ido bien. «Es un niño muy hermoso», añadió. Y yo le dije: «No deje que nadie se lo lleve.»

XIII

«Efectivamente, he vivido mi vida como un imbécil», escribió, «pero ahora comprendo que no me fue dada otra alternativa y que, puesto que tampoco me será dada otra oportunidad, tanto la queja como el arrepentimiento resultan superfluos. Este pensamiento, sin embargo, no me reconcilia conmigo mismo ni con la vida: deploro el daño que he causado y el que sigo causando y me sulfura la impotencia mía y la de todos ante el sufrimiento de los inocentes. La realidad no se aviene a tapujos; de continuo vemos cometerse crímenes horribles que nos hielan la sangre». Cerró la pluma estilográfica, la dejó suavemente sobre la mesa y se levantó a echar una espuerta de leña a la chubesqui. Antes de volver a la mesa remoloneó al calor del fuego, frotándose la manos y reflexionando. Aunque en la ventana se veía un recuadro del cielo azul, en el interior de la pieza reinaba la penumbra. Una lámpara de pantalla metálica arrojaba un cono de luz sobre las cuartillas que llevaba emborronando desde el mediodía. Ahora, bajo el foco que lo individualizaba en la penumbra, aquel mensaje adquiría la relevancia de una prueba irrecusable. Se sentó, suspiró, destapó la pluma estilográfica y continuó escribiendo. «Para combatir esta desazón, algunos se entregan a una actividad sin tregua; otros, por la misma causa, persiguen el dinero, el éxito, el poder u otros fines igualmente superfluos.» Había usado la palabra superfluos unos renglones más arriba, pero la interrupción para avivar el fuego le impedía advertir esta reiteración. «Otros, por último», prosiguió, «se encierran en sí mismos, como si sólo una vida interior llevada a los límites de la demencia pudiera dulcificar la aridez de toda existencia». De todos, éstos son los peores, pensó; pero no consignó esta idea por escrito: no quería influir en la opinión de la persona a quien iba dirigida aquella carta. «El frío y el mal tiempo no han cesado», añadió en cambio. «Tampoco han ido a más, pero nuestra resistencia está ya muy menguada. A mi alrededor todos presentan síntomas de emaciación; la moral es baja y reinan la dejadez y el mal humor, pero también la resignación y la tolerancia: en el fondo, todos sabemos que se trata de un estado pasajero, que cambiará con la primavera, que ya se anuncia en la ventana.» Se llevó la pluma a los labios y se quedó pensativo. Como si lo hubiera conjurado con sus palabras, el abatimiento que acababa de describir vino a alojarse en su ánimo. Tenía más cosas que decir, pero no encontraba la energía necesaria para hacerlo: la mera escritura se le antojaba ahora un esfuerzo superior a sus posibilidades. Concluyó la carta con una fórmula común a la que agregó, sin mucha convicción, la promesa de escribir de nuevo en unos días, firmó la carta, dobló el papel, lo introdujo en el sobre y escribió en él el nombre de su hijo y las señas de su antiguo domicilio conyugal.

Al salir a la calle para ir a la estafeta, donde se proponía hacerse sellar y certificar la carta, advirtió haber sido víctima de un engaño: el azul que había visto en la ventana de la pieza era sólo un mínimo fragmento del cielo, que se presentaba en general encapotado. La primavera que había augurado inminente en la carta, todavía tardaría semanas, si no meses, en llegar. La nieve, en la cual el invierno no había sido parco, se había convertido en charcos pútridos allí donde el sol la había logrado disolver; donde los rayos del sol no llegaban, todavía se veían unos ridículos promontorios ennegrecidos por la suciedad del aire. Sólo en un canal solitario, sobre una góndola cubierta de lona asfáltica, la nieve conservaba inexplicablemente su blancura original. El balanceo ocasional de la góndola hacía que se desprendiesen diminutas agujas de hielo del cable que la sujetaba a una bita de amarre. Entonces las agujas, alargadas y transparentes como lágrimas de una lámpara antigua, caían al agua silenciosamente. Fábregas sabía, por haberlo oído contar, que en la riba de aquel canal cierto caballero había sido muerto a traición por dos sicarios de un rival expeditivo, los cuales, hallándolo allí solo y desprevenido, lo pasaron de parte a parte con sus estoques. Esto había ocurrido dos siglos atrás, pero ahora, al pasar por aquel lugar apartado, al que la blancura de la nieve acumulada sobre la funda de la góndola confería por contraste cierta tenebrosidad, creía distinguir sombras de fuga y oír los gemidos de dolor y las súplicas tardías del caballero, a quien sus ejecutores, cumplida su misión, habían abandonado allí moribundo.

En la estafeta tuvo que hacer varias colas y cuando salió la tarde ya declinaba. El cielo, sin embargo, se había despejado de nubes. Después de todo, aquel fragmento de azul no había sido tan engañoso, pensó. Ahora estaba seguro de que la primavera no tardaría en llegar. Animado por esta convicción, desvió la ruta que llevaba y dirigió sus pasos a la plaza de San Marcos. La plaza estaba muy poco concurrida cuando desembocó en ella. Algunos turistas cabizbajos se apresuraban por los soportales. Al ver que se le acercaba una pareja de policías uniformados, un vagabundo que orinaba en un rincón se alejó andando de lado, sin dejar de orinar. Aunque no era hora de visita ni de culto, las puertas de la basílica estaban abiertas de par en par para permitir que un batallón de mujeres baldeara el suelo embarrado. Aprovechando esta ocasión rara, Fábregas entró en la basílica sin que ninguna de aquellas mujeres le diera el alto. Dentro había más equipos de limpieza. El color vivo de los cubos de plástico resultaba chocante en aquel lugar. Procurando no pisar los trozos recién fregados, Fábregas deambuló a sus anchas por la basílica vacía. Si alguien le hubiera hecho una observación, se habría ido sin rechistar, pero nadie parecía reparar en él. Durante casi una hora fue contemplando los mosaicos, las estatuas, las pinturas, los tesoros fabulosos, las flores marchitas, las vasijas selladas que contenían las reliquias de los santos de mayor renombre: vísceras humanas obtenidas por medios que no excluían la extorsión y la violencia, traídas de todos los confines del mundo como botín de guerra. Y no sin razón, pensó. Los siglos habían ido dejando a su paso recuerdos funestos y estos residuos extravagantes, que los hombres habían querido identificar con lo bueno, lo glorioso y lo esperanzador. Y no sin razón, pensó nuevamente. De aquella historia aciaga de guerras, matanzas, asesinatos, torturas, hambre, epidemias, desastres naturales, odios y temores, había surgido aquella caterva enloquecida de fanáticos y demiurgos que ahora parecían mirarle desde las paredes, los techos, las hornacinas y los altares con expresión idiotizada. He de hacer llegar a mi hijo sin falta esta gran verdad, pensó mientras se dirigía a la calle.

Una vez en la plaza advirtió que ya era noche cerrada. Esto le sorprendió: no creía haber estado tanto tiempo en el interior de la basílica. Luego advirtió que en realidad no era tan tarde, sino que el cielo había vuelto a nublarse inopinadamente. Estos nubarrones, sin embargo, eran distintos de los que había visto disiparse un rato antes. Éstos eran nubarrones de tormenta: traerían lluvias torrenciales, pero también una subida de las temperaturas. A lo lejos resonó un trueno prolongado. Fábregas emprendió el camino de regreso a paso vivo. Apenas un mes antes un chaparrón como el que ahora se avecinaba había inundado dos habitaciones y les había llevado un esfuerzo enorme y dos jornadas enteras achicar el agua. Ahora quería asegurarse de que no iba a suceder una cosa parecida o, cuando menos, de que habían sido tomadas ciertas precauciones para ello. Cuando llegó ante la puerta caían los primeros goterones.

Ya dentro oyó un lloriqueo intermitente y se dirigió a la habitación de donde procedía aquél con la esperanza de encontrarla allí, pero junto a la cuna sólo estaba Charlie, que trataba en vano de tranquilizar al niño.

—Los truenos han debido de despertarle —dijo Charlie.

Llevaba un pantalón de franela muy raído y una camiseta gris en cuya parte delantera se leía: UNIVERSITY OF BALTIMORE, Baltimore, Md. La habitación, caldeada por un convector y apenas ventilada, olía intensamente a leche agria y a agua de colonia. Fábregas rozó con la palma de la mano la frente del niño, y habiéndose cerciorado de que no estaba caliente, meció un poco la cuna y le dijo a Charlie que se fuera a descansar.

—No estoy cansado —respondió aquél—. Vete tú; yo me quedaré aquí todavía un ratito.

Los acontecimientos de los últimos meses habían cambiado a Charlie: ahora una actitud responsable y directa había sustituido a su antigua solicitud empalagosa e improductiva. Fábregas salió de la habitación sin decir nada. Por contraste con la habitación que acababa de abandonar, el corredor y los salones del palacio le parecieron aún más fríos. Las reparaciones efectuadas habían impedido un deterioro irreparable del edificio, pero habría hecho falta un desembolso muy superior para hacerlo mínimamente confortable y Fábregas no disponía de tanto. En realidad, ya no disponía de nada. Había llegado a un acuerdo con los dueños de su antigua empresa, en virtud del cual renunciaba a los emolumentos mensuales que le habían sido asignados en su día a cambio de un tanto alzado que saldaba en forma definitiva su relación con la empresa familiar. No le había costado nada llegar a este acuerdo con los nuevos dueños de ésta que así, mediante una suma relativamente modesta, se veían libres de un gasto pequeño pero recurrente que afeaba los balances y exigía explicaciones engorrosas. Con aquel dinero había adecentado un poco el palacio de los Dolabella y, consciente de que a partir de entonces tanto éstos como él mismo habrían de ganarse la vida de algún modo, había destinado una parte sustancial de la inversión a convertir las estancias del palacio que daban a la plaza en una tienda abierta al público. Al principio este proyecto había chocado con la oposición de la familia Dolabella, que lo consideraba indigno de su nombre y aun vejatorio, pero él había porfiado hasta vencer una resistencia con la que, por lo demás, ya contaba y contra la que iba equipado de argumentos incontestables. El capital de que disponían, les había dicho, no permitía iniciar otro tipo de negocio y no parecía factible que ninguno de ellos obtuviera un trabajo decorosamente remunerado en poco tiempo. Por otra parte, aunque reconocía haber vivido en un estado de obnubilación perpetua desde que había llegado a Venecia hasta entonces, su instinto comercial de catalán no había estado enteramente inactivo en todo aquel tiempo y ahora, serenado su ánimo, se hacía cargo de las posibilidades infinitas que ofrecía una ciudad tan concurrida como aquélla, había añadido. Naturalmente, no ignoraba la competencia numerosísima a que habrían de hacer frente, había dicho acto seguido adelantándose a las objeciones que sus interlocutores se disponían a hacerle, pero estaba persuadido de que con imaginación, tesón y flexibilidad podrían salir adelante. La idea había entusiasmado pronto a Charlie, que ya se veía a sí mismo detrás de un mostrador, departiendo con una clientela distinguida, pero no así a su mujer, la cual, sin embargo, ofreció una resistencia meramente formal: en el fondo sabía que su futuro y el de los suyos dependían de Fábregas. Después de hacer algunos aspavientos y de murmurar como para sí que los huesos de sus antepasados se revolverían en sus tumbas, acabó dando su conformidad al proyecto y previniendo a todos de que su mala salud no le permitiría en ningún caso aportar su colaboración a él. En aquella ocasión Fábregas le había replicado, medio en serio, medio en broma, que apenas se viera al frente de un negocio pujante de seguro le volverían los bríos y las ganas de vivir y que estaba dispuesto a apostar con ella cualquier cosa a que así sería, a lo que ella había respondido, moviendo la cabeza tristemente, que mucho temía no llegar siquiera al día en que, finalizadas las obras, la tienda abriera sus puertas. Por supuesto, nadie había hecho el menor caso de esta profecía que, sin embargo, resultó cierta: a finales de enero, con gran extrañeza de todos, y muy en especial del doctor Pimpom, la enfermedad que ella siempre había pretendido tener se agravó de un modo alarmante. Trasladada de inmediato al hospital, los médicos que la reconocieron coincidieron en calificar su mal de irreversible. Entonces comprendieron que el fingimiento de todos aquellos años había sido un intento descabellado pero eficaz de ocultar a los ojos de los demás y de negarse a sí misma la existencia de una enfermedad acerca de la cual ella nunca había abrigado dudas en su fuero interno. En el hospital, enfrentada a lo que habían de ser sus últimas horas, depuso la actitud plañidera de siempre y adquirió una serenidad inimaginable para quienes habían estado padeciendo su monserga durante tanto tiempo. Ya con las fuerzas muy menguadas, había pedido que le llevaran a su nieto, al que hasta entonces se había negado a ver y al que siempre se había referido con el calificativo de bastardo. En esta ocasión, Fábregas, dejando a Charlie a la cabecera de la enferma y aunque nevaba copiosamente, había acudido al palacio en busca de María Clara, que permanecía allí al cuidado del bebé. Entre los dos lo habían abrigado con todas las prendas de invierno que componían su escasísimo ajuar, lo habían envuelto en dos mantas y lo habían llevado al hospital en una góndola que avanzaba con lentitud exasperante bajo la nieve. Una vez en el hospital, la enferma había examinado a su nieto detenidamente y luego, como el pequeño hubiera roto a llorar, había pedido a los presentes que la dejaran sola y había vuelto la cara hacia la pared para que nadie viera las lágrimas correr por sus mejillas. Esa misma noche murió. Unos individuos la vistieron con un hábito de monja y la colocaron en un ataúd acolchado, con la cabeza reclinada en un almohadón de encaje; en las manos le anudaron un rosario de cuentas de plata. Luego le pintaron las uñas, la peinaron y le empolvaron la cara. El funeral y el entierro se efectuaron dos días más tarde. Había cesado de nevar y brillaba el sol en un cielo limpio, de un azul pálido y frío.

Para evitar que a las exequias acudiera la gente en cumplimiento de una obligación social tan molesta como inexcusable, Charlie, María Clara y Fábregas, de común acuerdo, optaron por no difundir la noticia de su celebración. Al cementerio sólo habían ido ellos y el doctor Pimpom, con mucho el más afectado por el suceso; viéndole se habría dicho que le habían caído de golpe veinte años encima. Sobre las causas del fallecimiento, ningún médico se quiso pronunciar abiertamente. Varias posibilidades fueron invocadas, pero, descartada la autopsia por voluntad de la familia, quedó para siempre sin determinar la naturaleza exacta de aquella enfermedad larga e inverosímil. En los quince días siguientes al entierro el palacio se vio invadido a todas horas por las visitas de pésame. Era patente que todos se esforzaban por decir algo bueno de la difunta, pero que los elogios no acudían con facilidad a los labios de nadie. Por el contrario, la desaparición de la enferma alivió la atmósfera de pesadumbre que había estado ensombreciendo el palacio a todas horas. Donde antes sólo se oían lamentos y reconvenciones, resonaban ahora el llanto de un recién nacido y las voces, juramentos y canciones de los albañiles, fontaneros, carpinteros, yeseros, estucadores y pintores que, ajenos al drama que acababa de producirse en el edificio, proseguían sus trabajos de rehabilitación. La presencia absorbente del niño hizo que tanto Charlie como María Clara pudieran dedicar muy poco tiempo al duelo. Ahora habían pasado ya dos meses de aquellos hechos luctuosos y las obras estaban terminadas, al menos en su fase inicial. Más adelante, si el negocio que estaban a punto de emprender resultaba próspero, instalarían un buen sistema de calefacción y restaurarían alguno de los salones, pensaba Fábregas. Ahora, sin embargo, la tienda acaparaba toda su atención. Para abrirla al público sólo faltaba que llegaran algunas mercancías cuya entrega se retrasaba sin causa aparente. Aquella misma tarde María Clara había acudido a las oficinas de la empresa transportista para protestar una vez más por aquel retraso injustificado que les ocasionaba a ellos una pérdida cierta. Quiera Dios que no le haya pillado el aguacero en plena calle, se dijo Fábregas oyendo repicar la lluvia en los cristales. Pensaba, no sin razón, que el nacimiento del niño, la crianza de éste, la muerte de su madre, el trastorno de las obras y la incertidumbre con que ahora se enfrentaban juntos al futuro por fuerza debían de haber mermado mucho sus defensas y hecho de ella presa fácil de cualquier enfermedad. Este pensamiento le hizo estremecer. Oyó el ruido de la puerta de entrada y sintió una corriente de aire húmedo recorrer los pasillos. En dos zancadas ganó el vestíbulo: allí la encontró, frágil, pálida y ojerosa, pero sana y salva.

—¿Te has mojado?, ¿has pasado frío?, ¿estás bien? —le preguntó abrazándola y palpando su cabello, misteriosamente seco.

La inquietud exagerada que traslucían sus gestos y sus palabras hicieron aflorar una sonrisa en los labios de ella.

—Siempre me estás diciendo que sea precavida y, ya ves, preví la lluvia y salí de casa bien provista —dijo señalando con un gesto el chubasquero de charol negro que goteaba colgado de un gancho de la pared.

—El niño está bien —dijo Fábregas—. Ha pasado buena tarde, sin fiebre y sin moquitos. Los truenos lo han despertado, pero hace rato que no lo oigo; se habrá vuelto a dormir. Tu padre está con él.

—Ah —contestó ella con una mezcla de indiferencia y fastidio en la voz, como si juzgase aquella información que no había solicitado algo inútil, excesivo y oficioso. Él no se ofendió. Sabía que esta actitud era fingida: una frialdad pretendida que encubría las tribulaciones de la maternidad y la inseguridad de su propia situación. A diferencia de Charlie, que dedicaba todas las horas del día y de la noche a su nieto, en quien ahora cifraba sin disimulo su orgullo y su razón de ser, María Clara había preferido poner su entusiasmo al servicio del negocio en ciernes. Sólo parecían importarle los asuntos que concernían de algún modo a la tienda y a sus proveedores.

—¿Qué te han dicho en la agencia? —le preguntó Fábregas.

—Lo de siempre: que la culpa no es suya. ¡Menudos mangantes! Tendrías que oír lo que les he dicho —respondió ella con las mejillas arreboladas por la indignación.

Y empezó a referirle de manera pormenorizada la escaramuza que acababa de mantener en la agencia. Fábregas la escuchaba sólo a medias. Sabía de sobras que luego, a altas horas de la noche, cuando lo creyera dormido, ella se levantaría con sigilo de la cama, se echaría la bata de él sobre los hombros, buscaría a tientas las zapatillas y saldría de la alcoba sin encender la luz. Él fingiría no enterarse de esta incursión clandestina a la cuna. ¡Cuánto la amo!, pensaba en estas ocasiones. Y recordaba con rubor la pasión enfebrecida que ella le había suscitado en el mismo instante en que el azar los había puesto frente a frente. Ahora comprendía que aquélla había sido una pasión estúpida y egoísta, para librarse de la cual había sido preciso un año entero de suplicio, obstinación y tropiezos. De esta prueba había salido triunfante, aunque no ileso. Ahora se sentía feliz sin reservas y en su fuero interno no lamentaba aquellos meses de transición. Ella también había bebido, como él, el agua amarga de la prueba y se había granjeado el derecho a vivir con sus dudas y temores sin injerencia de nadie. Por este motivo ahora, cuando ella acudiera en aquellas horas de angustia que preceden al alba y que él conocía mejor que nadie a cerciorarse de que a su hijo no le había sucedido nada malo, él callaría y fingiría dormir: para no revelarle que también él pasaba buen parte de la noche en vela.

Le despertó un chillido lastimero y sólo cuando estuvo en pie acertó a descifrar su procedencia. Había estado soñando y el graznido de una gaviota se había venido a mezclar con las angustias del sueño. A tientas se puso la bata y las zapatillas y salió del dormitorio. Después de verificar que el niño respiraba pausadamente fue al gabinete donde Charlie había tenido en otro tiempo sus archivadores, se asomó a la ventana y dejó vagar la mirada por la plaza iluminada por la luna, que ahora brillaba en un cielo nítido y sereno. Eran solamente las dos y media, pero sabía que ya no volvería a conciliar el sueño hasta el amanecer. Con todo, ahora tenía cosas en que pensar y la perspectiva de pasar aquellas horas a solas consigo mismo no le producía el menor desasosiego. También tenía para sí el paisaje de aquella isla inaudita, finalmente conquistada. Contempló las torres y las cúpulas, linternas y chapiteles iluminados por la luz de la luna. Mañana será otro día, pensó. En la plaza había un individuo que caminaba con pasos cortos y metódicos, como si fuera a sus cosas sin importarle lo intempestivo de la hora. En las manos llevaba lo que de lejos parecía una radio de transistores. En el otro extremo de la plaza hizo su aparición un grupo reducido que Fábregas reconoció de inmediato; eran los tres maleantes que mucho tiempo atrás la habían tomado con él: el joven atildado, el gigante y la chica tontiloca a la que éste seguía llevando sujeta por un ronzal. Ahora toda aquella gente, el caminante desconocido y el trío intranquilizador, pertenecían a sus ojos a un mundo antiguo y distante; su presencia en la plaza se le antojaba irreal. El caminante seguía andando sin aminorar el ritmo de sus pasos. Al cruzarse con el trío, sus integrantes se le interpusieron. El caminante se detuvo y entre el joven atildado y él mediaron palabras. En un momento dado el joven atildado señaló a la chica sujeta por el ronzal y el desconocido ladeó la cabeza e hizo ademanes vehementes. El joven atildado se hizo a un lado, como para dejar pasar al desconocido, que reemprendió la marcha. Antes de que estuviera fuera de su alcance, el joven atildado tocó en la espalda al caminante y éste, pese a que el gesto había tenido en apariencia más de amistoso que de hostil, dobló las rodillas, dejó caer la radio de transistores y apoyó las palmas de las manos en el suelo para no dar de bruces en él. El joven atildado levantó el brazo. Ahora la hoja de un arma blanca centelleaba a la luz de la luna. El desconocido huía a cuatro patas, de un modo grotesco. No tardó en caer de nuevo y el joven atildado se puso a su lado en dos zancadas. Cuando intentaba incorporarse le clavó el puñal en el cuello. Dejándolo tendido en el suelo, el trío prosiguió su camino. No había nada de feroz o sanguinario en aquella escena breve; todo había sido hecho de un modo escueto y deliberado, sin arbitrariedad ni ensañamiento. Probablemente un ajuste de cuentas, pensó Fábregas, cosa de todos los días. Descolgó el teléfono con ánimo de dar parte de lo sucedido a la policía, pero el teléfono, de resultas de las obras efectuadas en el palacio, no funcionaba. Colgó el auricular y volvió a la ventana. En la plaza seguía el cuerpo exánime del desconocido, al que ahora se aproximaban con cautela unas palomas. Bien poco se podía hacer por él, pensó. Por lo demás, si acudo junto al cadáver, ¿quién me garantiza que los asesinos no estén apostados y no caigan sobre mí?, se dijo. Mañana me presentaré *motu proprio* a la policía, se dijo, aunque de bien poco ha de valer el testimonio de un extranjero sin oficio ni beneficio que a su vez ha sido detenido por perturbar el orden público con sus gansadas. En el fondo,

¿qué se me da a mí lo que ocurre de puertas afuera?, pensó. La lejanía parecía exculparle de toda obligación.

No obstante la bata de lana que llevaba, sintió el frío calarle los huesos. Si sigo aquí un minuto más, mañana estaré de fijo a cuarenta de fiebre, se dijo. No le seducía la perspectiva de meterse en la cama y permanecer allí varias horas despierto, a oscuras e inmóvil para no alterar el descanso de ella, pero ahora no podía permitirse el lujo de caer enfermo ni la destemplanza que reinaba en el palacio ofrecía otra posibilidad que aquélla, de modo que reemprendió parsimoniosamente el regreso al dormitorio, aunque no por el camino más corto. En la sala de recepciones se detuvo: los espejos sin azogue le mostraron desde todos los ángulos su propia figura. Perdido en medio de aquel espacio desolado e iluminado por la luz fría de la luna parecía un personaje de sus propias fantasías. Quizá lo que me ocurre en realidad es esto: que toda mi vida he sido un soñador, pensó.

Impreso en el mes de noviembre de 1989
en Talleres Gráficos HUROPE, S. A.
Recaredo, 2
08005 Barcelona